"十三五"江苏省高等学校重点教材 编号：2016-1-111

高等学校"十三五"小学教育专业规划教材

小学综合实践活动

（第二版）

主　编　何　杰
副主编　张　建　赵卫菊

南京大学出版社

图书在版编目(CIP)数据

小学综合实践活动 / 何杰主编. —2版. —南京：南京大学出版社，2018.9(2021.12重印)
ISBN 978-7-305-21006-8

Ⅰ.①小⋯ Ⅱ.①何⋯ Ⅲ.①活动课程－小学－教材 Ⅳ.①G622.3

中国版本图书馆 CIP 数据核字(2018)第 227583 号

出版发行	南京大学出版社
社　　址	南京市汉口路22号　邮　编　210093
出 版 人	金鑫荣
书　　名	**小学综合实践活动**
主　　编	何　杰
责任编辑	钱梦菊　　　　编辑热线　025-83592146
照　　排	南京南琳图文制作有限公司
印　　刷	南京京新印刷有限公司
开　　本	787×960　1/16　印张 16.25　字数 290 千
版　　次	2018年9月第2版　2021年12月第4次印刷
ISBN 978-7-305-21006-8	
定　　价	39.00元

网址：http://www.njupco.com
官方微博：http://weibo.com/njupco
官方微信号：njupress
销售咨询热线：(025) 83594756

＊版权所有，侵权必究
＊凡购买南大版图书，如有印装质量问题，请与所购
　图书销售部门联系调换

修订说明

《小学综合实践活动》自2015年出版以来，作为南京大学出版社出版的"高等学校小学教育专业教材"之一，一直很受广大读者欢迎。这既是本套教材的出版适逢其时，切合了当下高等学校小学教育专业教材建设的需要，同时也是南京大学出版社教材部的老师们精心策划、辛勤工作的结果。针对教材在使用过程中出现的一些个别性的文字错误，我们认为有必要通过修订再版教材，来继续提高教材质量。教材主编多年来为淮阴师范学院联合培养的硕士研究生开设了"小学综合实践活动"课程，2016年本课程申报"江苏省研究生培养创新工程项目""研究生优秀课程"并立项建设。同年，本教材申报江苏省高等学校重点教材(修订)亦顺利获得立项建设。因而，教材的修订与再版已成为一项刻不容缓的重要任务。

修订再版的教材在保持原有章节框架的基础上，主要是增加了一些实践案例和阅读材料，增强了教材的可阅读性和使用性。总体上来看，再版教材既保留了初版教材的特点，同时也体现了以下一些新的特点：

一是专业性更突出。针对小学教育专业的特征和未来小学教师尤其是小学综合实践活动课程教师的职业要求，在保持教材的课程知识体系和合理的知识结构的同时，补充了一些小学综合实践活动的课程理论知识，便于提高小学教育专业教师的专业技能及其专业化水平。

二是时代性更强。在新技术、新知识蓬勃发展的新时代，知识相互渗透、不断更新。教材修订中及时更新了一些素材，力求教材能够反映本专业、本学科发展的新成果、新观点，保持教材内容的新鲜，跟上时代发展的步伐。

三是创新性更明显。随着混合式学习、移动学习等的兴起，本教材再版中紧密配合教学模式与学习方式的变化，在每章中均增加了一些二维码，在教材内容、呈现方式等方面开拓创新，达到以教材促进教与学的目的。

四是满足学生个性化学习的需要。本书通过精选的阅读材料和章末的信息链接,为学生拓展学习内容和个性化学习与发展提供了一个广阔天地。

五是编写团队理论与实践兼具。本书的编写人员由淮阴师范学院和淮安的一些小学里承担本课程的理论与实践教学的教师组成,为教材编写质量提供了很好的人力资源保障。

在教材修订过程中,对参与修订的人员进行了补充和调整,他们的任务分别是何杰(淮阴师范学院)负责修改第一章和第八章,王景辉(淮阴师范学院第一附属小学)负责修改第二章,林东金、谢海燕(淮安市外国语实验小学)负责修改第三章,宗全全(淮阴师范学院第二附属小学)负责修改第四章,张曦敏(淮阴师范学院)负责修改第五章,张建(淮安市外国语实验小学)负责修改第六章,蔡金华(淮阴师范学院第二附属小学)负责修改第七章,张军(淮阴师范学院第一附属小学)负责修改第九章。全书由何杰、张建统稿。本书在修订过程中,引用了诸多专家、学者的研究成果,参考了小学综合实践课程实践工作者的诸多资料,在行文中均加以引用标注,在此表示诚挚的谢意。

感谢南京大学出版社教材部的蔡文彬主任、钱梦菊编辑等人对本教材的修订与再版工作的大力支持。教材即将付梓,任务虽告一段落,但笔者心中对教材仍然感到一些遗憾与力所不逮。然而天下没有十全十美的事,教材编写团队本身也是尽心尽力的。对于教材存在不足与疏漏之处,我们衷心希望读者能够批评指正,以便教材继续完善。

何 杰

2018 年 9 月

前言

课程改革是推进素质教育的核心环节。21世纪初以来的我国基础教育课程改革规定从小学三年级开始一直到高中开设综合实践活动课程。综合实践活动课程的设立是基于学生的生活和经验,深化以培养学生创新精神和实践能力为重点的素质教育的需要,是我国新一轮基础教育改革的重要内容之一。综合实践活动课程的设置标志着我国基础教育课程结构的新突破和课程形态的新建构,也是我国基础教育课程创新的重要标志之一。

任何课程改革,只有从学生的生活和经验出发,才是道德的。如果仅仅从某种社会需要出发,漠视学生的生活和经验,那就是工具化的或者是不道德的,终究会被学生所抵制或抛弃。综合实践活动课程就是这样一门从学生的生活和检验出发而设置的一门的课程,它是一门全新的课程,它有着新的理念、目标、内容和价值追求,同时也有着新的实施方略。综合实践活动课程也是一门处在探索中的课程,我国没有现成的经验可循,特别是小学,全国第一批38个基础教育课程改革试验区在课改中碰到的最大困难就是如何实施综合实践活动课程。因而它需要我们通过不断学习、不断实践和不断的建构,才能促使这门年轻的课程不断发展、不断完善。随着基础教育改革的不断深入,综合实践活动课程也在新的时代起点上常态化地实施与多样化地发展。

综合实践活动课程设置于3~12年级,小学阶段是未来学段的基础,从该课程设置的初始学段思考相关的基本问题,体现了合规律性和合目的性的统一。因而,本书的编写首要的是突出综合实践活动课程的实践取向,顺应基础教育课程改革和新教师培养的现实需要,从高等院校小学教育专业培养目标和教学特点出发,对小学综合实践活动课程的基础知识及其实施等内容进行较为深入的阐述,力求贴近小学综合实践活动课程的开设实际和小学教育专业师资的培养需求。其次,本书体例新颖,逻辑严密,编写规范。全书共九章,主要阐述了综合实践活动课程的设置背景、特性、价值与理念以及课程目标、课程内容、课程类型、活动方案设计、课程实施、课程资源建设、指导教师、课程评价等基本内容，编写中在注重讲清综合实践活动课程的基本理念、基本原理和基本方法的同时，尤其注意联系小学生生活与学习的实际，运用大量的活动案例及素材，阐述综合实践活动的基本知识在教育实践中的应用，同时通过思考、探究、实践环节，引领学生在理解、反思、探究与实践的过程中内化和深化对综合实践活动课程基础知识的认识和基本方法的掌握。另外，文中精选的阅读材料和章末的信息链接则给学生展示了拓展学习和个性化发展的广阔天地。

本书作为高等学校小学教育专业规划教材之一，对编写队伍提出了较高的要求。教材编写的过程就是一种研究性学习的过程。本书是教材编写团队集体智慧的成果，同时也是专业工作者和一线教师精诚合作的成果。本教材由淮阴师范学院何杰教授担任主编，为了突出教材的实践取向，从小学教育一线精选了一批教师参与本教材的编写工作，他们在各自学校承担本课程的教学任务的同时亦对本课程做出了较为深入的思考。同时，江苏师范大学和淮阴师范学院联合培养的小学教育专业方向的部分硕士研究生也参与了本教材的编写工作。本教材各章撰写者如下：第一、八章由何杰（淮阴师范学院）、赵卫菊（南通大学）执笔；第二章由刘秋妍（江苏师大研究生）执笔；第三章由袁莉（江苏师大研究生）执笔；第四章由刘为为（江苏师大研究生）执笔；第五章由赵桂英（淮安市外国语实验小学）执笔；第六章由张建（淮安市外国语实验小学）执笔；第七章由蔡金华（淮阴师院第二附属小学）执笔；第九章由张军（淮阴师院第一附属小学）。南通大学赵卫菊副教授、淮安市外国语实验小学副校长张建老师协助搜集了大量的研究资料并参与教材的统稿工作。

本书在编写过程中引用了诸多专家的研究成果，参考了国内外同行和广大实践工作者的诸多资料与文献，并引用了部分材料与成果，在此致以诚挚的谢意。本教材的编写和出版，有赖于南京大学出版社王抗战编辑对本书的策划、指导以及以其特有的耐心、细致所做的辛勤工作，在此表示谢忱。由于编者水平有限，加之时间仓促，本教材难免存在不足之处和疏漏的地方，恳请大家批评指正。

编　者

2015年8月

目 录

第一章 综合实践活动课程概述 ... 1
第一节 综合实践活动课程的产生 ... 2
第二节 综合实践活动课程的特性 ... 10
第三节 综合实践活动课程的价值与理念 ... 16

第二章 小学综合实践活动的课程目标 ... 26
第一节 小学综合实践活动课程目标 ... 27
第二节 小学综合实践活动课程目标设计的基本原则 ... 35
第三节 小学综合实践活动课程目标的具体化 ... 48

第三章 小学综合实践活动课程内容 ... 59
第一节 研究性学习 ... 60
第二节 社区服务与社会实践 ... 67
第三节 劳动与技术教育 ... 75
第四节 信息技术教育 ... 81
第五节 小学综合实践课程具体内容的开发 ... 89

第四章 小学综合实践活动课程类型 ... 97
第一节 课题探究的研究性学习活动 ... 98
第二节 实际应用的设计性学习活动 ... 107
第三节 以社会考察为主的体验性学习活动 ... 113
第四节 社会参与的实践性学习活动 ... 116
第五节 自我建构的反思性学习活动 ... 119
第六节 生活学习 ... 124

第五章　小学综合实践活动方案的设计……127
第一节　小学综合实践活动方案设计的基本要求……128
第二节　小学综合实践活动设计的一般原则……132
第三节　小学综合实践活动方案的撰写要点……135
第四节　小学综合实践活动方案的基本形式……140
第五节　小学综合实践活动中学生探究方案的设计……149
第六节　小学综合实践活动方案的优化设计……153

第六章　小学综合实践活动课程的实施……161
第一节　综合实践活动课程实施的总体要求及一般特点……162
第二节　小学综合实践活动课程实施的任务及过程……168
第三节　小学综合实践活动课程实施的常见方式……173
第四节　小学综合实践活动课程实施中的问题及应对举措……178

第七章　小学综合实践活动课程资源的开发与利用……185
第一节　小学综合实践活动课程资源开发与利用的基本要求……186
第二节　小学综合实践活动课程资源开发与利用的方法……191

第八章　小学综合实践活动课程实施中的指导教师……195
第一节　专业化背景下小学综合实践活动指导教师的素养……196
第二节　小学综合实践活动实施中的师生关系……203
第三节　小学综合实践活动实施中教师的指导策略……210
第四节　小学综合实践活动的实施与指导教师的专业成长……216

第九章　小学综合实践活动课程评价……223
第一节　小学综合实践活动课程评价的原则及内容……224
第二节　小学综合实践活动课程评价的方法……230

附　录　教育部关于印发《中小学综合实践活动课程指导纲要》的通知……239

参考文献……251

第一章 综合实践活动课程概述

学习目标

➢ 了解综合实践活动课程的产生过程。
➢ 认识综合实践活动课程产生的理论基础和社会现实基础。
➢ 理解综合实践活动课程的特性、价值和理念。

综合实践活动课程是由国家统一制定课程标准和指导纲要,地方教育管理部门根据地方差异加以指导,学校根据相应的课程资源进行校本开发和实施的一门新型课程,是国家规定的必修课程,平均每周3课时。"国家规定—地方指导—校本开发与实施",这是综合实践活动课程"三级课程管理制度"的特征表现。综合实践活动是在教师引导下,基于学生的经验,密切联系学生自身生活和社会实际,体现对知识的综合应用,学生自主进行的综合性学习活动。它包括研究性学习、社区服务与社会实践、劳动与技术教育、信息技术教育等领域。综合实践活动课程的提出,是我国新一轮基础教育课程改革的亮点,它的创生标志着我国基础教育课程结构的新突破和我国基础教育课程形态的新建构。也正因为如此,综合实践活动课程的设计与实施,成为新一轮基础教育课程改革的难点。

微信扫一扫

✓ 观看本章微课视频
✓ 阅读本章配套案例

第一节 综合实践活动课程的产生

一、综合实践活动课程的由来

新中国成立后,教育部对原有的课程标准进行了改革,将原来的活动课程改称为课外活动。20世纪80年代,随着我国教育改革的不断深入和国际学术交流的增加,为了加强课外活动,改革以课堂教学为中心的局面,教育理论界展开了对课外活动的概念、价值及形式的探索。有人提出把课外活动称作"第二课堂",1992年国家教委颁布《九年义务教育全日制小学、初级中学课程计划(试行)》,指出:"根据九年义务教育小学阶段、初中阶段的培养目标和儿童、少年身心发育的规律设置课程。课程包括学科、活动两部分,主要由国家统一安排,也有一部分由地方安排。学科以文化基础教育为主,在适当年级,因地制宜地渗透职业技术教育;以分科课为主,适当设置综合课;以必修课为主,初中阶段适当设置选修课;以按学年、学期安排的课为主,适当设置课时较少的短期课。活动在实施全面发展教育中同学科相辅相成。学校在教育、教学工作中,要充分发挥学科和活动的整体功能,对学生进行德育、智育、体育、美育和劳动教育,为学生的全面发展打好基础。"《九年义务教育全日制小学、初级中学课程计划(试行)》的颁布,是中小学生的课外活动具有"课程意义"的开始。

《九年义务教育全日制小学、初级中学课程计划(试行)》打破了原来学科化的单一课程体系,将活动课程正式纳入基础课程体系中来,并将活动课程规定为晨会(夕会)、班团队活动、体育锻炼、科技文体活动、社会实践活动和学校传统活动等,对活动设置的基本要求进行了明确的规定。紧接着,《九年义务教育活动课程指导纲要(讨论稿)》明确指出,"活动课程是指在学科课程以外,由学校有目的、有计划、有组织地通过多种活动项目和活动方式,综合运用所学知识,开展以学生为主体,以实践性、创造性、趣味性以及非学科性为主要特征的多种活动内容的课程",并将活动课程的内容集中在社会教育活动、科学技术活动、文艺学术活动、体育卫生活动上。1996年,教育部《关于印发〈全日制普通高级中学课程计划(试验)〉的通知》再次强调,活动课程包括校会和班会、社会实践、体育锻炼、科技、艺术等活动。

重视学生的课外活动,鼓励在中小学开展丰富多彩、特点各异的活动课程是我国基础教育的优良传统。但是,在活动课程的具体实施过程中,大多数学校只是将课表上的课外活动更名为活动课程,而教学模式、活动方式及评价方法都没有发生根本的变化。这种将课外活动简单、机械地纳入课表的做法不但没有将开设活动课程的规定真正落到实处,还抹杀了课外活动的本质属性、异化了原来的课外活动。①

2001年6月,教育部颁布《基础教育课程改革纲要(试行)》,明确提出"改变课程结构过于强调学科本位、科目过多和缺乏整合的现状,整体设置九年一贯的课程门类和课时比例,并设置综合课程,以适应不同地区和学生发展的需求,体现课程结构的均衡性、综合性和选择性""从小学至高中设置综合实践活动并作为必修课程"。

其实,20世纪90年代以来,世界课程改革已呈现出追求课程综合化的趋势,美国、英国、法国、澳大利亚、日本等国以及我国的台湾地区在基础教育课程改革的过程中都非常重视综合实践活动课程。

我国的综合实践活动课程正是在立足新一轮基础教育课程改革的重要精神、顺应国际课程改革综合化的趋势、吸取我国活动课程研究和实践的经验及教训的基础上应时而生的。

综合实践活动课程是基础教育新课程改革中一门全新的课程。近十年来全国各地区、各学校诸多教师和专业工作者在不同岗位以不同方式进行了可贵的探索和丰富的实践,积累了难得的经验,当然同时也有不少教训。无论是经验也好,教训也好,归结其核心的一点就是要深刻认识"什么样的课程才是综合实践活动课程",具体阐释如下:

首先,综合实践活动课程是基于直接经验的经验性课程。综合实践活动课程超越具有严密的知识体系和技能体系的学科界限,是一门强调以学生的经验、社会实际和社会需要和问题为核心,以主题的形式对课程资源进行整合的课程,以有效地培养和发展学生解决问题的能力、探究精神和综合实践能力为目的的课程。

其次,综合实践活动课程是以实践为核心的实践性课程。综合实践活动课程注重学生多样化的实践性学习方式,转变学生那种单一的以知识传授为基本方式、以知识结果的获得为直接目的的学习活动,强调多样化的实践性学

---

① 李臣之.综合实践活动课程开发[M].北京:人民教育出版社,2003:42-45.

习,如探究、调查、访问、考察、操作、服务、劳动实践和技术实践等。因而,综合实践活动课程比其他任何课程都更强调学生对实际的活动过程的亲历和体验。

再次,综合实践活动课程是一种超越学科课程局限的综合性课程。综合实践活动课程强调超越教材、课堂和学校的局限,在活动时空上向自然环境、学生的生活领域和社会活动领域延伸,密切学生与自然、与社会、与生活的联系。

最后,综合实践活动课程是具有高度开放性和自主性的三级管理的课程。在新一轮基础教育课程改革中,综合实践活动课程集中体现了新的课程管理和发展制度。

阅读材料

随着我国新课程的不断深入,"综合实践活动课程"逐步成为新一轮基础教育课程改革的公共议题或中心话题,研究与探讨综合实践活动课程的理论问题和实施问题,已经成为新课程的热点。大家普遍认为:综合实践活动课程是新课程的亮点,也是新课程的难点。下面一组数字值得我们思考:

1. 全国各地几乎每天都有全国性、省级、地区和校际综合实践活动课程的研讨会。2001年以来,教育部综合实践活动项目组已连续组织了五届全国课程改革实验区综合实践活动专题研讨会,与会代表十分踊跃。

2. 全国各地建立起综合实践活动的专题网站148个。其中,"新思考·综合实践活动网""都乐网""嘉兴综合实践活动网"等综合实践活动专题网站每周的点击率超过30万人次;网络检索发现,各类网站中建立的"综合实践群组"达600多个。

3. 全国有18个省市成立了"综合实践活动课程专业委员会"学术研究组织。

4.《教育研究》《课程·教材·教法》《全球教育展望》《教育发展研究》等中文教育核心期刊以及各级教育刊物十分重视发表综合实践活动课程的研究论文,综合实践活动的研究论文难以计数;全国出版了《综合实践活动》专刊杂志3份。

5. 全国有超过100个地、市将初中生的综合实践能力纳入中考和普通高中招生指标予以全面考核。

6. 普通教育综合实践活动课程、研究性学习的实施,提高了学生的综合素质。国际著名大学录取我国普通高中学生的人数2000年不足100人,2005年增长到2 000多人。

(郭元祥,沈旎. 小学综合实践活动[M]. 上海:华东师范大学出版社,2008:20-21)

二、综合实践活动课程产生的基础

综合实践活动课程作为一门崭新的课程,其产生具有其深刻的理论基础,同时也是现实社会发展的需要。

(一) 理论基础

1. 教育观的变化

教育观是指人们对教育这一事物以及它与其他事物关系的看法。具体地说就是人们对教育者、教育对象、教育内容、教育方法等教育要素及其属性和相互关系的认识,还有人们对教育与其他事物相互关系的看法,以及由此派生出的对教育的作用、功能、目的等各方面的看法。

对"教育"一词原始含义的理解,是教育观形成的基础。在我国,"教育"一词最早见于《孟子·尽心上》中的"得天下英才而教育之,三乐也"一句。许慎《说文解字》中对"教育"的解释是:"教,上所施,下所效也""育,养子使作善也"。基于这一理解,"老师台上讲学生台下听,老师示范学生模仿"的教育模式似乎顺理成章,这也许是几千年来以"传道、授业、解惑"为基本使命的传统教育思想根深蒂固的原因之一。

西方"教育"一词英文为education,法文为éducation,德文为Erziehung,均由拉丁语educare而来。拉丁文ducare为"引",e为"出",合之则为"引出"之意,意为教育是一种对人的本性、对人内存的潜能进行"导引"的活动,这种对教育的理解具有内发论的特点,也就是教育更多地要从教育对象出发,使其作为一个人所具有的一切内在的要素、内存的各种发展可能性都在教师的导引下像汩汩流水一样自然地流淌出来。基于这种教育观的认识,西方提出了"自然主义"的思想。以卢梭为代表的自然教育理论在批判传统封建教育制度弊端的基础上,强调教育"顺应自然"的原则,主张教育要遵循儿童的自然本性;培养身心和谐发展的人,实施自然教育。卢梭的教育思想对后世的影响至深,从卢梭开始,教育理论开始进入重视研究儿童的新时期。

关于教育的理解,可以从一些教育家的话语中得到启发:

教育是为了以后的生活所进行的训练,它能使人变善,从而高尚地行动。

我们可以断言教育不是像有些人所说的,他们可以把知识装进空无所有的心灵里,仿佛他们可以把视觉装进盲者的眼里,教育乃是"心灵的转向"。(柏拉图语)

知识、德行与虔信的种子是天生在我们身上的,但是实际的知识、德行与虔信却没有这样给我们。这是应该从祈祷、从教育、从行动中取得的。……实际上,只有受过恰当教育之后,人才能成为一个人。(夸美纽斯语)

人的教育就是激发和教导作为一种自我觉醒中的、具有思想和理智的生物的人有意识地和自觉地、完美无缺地表现内在的法则,即上帝精神,并指明达到这一目的的途径和手段。(福禄贝尔语)

人的全部教育就是促进自然天性遵循它固有的方式发展的艺术。教育意味着完整的人的发展。(裴斯泰洛齐语)

"教育即生活","教育即生长","教育即经验的改造","从做中学"。(杜威语)

阅读材料

自古希腊开始,身体在教育与教学过程中就受到贬抑或忽略。教育与教学效果体现在"脖颈"以上,与"脖颈"以下的身体无关。在这种教育模式里,身体要么是通向真理的障碍,要么仅仅是一个把心智带到课堂的"载体"或"容器"。学习被视为一种可以"离身"的精神训练。但是具身认知挑战了这种教育观念。具身认知的中心观点是:认知、思维、记忆、学习、情感和态度等是身体作用于环境的活动塑造出来的。从根本上讲,心智是一种身体经验,身体的物理体验制约了心智活动的性质和特征。心智基于身体、源于身体。具身认知挑战了以身心二元论为基础的教育与教学观,将从本体论、认识论和方法论三个层面对传统教育观形成挑战。

(参见:叶浩生.身体与学习:具身认知及其对传统教育观的挑战[J].教育研究,2015(04).)

2. 课程观的变化

过去,我们更多地把课程理解为"学科""科目"或"知识",认为课程的价值主要在于通过以知识为中心的学习活动引发对知识价值的追求,并为学生未来生活提供充足的理性准备。现在,课程理论发展迅速,形成了许多流派的课程理论。

学科中心主义课程论认为：知识是课程的核心；学校课程应以学科分类为基础；学校教学以分科教学为核心；以学科基本结构的掌握为目标；学科专家在课程开发中起重要作用。学科中心主义看到了学科知识的发展价值，看到了社会知识增长的无限性与个体知识增长的有限性之间的矛盾，试图通过学科结构的掌握来解决这一问题，有其积极意义。

经验主义课程论认为：学生是课程的核心；学校课程应以学生的兴趣或生活为基础；学校教学应以活动和问题反思为核心；学生在课程开发中起重要作用。经验主义课程看到了学科中心主义的不足，看到了学生在学习中的作用，对于现代课程的改造起到了重要的理论指导作用。

社会改造主义课程论认为：社会改造是课程的核心；学校课程应以建造新的社会秩序为方向；应该把学生看作社会的一员；课程知识应该有助于学生的社会反思；课程的价值既不能根据学科知识本身的逻辑来判断，也不能根据学生的兴趣、需要来判断，而应该有助于学生的社会反思，唤醒学生的社会意识、社会责任和社会使命；社会问题而非知识问题才是课程的核心问题；吸收不同社会群体参与到课程开发中来。社会改造主义树立了一种新的课程观念，开辟了课程研究的新方向。

存在主义课程论认为：课程最终要由学生的需要决定。教材是学生自我实现和自我发展的手段；人文学科应该成为课程的重点。存在主义者认为，知识离不开人的主观性，它仅仅是作为人的意识和感情才存在的。如果知识不能引起学习者的感情，那么对于他来说，就不可能是明确的知识。

后现代主义课程论认为：后现代主义课程论提出了后现代课程的标准(4R)，即丰富性(Richness)：每门学科都会以自己的方式解释丰富性，这种丰富性能创造各种领域进行合作的、对话性质的探索。循环性(Recursion)：循环性是旨在发展能力，其框架是开放式的。关联性(Relation)：一是教育上的关联；二是文化方面的关系。严密性(Rigor)：意味着一种有意识的企图，去查找自己或别人重视的假设，并且协调讨论这些假设中的有关细节，这样进行对话才会有意义，才会有改造价值。

现在普遍认为：课程是儿童以经验为基础的理解、体验、探究、反思和创造性实践而建构的活动；儿童是课程的主体，教师和学生是课程的创生者；课程应该是开放的和舒展的。

3. 教学观的变化

教学是教师的教和学生的学所组成的一种人类特有的人才培养活动。通过这种活动，教师有目的、有计划、有组织地引导学生积极自觉地学习和加速掌握文化科学基础知识和基本技能,促进学生多方面素质全面提高,使他们成为社会所需要的人。

新的教学观主要有以下教学理念:

其一,教学是师生互动的交往活动。长期以来,教学被看作"教师教,学生学",是一种单向的甚至具有决定性的活动,学生既受教师教学的内容、方式所决定,又受教材的目标和内容所决定,同时还受到教学活动的时空和环境所决定。学生往往在规定的时间内、既定的位置上、用规定的教材接受规定的教师具有规定性的讲授。单向度、统一性、标准化、认知主义是传统教学的主要特征。随着当代教育学、教育社会学、教育心理学等学科的发展,教学活动不仅是教育主客体完成双边活动的教育学过程,也是师生交往、互动的社会学过程。这种交往和互动是学生社会性发展和个性化发展的必要基础,也是学生认知发展的重要表现形式。从交往的观点看,教育是发生在主体与主体之间而非主体对客体的实践活动,学生并不能如同物一般成为教师的改造对象。教育本质上是一种交往的实践活动,知识、真理是在人与人交往沟通的过程中形成的共识,因此,学生学习的过程并不仅仅是个体认识发生和发展的过程,而是不断地与教师、与同学、与人类历史进行精神交往沟通而达成共识的过程。

其二,教学是以理解为基础的,并采用多元方式建构生活的过程。教学不是游离于生活世界之外的社会存在,而是与生活融为一体的社会现象。学生学习的历程与教师教学的历程同样都是个体生命中的一个组成部分,是人的经验世界的基础,是一定时期特定个体的存在方式。而且,这种历程是一种采取自主学习、合作学习、探究学习、网络学习等方式学习的过程。

4. 知识观的变化

知识有两种:一种是改造客观世界的知识,也就是改造作为主体人的外部世界(自然世界)的知识;一种为改造主观世界(社会世界)的知识,也就是改造作为对象的主体个人世界的知识。改造自然世界主要以科学发明创造为主要手段或表现形式,改造社会世界主要以改造人为主要对象,就是以教育人、引导人、启发人、塑造人为主要目的。改造主观世界运用的工具有哲学、心理学、管理学、教育学等,这种工具知识它不表现出来,但它作为一种思维观念存在于思维者的头脑思维中,是一种潜知识、知识核。

20世纪中叶以来,人类对知识的研究取得了富有突破性的成果。迈克尔·布莱尼在其著作《个人知识》中曾说过,"我们所认识的多于我们所能告诉的"。他认为,在知识领域中,有一部分知识是不可以通过语言、文字或符号的方式清晰地表达出来的。这些知识具有不可言传性,就如学会骑自行车的人不知道自己为何最终骑在车上不致摔倒,游泳的人难以说出自己游泳时四肢与人体的头、躯干为何协调一样。这些知识具有默会的成分,是一种"缄默"的知识,是一种"个人知识",而这些知识对一个人的发展来说,对一个人的未来生活来说同样是不可缺少的。因此,在教育中,不仅要关注那些通过语言、文字和符号等方式可以清晰表达的"显性知识",还要关注那些不可言传的、具有不可传递性的"缄默知识";不仅要关注范围广泛、具有共通意义的"共通知识",也要关注那些具有地理、情境局限,富有乡土或个人特征的"乡土知识"或"个人知识";不仅要关注学生通过记忆、理解所接受的以"间接经验"为主的知识,也要关注学生通过体验、探究、建构而获得的以"直接经验"为主的知识。

阅读材料

近年兴起的后现代主义思潮从各方面影响与冲击着人们固有的思想、观念与解决问题的方式。与传统的知识观相比,后现代知识状况发生了巨大的转变,突出表现在知识的生成性、知识的个体性、知识的网络性与知识的非良构性。这引发了教育观念的变革,形成了以对话教育观、创新教育观、自主学习观以及实践教育观为主要特征的新教育观念。

(参见:姜勇,郑富兴.后现代知识状况与新教育观的呼唤[J].外国教育研究,2003(12).)

(二) 社会现实基础

1. 综合实践活动课程的提出是适应现代社会发展的需要

当今社会迅猛发展,产生了一系列新的问题,如环境问题、道德问题、国际理解问题、信息科技问题等,这些问题都具有跨学科的性质,综合实践活动为学生参与、探究、理解这些新的社会问题提供了机会。综合实践活动继承了我国基础教育的优秀传统,体现了当前素质教育的内在要求,这次课程改革设立的综合实践活动是对活动课程的继承、发展与规范。当前举国上下积极推进以创新精神和实践能力为重点的素质教育,基础教育的课程体系亟待改革与创新,设置综合实践活动是应对这一需求的重要举措。

2. 综合实践活动课程的提出是全面实施素质教育的需要

青少年是祖国未来的建设者,是我国社会主义事业的建设者和接班人。他们的综合素质如何,直接关系到国家的前途和民族的命运。高度关注青少

年思想道德建设,深化以发展学生的创新精神和实践能力为重点的素质教育,成为我国当前基础教育改革与发展的重要使命。引导学生学会处理人与自然、人与人、人与社会等基本关系,发展他们的科学精神与创新意识、信息意识与技术意识、劳动观念与动手能力,培养他们的社会责任感和参与社会实践的能力,是素质教育的重要任务。为实现素质教育的宏伟目标,基础教育的课程体系亟待改革与创新,设计与实施综合实践活动是适应这一需求的重要举措。

3. 综合实践活动课程的提出是促进学生个性发展的需要

每一个学生的个性发展都具有独特性、具体性,每一个学生都有自己的需要、兴趣和特长,都有自己的认知方式和学习方式,他们的发展不仅仅是通过书本知识的学习而获得的。综合实践活动的设计与实施,有利于克服书本知识和课堂教学的时空局限,引导学生在社会生活中学习、在实践中发展。综合实践活动课程基于学生的个性,面向全体学生,反映学生个性发展的内在需要,为每一个学生个性的充分发展创造了空间。

第二节 综合实践活动课程的特性

一、综合性

加德纳的多元智能理论认为,每个孩子的身上都至少存在语言智能、数理逻辑智能、音乐智能、肢体动作智能、人际交往智能、视觉空间智能、自我认知智能及智力等智能,孩子在进行学习活动时,绝不是某种智能的单一展示,而是多种智能的综合运用。因而,在课程设置及教学活动中,不能再像传统那样单纯地发展学生的语言和数理逻辑智能或其他单方面的智能,而应当使多种智能平衡、全面地发展。这就要求注重跨学科的学习,利用不同学科的智能优势加以整合。

综合性是综合实践活动课程的基本特性,是由综合实践活动中学生所面对的完整的生活世界决定的。学生的生活世界由个人、社会、自然等基本要素构成,这些基本要素是彼此交融的有机整体。在这些关系中,学生与自然、学生与他人或社会、学生与自我的关系是生活世界中最普遍的关系。学生处理这些关系的过程,就是对学生的发展具有教育价值的活动过程。因而,学生个性发展不是不同学科知识杂汇的结果,而是通过对知识的综合运用而不断探究世界与自我的结果。

综合实践活动具有超越严密的知识体系的学科界限,着眼于学生的整体发展的综合性特点。综合实践活动课程具有"综合性",其内涵非常丰富。

首先,作为综合性课程,它不同于学科课程。不仅仅是对学科知识的综合,也不仅仅是跨学科的学习,而是对学习生活领域和生活经验的综合。这种综合性表现为设计的问题的综合性、活动情景的综合性和活动方式的综合性以及解决问题所采用的知识运用的综合性。

其次,作为综合性课程,综合实践活动课程的设计与实施突出课程整合的理念。课程整合是指把各课程年级学习活动紧密联系,构成具有整体效应的课程结构。在课程设计上,强调终身学习的愿望和能力、创新精神和实践能力;在课程实施上,强调学生发现问题、解决问题的能力以及团队合作的精神。

再次,作为综合性课程,综合实践活动课程强调多种学习方式的整合。综合实践活动倡导转变学生的学习活动方式,主张多元的学习活动,通过探究性、体验性、交往性等方式,开展探究、调查、访问、资料收集、操作、实验、反思等学习活动,使学习方式和学习活动体现整体性和综合性。学习方式的整合必然促进学生生活方式的变革及生活空间的拓展和延伸。

最后,综合实践活动课程的"综合"是有层次的,有简单的跨学科问题,有复杂的多学科问题,有简单的生活问题,也有复杂的生活问题,教师要基于学生不同的年龄阶段、身心特点、生活阅历等,可以从自然、社会与自我;从科学、艺术与道德等选择研究课题,如社会生活中的环境问题、交通问题、污染问题等,要准确把握"综合性"的内涵。

二、实践性

实践性已经成为当今课程改革的趋势之一。在西方课程发展史上,以施瓦布为代表的实践课程模式是重要的课程流派。他基于对传统的课程模式的批判,提出了实践性课程观。他认为,过去的课程研究注重"理论的",不切实际,太抽象、概括化,只根据学生的学习目标衡量课程的成败,关注学生学习的结果。他强调课程理论应当是实践的取向,解决实践中出现的问题;课程应是一个动态过程,应关注学生的学习过程,关注对课程实践过程的评价。施瓦布认为只有关注过程、关注实践,才有利于因材施教,有利于学生个性化和创造性的培养。

施瓦布的实践课程理论包括五个方面:把能力德性的提高视为"实践兴

趣"的课程目的观;以教师和学生作为课程创造者的课程主体观;以课程过程和结果相统一的课程价值观;以教师作为研究者的课程行动研究方法论;以课程理论与实践相结合为主要特征的实践艺术观。综合实践活动课程集中体现了实践的课程观。实践的课程观强调以下几点:

（1）课程不仅仅是以文本形式来设计和组织的，而是以系列活动为基础的，以活动为中心的。

（2）课程实施的实践情景是可悉的、现实的、可以触摸和知觉的，而不是抽象的，可以包括课堂活动情景和开放的社会活动情景。

（3）实践活动强调的实践是以学习和自我发展为目的的实践，这种实践是一种学生方式，是以已有的知识和能力为基础的学习过程。

（4）实践的课程观注重的实践不仅仅是实践的实际产品，它更注重的是通过实践体验，获得感悟、获得能力发展和情感升华，形成良好的态度和价值观。

实践并不仅仅意味着参观、调查、访问，更重要的是为学生创设实践的环境，通过引导，让学生自己发现问题、提出问题、解决问题。综合实践活动包含不同活动情景的实践，强调学生参加探究性学习、社会参与性学习、体验性学习和操作性学习等多种实践性学习活动;它改变了学生传统的学习方式和生活方式，把学生的探究发现、大胆质疑、调查研究、实验论证、合作交流、社会参与、社区服务以及劳动实践和技术实践等作为重要的活动方式。可以说，综合实践活动中的"实践"具有尝试、经历、亲历、做中学等特性。

总之，综合实践活动以学生的现实生活和社会实践为基础来开发与利用课程资源，而不是在学科知识的逻辑体系中构建课程和实施课程。综合实践活动课程是以学生的已有知识和经验为基础，以主题为活动组织形式，以"活动"为主要形式，以任务为取向，强调学生的亲身经历，要求学生积极参与到各项活动中去，在"做""考察""调查""实验""探究""服务""劳动"等一系列的活动中发现和解决问题，体验和感受生活，培养实践能力和创新精神。

三、开放性

建构主义学习理论认为，知识是学习者在一定的情境即社会文化背景下，借助其他人（包括教师和学习伙伴）的帮助，利用必要的学习资料，通过建构意义的方式而获得的。"情境""协作""会话"和"意义建构"是学习环境中的四大要素或四大属性。这就要求课程内容具有开放性，要面向学生的整个生活世界，并随学生生活的变化而变化;课程实施过程与结果要具有开放性，关注学生在活动过程中所产生的丰富多彩的学习经验和个性化的创造性表现。

综合实践活动课程是一个具有高度开放性的课程,它注重把学生从课堂引向广阔的社会,从书本知识的学习引向社会实践,极大地调动学习的自主性,以扩展他们的视野,让他们拥有自己的学习空间和思维天地,进而开发他们的创新潜能,拥有自己的创新成果。综合实践活动课程面向每一个学生的个性发展,尊重每一个学生发展的特殊需要,其课程目标、课程内容、过程、结果等方面都具有开放性的特性。具体表现为:

1. **课程目标的开放性**

综合实践活动的目标不是僵化的,而是开放的。综合实践活动面向每一个学生的个性发展,尊重每一个学生发展的特殊需要,正是由于这一点,决定了综合实践活动目标的开放性。作为活动的设计与组织者的教师,在确定综合实践活动目标时,就应该注意这一特性,让不同的学生在活动中得到不同的发展。

2. **课程内容的开放性**

综合实践活动的内容不是封闭的,而是开放的。综合实践活动面向学生的整个生活世界,它随着学生生活的变化而变化,这就使得综合实践活动的内容具备了开放性。就目前来说,综合实践活动的内容主要表现在学生的研究性学习、社区的服务与实践、信息技术教育以及劳动技术教育等四个方面。这些方面的内容,不像书本知识那样受规定内容的限制,学生可以自主地去选择、探索和研究。

3. **活动过程的开放性**

综合实践活动关注学生在活动过程中所产生的丰富多彩的学习体验和个性化的创造性表现,这又决定了其活动过程的开放性。同时,由于综合实践活动的内容的开放性,必然导致其活动过程的开放性。无论是让学生去开展社会调查还是让学生去进行社区服务,它都必须由学生去参与活动的整个过程,教师不可能包办代替。而且学生在综合实践活动的过程中,会因为其创造性的表现,采用不同的方式与途径。

4. **活动结果的开放性**

每一次综合实践活动的结果总是会因人而异。不同的学生在活动中的感悟不同,再加上综合实践活动的评价标准的多元性,使得综合实践活动的结果具备了开放性。作为教师,对每次活动不要强求让每一位学生都要达到同样的目的,要让每一位学生都有自己独特的收获,这就是综合实践活动结果开放性的体现。

总之，综合实践活动是一门新兴的课程。由于综合实践活动开放性的特性，学生的个性差异得到尊重，其评价标准具有多元性。学生的全员参与有了可能，学生的个性发展有了良好的课程载体。

➤ 扫描本章二维码，阅读"东台市第一小学教育集团2012～2013学年度第一学期综合实践活动课程实施方案"。

四、生成性

《综合实践活动指导纲要·总则》指出：综合实践活动是由师生双方在其活动展开过程中逐步建构生成的课程，而不是根据预设程序一成不变的。目标可以固定指向，而内容和形式必然是动态的、开放的。儿童的发展本身就是不断生成、连续与非连续相互交织的过程。综合实践活动考虑到学生的现实生活需要和社会需要，立足于时代对学生素质发展的挑战和需要，以促进学生个性发展为总目标。它针对学生的现实生活需要，让学生在活动过程中不断地形成良好的行为意识、情感、态度和价值观，并不断地建构自我、发展实践能力。

综合实践活动具有生成性，是由于综合实践活动的过程取向和该课程的开发决定的。活动的主题、活动方式，特别是学生的收获都具有强烈的生成性，它们不是事先完全预设好的，而是在活动的实际过程中，学生会时刻遇到新的问题、产生新的想法、找到解决问题的新方式。因此，综合实践活动课程的价值就在于学生在活动中形成良好的情感、态度、价值观，并不断建构自我的整个精神世界，发展实践能力。活动中要正确处理预设与生成的关系。

➤ 扫描本章二维码，阅读课堂教学预设与生成关系辨析。

综合实践活动课程的生成性包括活动主题的生成、活动过程中生成新的问题，特别是教师要充分利用好活动中生成的问题进行自主探索、自己寻找解决问题的思路和方案。教师的设计要"留白"，给学生以自主生成的空间；教师要创设情境、引导学生发现问题，并利用生成的问题促进学生思维能力和创新水平的发展。

综合实践活动课程实施过程中要注意以下几点：

1. 加强活动的计划性

每一所学校、每一个班级都有对综合实践活动的整体规划，每一个活动开始之前都有对活动的周密设计，这是综合实践活动计划性的一面。但是，综合实践活动的本质特性却是生成性，这意味着每一个活动都是一个有机整体，而非根据预定模式机械地装配的过程。

2. 利用活动的生成性

综合实践活动具有很强的实践性，从而决定了它的生成性。随着活动过程的展开，学生与教育情境的交互作用过程，不会总是按照教师活动前的安排有条理地进行，难免会产生一些新的目标、新的问题、新的价值观和对结果的新的设计。教师首先要认识到这些生成性目标与生成性主题产生的必然性，肯定其存在的价值；其次，还应该合理地、巧妙地加以利用，从而将活动引向新的领域。

3. 处理好预设与生成的关系

综合实践活动的主题、活动方式、活动过程，都是学生在教师的指导下，从他们的现实生活情景中发现问题，提出活动的主题，从而自主确定或选择的。在活动的展开过程中，学生又从他所能接触的情境和资源中收集解决问题的资料，并自主地制订活动方案或活动计划。正是在自主制订活动方案的过程中，学生获得了实际的体验和发展。新的主题不断生成，活动过程使学生对自然、对社会、对自我的认识不断深化，体验不断丰富，这是综合实践活动生成性的集中表现。对综合实践活动的整体规划和周密设计不是限制其生成性，而是为了其生成性的发挥。

五、自主性

自主性是课程设计"以人为本""学生中心"理念的具体体现。自主性是指不依赖于他人，不受他人的干涉和支配，自我判断，自我行动。一般是从自主的态度和自主的行为两个方面来描述自主性的。自主性是人的品格特性，是人的素质的基本内核。作为一个社会的人，这种基本素质体现在自身特性与社会特性两个方面。个体自身特性方面有主体性、主动性、上进心、判断力、独创性、自信心等，社会特性方面有自我控制、自律性、责任感等。在自主性发展的过程中，这些特性都融会在自主性态度和自主性行为之中，构成一个人的统一的品格特点。

自主性的特征表明了在综合实践活动中学生是课程的主人，从课程的提出、方案的设计、活动的准备、实施的过程到成果的展示，学生都应该具有高度的社会性和参与度。当然，自主性并不等于纯粹自由、放任自流，而是在团队协作、合作互助、相互交流、共同协商基础上的自主性。

实现综合实践活动课程的自主性，有意义的一点就是把握学生的经验。综合实践活动课程是一种经验性课程。所谓经验性课程，一方面指课程的设计是以学生的生活经验、生活背景、生活中感受的问题与需要为中心,强调学生经验在课程中的独特地位与价值;另一方面,课程的实施是建立在学生的活动经验和活动过程之上的,强调学生的亲身经历和参与。杜威提出了经验课程论,他的"经验"这一术语突破了传统上人们从知识角度对教育、课程进行理解,实现了对课程认识上的根本转向,即把教育、课程的本质理解为"经验"。杜威认为教育的本质即儿童经验的不断改造,经验是世界的基础,教育是通过儿童的主动活动去体验一切和获得各种直接经验的过程。

实现综合实践活动的自主性,必须注意团队合作、集体情境下的自主性。经验课程的基本出发点是学生在教育中的主体地位,学生是经验者、经验改造者、自主发展者。价值多元、尊重差异是主体取向的基本特征,它强调活动不是靠外部力量的督促和控制,而是每一个主体对自己行为的"反省意识和能力"。指导教师只对其进行必要的指导,不包办代替学生的活动。

实现综合实践活动的自主性,还应注意发挥教师的指导作用。可通过教师的有效指导,引导学生发展自主性,提高学生自主性的品质与水平。

综合实践活动开放的活动领域和活动内容、开放的活动方式和活动过程,为学生的自主发展提供了更为宽松、自由的空间,为发挥学生学习的自主性创造了条件。在活动中,学生始终处于主体地位,自己发现问题、自己设计方案、自己收集资料、自己解决问题,教师的指导是必要的,但不能包揽学生的全部活动。由于综合实践活动自主性的特点,学生从被动转为主动,调动了学生参与活动的积极性。

第三节 综合实践活动课程的价值与理念

一、综合实践活动课程的价值

综合实践活动课程的创生是我国基础教育课程结构的新突破,是我国基础教育课程形态的新建构,它体现了国际上基础教育课程改革的新趋势,反映了当代以创新精神和实践能力培养为核心的素质教育的新要求。从课程特性来看,综合实践活动课程具有区别于其他课程的独特价值。

（一）关注学生的生存方式，满足学生成长的客观需求

小学生好奇心强，求知欲旺盛，对身边问题有浓厚的探究兴趣，思维活跃，想象力丰富，探究活动充满神奇。随着学生年龄的增长和交往范围的扩大，他们不满足于单纯书本知识的学习，具有参与社会生活的愿望。拓展教学活动空间和活动内容，引导他们在生活中学习，在实践中学习，在应用中学习，主动地参与社会生活并服务于社会，是小学生身心发展的客观要求。

基础教育阶段是培养有责任感的、有创意的、有个性的生活方式的关键阶段，是人生观教育、价值观教育和思想品德教育的关键阶段。当前基础教育的问题之一就在于远离学生的生活世界，教育丧失了生命的活力和生活的意义，难以培养儿童的综合实践能力和社会责任感。教育作为影响整个人生过程的活动，便不应该对儿童的现实生活漠不关心，而应该给予极大热情的关注。学生的发展不只是通过教材、教室来实现的。

综合实践活动课程的设计和实施克服了传统的书本教育的弊端，带领学生走进生活、走进社区、走进社会，引导学生开展各类综合实践活动，培养学生的探究能力、创新精神和综合实践能力，以适应学习化时代、信息社会和新时期社会发展的客观要求，以满足每一个学生成长的需要。综合实践活动课程资源的开发和利用就是要从学生的日常生活中、生活经验里和社会背景中挖掘广泛存在的各种课程资源，为学生的发展提高多样化的机会。课程资源的选择从学生生活出发，以综合化生活中的视野展开，从他们的生活世界中开发课程资源。课程资源的开发遵循的是生活逻辑，而非学科逻辑。只有着眼于生活，学生才能有更多的机会自己去活动、体验乃至创造，才能享受探究的乐趣、活动的愉悦，才能获得并增强社会责任感。

阅读材料

这是一个学生在经历一学期综合实践活动课程后的体会：这一学期，我经历了上学5年来从来没有经历过的一些事，我们"走近大桥"，谈古论今，制作模型，设计游戏，探究奥秘；我们"走进街头"，访问居民，体验民俗，测算人口，探讨拆迁。大自然中，有了我们的身影；居民楼里，有了我们的笑声；访问途中，有着我们的苦涩；交流会上，有着我们的唐突。我们学会了照相、排版、办报，我们学会了搜集信息和交流研讨。我们成了学习的主人，我们成了放飞天空的小鸟。我们没有想到我们的潜力那么大，我们没有想到我们原来可以飞得这样远。

（二）面向学生的"生活世界"，密切学生与生活、与社会的联系

陶行知的生活教育理论认为，教育要以人的全面发展为基本目的，其核心就是启发儿童、青年、人民大众改造社会生活的觉悟、手脑结合的实践创造能力，去改造生活，创造新的人生。为此，陶行知提出生活教育三大原理："生活即教育"，"社会即学校"，"教学做合一"。这就要求课程内容要面向儿童生活、儿童可能的生活和社会生活，教学要基于儿童已有的知识与经验，要联系儿童的生活。生活世界之于学生发展具有重要意义。

首先，生活世界是学生存在的"场域"。任何有生命的个体都不是存在于真空之中，而是存在于一定的"场域"之中。作为一个有生命的个体，学生的生存和生活都离不开现实的生活世界。

其次，生活世界是学生探究的"对象"。学生正处于求知欲望强烈、探究兴趣浓厚的时期。因此，现实生活中的一切，包括自然、社会、人等就首先成为学生探究的对象。

再次，生活世界是学生经验的"源泉"。经验是理解人生的起点和基础。在生活世界中，学生通过自己的身体器官（眼耳鼻舌等）直接接触现实生活中的一草一木、一人一物，获得关于这个世界的认识，即直接经验。

阅读材料

"教育回归生活世界"是当前我国教育界一个非常时髦的概念。"回归生活世界"这一哲学上的主张源自胡塞尔，胡塞尔将人们对客观世界的认识与"主观性成就"联系起来，强调主观的意义和价值，因而任何从"客观"的、外在的角度为教育拟定的"回归"路径，其实与胡塞尔的"生活世界"理论相违背。杜威提出的"教育即生活"的思想，并不是主张在日常生活当中进行教育，日常生活世界并不能取代制度化的教育生活世界。因此，教育活动不能扔掉知识纯讲"回归"，也不能抛弃制度化的学校教育并用生活来代替课堂，而应该在肯定知识的基础性、客观性价值的同时，吸取胡塞尔和杜威"生活世界"理论的精华，将客观知识和学生的主观感受联系起来，将抽象的知识和现实生活世界之间的关系联系起来，共同予以关注和考虑，从而实现对生活世界的"超越"。

（参见：周序. 教育中的生活世界：从"回归"到"超越"[J]. 现代远程教育研究，2015(03).）

最后，生活世界是学生发展的"动力"。在生活世界中，学生通过与自然、

与社会、与他人,甚至与自己的交往,实现个人在认知、情感、意志等方面的发展。也就是说,只有"生活世界",才能满足个体在理智、情感、意志、审美等多方面发展的需要。因此,在促进个体发展方面,"生活世界"对于个体的生长、发展具有重要意义。

综合实践活动超越书本知识学习的局限,要求学生从生活和社会现实中提出问题,围绕人与自然、人与他人或社会、人与自我、人与文化等方面,自主提出活动主题,并深入自然情景、社会背景或社会活动领域,开展探究性、社会参与性的体验、实验等学习活动,形成对自然、对社会、对自我的整体认识,发展良好的情感、态度和价值观。因而,综合实践活动为密切学生与生活、学生与社会的联系架起了一座桥梁。这无疑将有利于加强学生对自然、社会的了解及参与意识,密切学生与生活的联系。

(三)综合实践活动课程促进学生整体素质发展

综合实践活动课程的实施,对学生的素质发展主要体现在以下几个方面:

1. 提高了学生的合作意识和交往能力

综合实践活动实施过程中,学生以小组活动为主要活动方式,为学生彼此之间的交往合作提供了机会。学生在活动中分工合作,在小组这个学习共同体中学会与人相处、发展协作能力、体验共同进步,增进了合作意识;同时,综合实践活动将学生置于广阔的社会背景之中,去与社会接触,与陌生的人打交道,活动使学生的临场应变能力、交往能力得到了提高。

2. 增强了学生的自信心

综合实践活动开放的教学方式,为学生搭建了展现自我、发现自我、实现自我的舞台,每个学生都能在实践中充分发挥自己的特长,通过亲身参与体验,学生在实践中得到了很多收获,并逐步发现了自己的潜能,从中获得了自信。

3. 促使学生学习方式的根本转变

综合实践活动课程的实施以主题活动为主要组织形式,它的实施,变结论性学习为过程性学习,学生在教师的引导下掌握探究的方法和要领,感受研究的乐趣,发展终身学习的愿望、创新精神和综合实践能力;学生开展当代社会调查,跟踪预测社会需要的发展动向;在日常活动中以及在实现自己目标的过程中能够获益各种知识技能;在通过对自然、社会发展、自身需要研究的基础上,学生通过自主学习、探究学习、合作学习、体验学习,学习方式发生了根本转变。学习方式的转变,促使学生自由地发展,培养了学生丰富多彩的人格。

4. 发展学生的创新精神和实践能力

综合实践活动课程将彻底改变学生学习方式的单一化。综合实践活动提倡把探究发现、大胆质疑、调查研究、实验论证、合作交流、社会参与等作为重要的学习方式；强调学生通过探究性学习、社会参与性学习、体验性学习和操作性学习等学习方式从事多种实践性学习活动；强调学生通过研究与实践，构建一种积极、生动、自主探究合作的学习方式。

阅读材料

邓新钊老师在活动中这样认识到：这项活动改变了原有的单一、被动的学习方式，建立和形成旨在充分调动、发挥学生主体性的多元化的学习方式，让学生在教师指导下主动、富有个性地学习；让学生乐于动脑、动手，养成勤于实践的好习惯；能发现问题，提出问题，解决问题，探讨获得新知识；让学生主动参与，积极互动，使问题得到解决，完善自我，以此来促进每一位学生健康地成长。

张丽丽老师在体会中这样写道：通过这次活动，每一个组的成员学习能力都得到了提高，学会了提出问题、解决问题以及独立地查找资料、分析资料。现在的社会是一个充满竞争的社会，在这样的社会中，重要的是如何去获得知识，如何在知识的获取过程中，开发自己的各种潜能。这次的活动正训练了我们这方面的能力。

孙强老师在反思中这样写道：培养了学生主动参与、乐于探究、搜集和处理信息的能力，获取新知识的能力，分析和解决问题的能力及交流合作的能力；促进了学生的个性发展，提高了教师教学的实践功能。

二、综合实践活动课程的基本理念

（一）基于直接经验，强调主体性

综合实践活动课程是以学习者的直接经验或体验为基础而开发和实施的，它是以学习者的直接经验为基础而对学科知识的综合运用，是对学科的逻辑体系的超越。自古以来，许多思想家、教育家都十分强调这一点。法国近代启蒙思想家、教育家卢梭从反对和批判封建经院主义式的教学方式出发，极力主张学生从经验中学习，从自然和社会中的实际活动中学习。他认为，理性是在感觉经验的基础上形成的，要培养理性，必须先充实人的感觉经验。他主张，凡是能够从经验中学习的事物，就不要从书本中学习。卢梭认为，在教学生学习知识的时候,应该与培养他们的独立精神以及智力结合起来。"不要教他这样那样的学问,而要由他自己去发现那些学问。你一旦在他心目中用权威代替了理智,他就不再运用理智了,他将为别人的见解所左右。"①只有通过实践活动获得的知识,才是真实可靠的知识,这种知识将有助于个体的全面发展。因此,应该让学生通过自己的观察和思考获得知识,而不是盲从和迷信权威的说教。杜威强调要让学生获得知识经验和发展,就需要让学生参与各种实践活动,在这些主客体相互作用的过程中,学生将不断地获得经验。他认为应从实际活动中学习,在学校设立各种工厂、实验室、食堂、农场等,让学生从事他们最感兴趣的活动。在活动中,学生为了解决实际问题而主动地收集有关资料、确定问题所在,并提出各种假设,这种过程能丰富学生的经验。因此,教学过程是一个通过各种活动去"做"的过程,即"经验"的过程。②

综合实践活动课程特别强调学生的直接体验,鼓励学生通过生活实践、社会实践、科学实践等直接的实践活动进行自主性学习,通过专题讨论、课题研究、方案设计、模拟体验、实验操作、社会调查发现等亲历性实践活动解决现实生活中的问题,培养创新精神及实践能力。综合实践活动课程对直接经验的重视,重拾兴趣、直觉、情感、体验等在探寻世界中的价值,使得原本机械化、刻板化的人的生命活动开始"返魅",并进而使得个体的求知活动也充满着生命的激情和心灵的感悟。

> **阅读材料**
>
> 　　教学交往先后经历了主体性、主体间性和他者性三种不同的范式。主体性范式通过主体性原则实现主体在教学交往中的支配性地位,但却导致了自我中心化倾向,同时也呈现出交往的知识论特征;主体间性的教学交往范式力图避免主体性范式面临的困境,使交往双方在民主、参与、合作中达成彼此的理解,然而理解却并不能保证接受,而且主体间性在面对情感和价值内容时表现出的无奈也使其成为一种在想象中构建的乌托邦式的交往世界;教学交往的他者转向使同一性哲学的认识主体得以解构,从而确保了交往中他者的他性。他者性教学交往是为了他者并对他者承担责任的交往,它通过重建主体性最终得以完成。

---

① 转引自袁振国. 教育原理[M]. 上海:华东师范大学出版社,2001:271.
② 杜威. 民主主义与教育[M]. 王承绪译. 北京:人民教育出版社,1990:174.

(参见:刘要悟,柴楠.从主体性、主体间性到他者性——教学交往的范式转型[J].教育研究,2015(02).)

(二)面向生活世界,体现开放性

综合实践活动课程的开发和实施要克服当前基础教育课程脱离学生自身生活和社会生活的倾向,要从生活中选择活动主题和内容,要注重学生对生活的感受和体验,引导学生热爱生活,并能健康愉悦地、自由而负责任地、智慧而富有创意地从事生活。因为综合实践活动课程是融于生活之中的,所以它是整体的、开放的。它的开放性主要体现在活动目标、活动内容、活动方式等方面。

首先,综合实践活动课程走进现实生活。综合实践活动课程以学生的现实生活为基础,选择和生成活动主题。也就是说,综合实践活动课程走进学生的现实生活中,充分挖掘蕴藏在自然、社会中的丰富的课程资源,以学生周围的自然环境、社会环境和人际环境为背景开展研究。同时,综合实践活动课程走进现实生活还意味着让每一个学生走到现实生活中去,在生活中感悟、体认、确证、发展自我。每一个学生都是一个具体的人,"他有他的历史,这个历史是不能和任何别人的历史混淆的……他有他自己的个性,这种个性随着年龄的增长而越来越被一个由许多因素组成的复合体所决定。这个复合体是由生物的、生理的、地理的、社会的、经济的、文化的和职业的因素所组成,而这些方面对于每一个人来说,又都是各不相同的"[①]。一个人的发展历史就是一部活动的历史。人通过实践活动并在实践活动中与自然、社会、他人进行广泛的联系和交往,从而不断地实现自我价值。换言之,实践活动是人存在和发展的基本方式,是人形成、完善和丰富的现实基础。综合实践活动课程面向每一个学生,兼顾每一个学生的发展。在综合实践活动中,学生的活动呈现出生理与心理、感性与理性、情感与思想、历史与社会错综复杂的交融。也正是在这种实践活动中,每个学生的自我价值在不断实现。

其次,综合实践活动课程面向可能的生活。学生是基础教育的对象,这不仅意味着"现实的儿童"是基础教育的对象,而且意味着"可能的儿童"也是基础教育的对象。教育不仅要关注现实生活中儿童的生活方式、生存意义,而且要关注儿童未来可能的生活方式、生存意义。综合实践活动一方面注重提升学生的内在生活品质,为未来生活做准备;另一方面强调引导学生关注生活现

---

① 邓素文.走进生活的课程——综合实践活动课程[J].沈阳教育学院学报,2002(4).

实、探究生活问题、改变现实生活,进而创造新的生活。

(三) 改变学习方式,突出实践性

《基础教育课程改革纲要(试行)》指出:"改变课程实施过于强调接受学习、死记硬背、机械训练的现状,倡导学生主动参与、乐于探究、勤于动手,培养学生搜集和处理信息的能力、获取新知识的能力、分析和解决问题的能力以及交流与合作的能力。"综合实践活动强调学习方式的改变,主张运用研究性学习、合作学习、自主学习、参与式学习、讨论式学习等方式。综合实践活动课程的开发与实施要体现学生活动的自主性、探究性,要求从以学习系统书本知识为目的的教育转向侧重让学生通过生活实践、社会实践和科学实践进行自主学习。要求从被动的接受性学习走向主动的探索;从教师作为知识唯一的来源和权威转向学生自主的探究式学习;从注重结果与定论的教育转向以活动为主的创造性学习,以引导学生开展丰富的探究性学习活动,帮助学生学会实践、学会探究、学会发现,培养学生的实践能力、对知识进行综合运用的能力、探究创新的能力和良好的个性品质。

人的本质是实践的,人的实践能力是人的本质力量的展示。综合实践活动课程就是要从人的本质力量出发,去开发人所蕴藏的实践性潜能,而且综合实践活动课程与其他学科类课程相比,更为重视人的实践性,并且以实践作为课程实施的主要方式,把实践能力作为课程的独特目标和崇高追求。因此,没有实践,就没有综合实践活动,也就谈不上综合实践活动理想的追求。无论是综合实践活动的设计还是实施,都应将是否具有实践性、是否具有实践意义、是否形成对学生实践能力的发掘作为重要问题来对待。

(四) 崇尚活动规划,鼓励生成性

综合实践活动课程与学科课程一样,也是有目的、有计划、有组织地进行的。但是,与学科课程不同的是,综合实践活动的展开是依据各地区、各学校的实际情况进行的。因此,学校应遵循《综合实践活动指导纲要》的基本思想,为本校综合实践活动课程的开设制定出具有整体性的一学年或几学年的总体规划。综合实践活动规划是开展综合实践活动的基本依据,是师生共同智慧的结晶,是诸多因素协调共同作用的结果。因此,综合实践活动规划具有非常重要的作用。在遵循规划的同时,综合实践活动又崇尚生成,这是由其回归生活、师生共建的课程特征决定的。综合实践活动的生成并不仅仅是在活动的提出、活动的确认、活动的设计等环节上的生成,也包括综合实践活动的准备、

活动的开展、活动的总结、活动的评价等环节上的生成。无论是前者还是后者，它都既在一定的预设和规划中进行，又在具体的实施和运行过程中生成，两者紧密联系缺一不可。崇尚综合实践活动的生成，并不能否定综合实践活动的预设。教育是有目的、有计划、有组织的活动。计划性、预设性是基本要求之一。同时，综合实践活动的生成也不是无原则、无规则的生成，它是教育者有目的、有计划地引导学生根据一定要求去生成、去形成新的活动目标、内容、方式，去促进学生实现新的意义建构的过程。教师要善于把握这种教师指导下学生生成、教师预设的主题生成、主题确定后的过程生成等不同生成内容及类别的特征，不断寻找综合实践活动生成的规律。综合实践活动的生成性，为综合实践活动的丰富多彩，为综合实践活动充分展示学生的个性、主体性和创造性提供了良好的条件。

（五）注重问题探究，增强创新性

对于问题的产生，不外乎三种情形：一是人类生存和发展中必然遇到的问题；二是由别人给出的问题；三是由自己主动发现的问题。第三种情形是寻求问题、发现问题的最高境界。但无论哪一种情况，注重发现问题并试图解决问题，这是推动个人成长、促进社会进步必不可少的内容，是人类文明进步的内在机制，也是人类个体获得高层次精神体验的重要载体。创造始于问题，有了问题才有了思考的开始，才有了解决问题的方法，才有了创造发明的可能。

杜威认为，儿童有四类兴趣（本能、冲动）：第一类是"社会本能"，指儿童在谈话、交际和交往中所表现出来的兴趣，语言本能是表现儿童社会本能的最简单的形式。第二类是"制作本能"，指儿童在游戏、运动、制作材料等方面表现出来的兴趣，又称"建造性冲动"。第三类是"探究本能"，指儿童探究或发现事物的兴趣，儿童并没有多少抽象的探究本能，探究本能似乎是导源于建造性本能与交谈本能的结合。第四类是"艺术性本能"，亦可称为"表现性冲动"，它也产生于交往本能和建造性本能，是交往本能和建造性本能的精致化与完满表现。杜威认为，这四类兴趣是儿童的自然资源，儿童后天的经验是在这四类兴趣的基础上发展起来的，儿童心智的积极生长依赖于对这四类兴趣的运用。因而，课程设计需要建立在这四类兴趣及相应经验的基础之上。①

综合实践活动的重要目的在于改变学生单一的知识接受性的学习方式和

---

① 张华.经验课程论[M].上海：上海教育出版社，2000：83.

简单的技艺训练性的活动方式,使学生通过调查、访问、考察、测量、实验、劳动等多样化的探究活动展开学习。在这过程中发现问题,产生疑惑,运用信息,进行试验研究,这一追求不仅能拓展学生的学习时空,还能赋予学生综合运用知识、培养创新精神和创造能力的机会,使之不囿于对材料的记忆和推理,而且能够从社会的、文化的、政治的观点出发对现象发表个人创见,展现个体智慧。更值得一提的是,学生的自主探究能够"化信息为知识,化知识为智慧,化智慧为德性"。

思考·探究·实践

1. 简要阐述综合实践活动课程提出的背景。
2. 结合某一综合实践活动的案例,分析它是否真正体现综合实践活动课程的基本理念。
3. 就近到一所小学进行调研,考察并阐述综合实践活动课程给师生关系带来了哪些变化。

信息链接

1. 郭元祥,伍香平.综合实践活动课程的理念[M].北京:高等教育出版社,2003.
2. 顾建军,张建平等.综合实践活动课程指导法[M].北京:开明出版社,2003.
3. 李臣之.综合实践活动课程开发[M].北京:人民教育出版社,2003.
4. 郭元祥,沈旎.小学综合实践活动[M].上海:华东师范大学出版社,2008.
5. 张华.让儿童自由探究生活——兼论综合实践活动课程的本质[J].全球教育展望,2007(4).
6. 石鸥.从课程改革的目标看综合实践活动的独特价值[J].中国教育学刊,2005(9).

第二章 小学综合实践活动的课程目标

学习目标

➢ 了解综合实践活动课程目标确立的依据。
➢ 了解综合实践活动课程目标的特点。
➢ 熟悉综合实践活动课程的总体目标与学段目标的具体要求。
➢ 理解综合实践活动课程的总体目标与学段目标、学段目标与学段目标的关系。
➢ 初步具备并养成设计小学综合实践活动课程具体目标的意识和能力。
➢ 掌握小学综合实践活动课程的具体目标。

综合实践活动作为中小学的一门必修课程,是在教师引导下,学生自主进行的综合性学习活动,是基于学生的经验,密切联系学生自身生活和社会实际,体现对知识的综合应用的实践性课程。课程目标是通过密切学生与生活的联系、学校与社会的联系,帮助学生获得亲身参与实践的积极体验和丰富经验;提高学生对自然、社会和自我的内在联系的整体认识,发展学生的创新精神、实践能力、社会责任感以及良好的个性品质。

✓ 观看本章微课视频
✓ 阅读本章配套案例

微信扫一扫

第二章 小学综合实践活动的课程目标

第一节 小学综合实践活动课程目标

综合实践活动课程的目标是对学生发展的基本素养要求,体现了综合实践活动课程的根本价值追求。

一、确定综合实践活动课程目标的依据

作为一种开放性的实践课程,综合实践活动的课程目标不同于学科课程的目标,它没有严格体系化的内容标准。但从总体上说,综合实践活动的课程目标是发展学生综合实践能力、创新能力和探究能力,增强学生对自然、社会和自我的责任感。但对具体的活动项目和活动主题来说,应有具体的活动目标。制定综合实践活动的具体目标或每一活动项目的目标,要考虑以下几点:

(一)学生终身发展的需要

综合实践活动的根本立足点是学生的发展。满足学生现实生活的需要和未来终身发展的需要,是制定综合实践活动课程目标的根本依据。因而,制定综合实践活动的总体目标和各活动领域、活动项目的课程目标,需要研究中小学生的兴趣、爱好、动机和需要以及他们的年龄特征,了解他们已有的生活经验和社会生活背景,从培养学生终身发展的愿望和能力的角度出发,制定各类目标。

(二)社会发展的需要

社会发展对每个中小学生提出了越来越高的素质要求。社会发展对中小学生的基本要求是制定综合实践活动各类目标的基本依据。我们处于一个变化日益剧烈的伟大时代,要求中小学生具有终身发展的能力、交流与合作的能力、收集和处理信息的能力以及创新精神和探究能力、自主获得新知识的能力;具有环保意识、合作意识与民主意识、创新意识等。这些基本能力和综合素质是社会发展对中小学生的基本要求,因而,综合实践活动的各类课程目标要具体体现这些基本要求。

(三)科学和技术发展的需要

现代科学和技术发展的基本趋势是分化与综合并存。一方面,新学科、新

知识不断产生,学科门类越分越细;另一方面,学科之间的综合越来越强,交叉学科和边缘学科不断产生,学科研究日益依赖多学科的联合攻关。中小学生要适应科学和技术发展的需要,必须逐步养成在实践中综合运用所学知识解决实践问题的意识和能力,具有探究能力和创新意识。因而综合实践活动的各类课程目标要充分考虑科学技术发展的需要。

二、综合实践活动的总体目标

综合实践活动课程目标是由总体目标和学段目标构成的目标体系。总体目标是指3~12年级的中小学生通过综合实践活动课程的学习而在素质或者特征方面所呈现的状态。总体目标原则性和稳定性较高,概括性较强,适应面较广,适用于整个课程建设和管理过程,其实施主体涉及国家各级教育行政部门、教师培养与培训机构、广大中小学教师和学生、课程研究与指导机构及中小学教材编制出版部门等。

(一) 我国综合实践活动课程的总目标

综合实践活动是一个开放的实践性课程,其目标包括知识与技能,过程与方法,情感、态度与价值观三个维度。其中,"知识"目标是指在实践性学习中获得的对自然、对社会、对自我以及对文化的认识和经验,决不可以追求系统化的、体系化的书本知识。"知识与技能"目标并不仅仅作为结果性目标,它也具有过程性目标的性质。"过程与方法"目标是综合实践活动课程的核心目标之一,它强调学生亲历实践性学习的过程,在实践情景中运用并掌握各种实践的方法,使学生获得积极的体验和丰富的经验。"情感、态度与价值观"目标也是综合实践活动课的核心目标之一,它不是靠灌输、告诉等接受性教学方式获得的,而是学生在实践活动过程中通过体验、实践等方式逐步生成的目标。因此,可以说,综合实践活动课程的目标是学生主体的自我发展和自主生成获得的。

阅读材料

综合实践活动课程作为新课程改革中的新兴课程,它是国家规定的必修课程,由学校校本化开发与实施。这门课程主要追求两大目标:

第一是让学生学会有意义地学习。英国哲学家怀特海认为:不能加以利用的知识是相当有害的。当前,学生在学校里学到的知识除了应付考试,大部分都是不能利用的。因为学生学到的大部分知识早已经脱离了原有的生活情境。其实一切学问都是从生活中来的,是人们通过对自然和社会的观察归纳出来的。但是,知识发现的过程在教材中很少呈现。学生虽然习得了知识,但并不知道这些知识的来源,也就不知道这些知识可以在生活中的哪些方面得以应用。学生习得的知识大多是"呆滞"的,无法投入运转。综合实践活动课程首要的目标就是改变学生的学习方式,让学生学会自己发现知识,用探究和实践的方式去习得个人化的知识,在生活中学习知识,打通学科知识的界限,并能将学习到的知识运用到自己的生活中,这样的学习才是有意义的。

第二是让学生学会有质量地生活。教育的一个重要主题是多姿多彩的生活,教育应该教会学生学会如何更有质量地去生活。当前学校的应试教育已经使得考试几乎成为教育的唯一主题,再加上课程处于一种相互分离,与生活割裂的状态,人们过于关注知识的传授,从而忽略了学生当下和未来的生活。综合实践活动课程强调从学生的生活和兴趣出发,培养学生的综合素质与能力,指导学生学会有激情地、充满创造性地、快乐地、有质量地生活。

(参见:万伟.课程的力量[M].华东师范大学出版社,2017.)

(二) 综合实践活动课程的总目标的具体内容

在基础教育阶段,我国综合实践活动的总目标是密切学生与生活的联系,推进学生对自然、社会和自我的内在联系的整体认识和体验,发展学生的创新精神、实践能力、社会责任感以及良好的个性品质。综合实践活动课程的总体目标包括以下五个方面:

1. 获得亲身参与实践的积极体验和丰富经验

综合实践活动课程的实施为学生打开了一个开放的学习途径。它要求学生在综合实践活动中,亲身参与实践,注重亲历,自主学习和实践,从而在开放的学习情景中获得积极的体验和丰富的经验。

2. 发展对自然的关爱和对社会、对自我的责任感

综合实践活动是从学生的生活世界出发的,它面对的是具有整体性的自然世界、社会世界。学生通过综合实践活动,应获得亲近自然、关爱自然、关心社会以及自我发展的责任感,从而形成社会发展和生活方式变革所要求的基本品质。

3. 形成从自己的生活中主动发现问题并独立解决问题的态度和能力

"问题解决"是综合实践活动的目标要素。综合实践活动课程的实施,强调发展学生在自己的生活中发现问题、解决问题的能力,学会认识、发展学生

的动手能力,养成探究学习的态度和习惯。

4. 发展实践能力,培养对知识的综合运用和创新能力

综合实践活动超越单一的学科知识系统的局限,要求学生在综合实践活动情景中,学会综合运用所学知识去分析问题和解决问题,提高思维能力,学会做事,发展创新精神和综合实践能力。

5. 养成合作、分享、积极进取的良好品质

综合实践活动课程强调学生情感、态度和价值观的发展,要求学生在综合实践活动中养成合作意识、民主意识、科学意识、环境意识,善于交往,学会与他人共同生活。①

为了更加准确地把握课程目标,有学者又把以上这些目标分解为以下八个方面:

其一,探究的一般过程与能力。儿童应初步具有发现问题、自主学习、独立思考、解决问题的素质和探究能力。让学生掌握探究的方法和思考问题的方法,养成主动地、创造性地解决问题,进行探究活动的态度。学生应该学习问题解决和系统思维的技能,发展创造性、分析性和革新性的见解;主动探索与研究,激发好奇心及观察力;主动发现问题,初步掌握观察、调查、实验等科学研究的方法和技术,具有创新精神和创新能力,成为好的学习者、创造者。

其二,收集和处理信息的能力。发展儿童查询、评估、加工和应用新知识和信息的能力,具有主动获得知识的能力,为终身学习奠定基础。学会通过各种途径和形式收集资料和信息,加工和处理资料和信息,养成主动积极地获得信息的学习习惯,发展处理信息的能力,适应信息社会的需要。

其三,养成关心自然、关心他人、关心社会的思想意识。鼓励儿童主动积极地参与社会生活,服务于社会。密切与自然、社会和生活的联系,体验自我对自然、他人和社会的意义,并加强学生对社会的责任感和义务感,形成负责任的生活态度和生活习惯,养成良好的思想品德,以及具有强烈的公民意识,成为具有高度的社会责任感的新公民。

其四,运用所学知识去解决生活中的实际问题。鼓励儿童在综合实践中,通过应用性学习、设计活动,解决实际问题,形成各种实践能力。

其五,养成热爱劳动的思想感情,形成基本的劳动能力。掌握基本的劳动技术,主动地了解科技发展和人类生产的新动向。体验劳动过程,学习一般的

---

① 张建军.小学综合实践活动设计[M].郑州:郑州大学出版社,2004:9.

劳动技术,发展创新能力、审美能力。

其六,具有较强的表达沟通与分享的能力。儿童能有效地利用各种符号和工具,表达个人的思想和观念,善于与他人沟通,并能与他人分享不同的见解或信息,成为好的交流者。

其七,尊重关怀他人,具有合作精神和合作能力。强调在实践活动中平等对待他人及不同族群,尊重自我与他人生命;遵守法制与团体规范,发挥团体合作精神。

其八,形成国家意识和世界意识。熟悉民族、地方和社区文化传统,了解世界文化,增进对国情的了解和对世界的认识,形成国家意识和世界意识。

(三)综合实践活动课程的具体目标

综合实践活动课程的具体目标,重在培养学生的创新意识、实践意识、主体意识、合作意识,促进学生的分析问题和解决问题能力的和谐发展。

1. 创新意识

引导学生在各种实践活动中积极动脑思考,善于发现问题,敢于提出自己的独立见解,乐于研究探索新的事物。

2. 实践意识

引导学生在各种活动中综合运用所学知识和技能,获得多方面的直接体验,培养理论联系实际的学风。

3. 主体意识

引导学生在积极参与各种实践活动中加深对自我能动性的认识和体验,建立责任感,培养自主学习、主动学习的志趣和情感。

4. 合作意识

引导学生积极参与集体活动和社会实践活动,培养集体主义精神和为他人、为社会服务的精神,建立为实现共同目标而团结互助、尽职尽责的态度。

5. 发现问题的能力

通过各种实践活动,积极发展学生敏锐的观察力,掌握科学的观察方法,使学生善于全面、完整地认识事物,从不同层次、角度提出问题。

6. 正确分析问题的能力

通过各种实践活动,促进学生思维的发展,掌握正确的分析问题的方法,能提出比较恰当的解决问题的方案。

7. 解决问题的能力

通过各种实践活动,培养学生动手操作的能力,引导学生学会选择、使用恰当的工具和简单的技术来解决问题。

以上几种意识和能力的培养不是孤立的,它们互相联系,构成综合实践活动课程培养目标的有机整体。这几种意识和能力的培养贯穿在活动课程的始终,发现问题、分析问题和解决问题的能力得到全面和谐的发展,形成学生的综合实践能力、创新意识。

(四) 境内外中小学综合实践活动课程目标的设计

国外和我国台湾地区综合实践课程的目标大多采取分层、分类设计。课程目标的分层设计主要包括综合实践活动的总体目标设计、具体活动项目不同层次的课程目标设计两种方式,后者采取分学段和分水平展开目标。课程目标的分类设计是针对不同的具体综合实践活动课程的特点来设计具体的课程目标。在地方分权的课程管理体制中,课程目标的分类设计是综合实践活动中最主要的课程目标设计方式。

1. 英美中小学综合实践活动的总体目标

英美中小学综合实践活动的总课程目标体现在以下四个方面:

(1) 个人需要的满足方面。自然探究、社会研究和设计学习、社会参与学习等综合实践活动必须为个人准备去利用科学改进他们自己的生活,并跟上日益发展的社会,例如使学生成为成功的消费者或习得保持健康的身体所需要的能力。

(2) 社会问题方面。必须培养准备去负责任地研究与自然、科学有关的社会问题的有见识的公民,关注他们的社会行为,以及态度和价值观,并打下培养社会责任感的基础。

(3) 学术准备方面。必须容许学生在学术上有所准备,形成研究、探讨的习惯,掌握科学研究的一般技术和能力。

(4) 职业意识方面。必须给予有各种能力倾向和兴趣的学生开放的、种类多样的职业意识。

2. 日本中小学"综合学习时间"的总体目标

"综合学习时间"是为了有效地发挥学校的创造性,促进学生的主动学习和横向、综合的学习,培养学生具有主动适应社会变化的素质和能力而设计的课程。其总体目标如下:

(1) 培养学生丰富的人性和社会性,以及作为国际社会中生存的日本人的意识。

(2) 培养学生自己发现问题、自主学习、独立思考、主体性地判断以及更好地解决问题的素质和能力,让学生掌握学习方法和思考问题的方法,培养他们主动、创造性地解决问题,以及进行探究活动的态度,并尽量思考自己的生存方式。

(3) 与实际生活相联系,培养学生具有健康的身心、自律意识、关心同情他人的情感与品德,以及与他人合作的能力。

3. 新加坡实践课程的总体目标

新加坡中小学课程改革的一个基本指导思想就是"集体竞赛和跨学科观点的尺度",要求学生广泛地学习和终身地学习。课程的总体目标中包含着实践课程的目标[①]:

(1) 学生应该养成终身学习和独立学习的积极态度,发展批判性思维的技能,从而变成好的创造者。

(2) 学生应该学习问题解决和系统思维的技能,发展创造性、分析性和革新性的见解。

(3) 学生应该发展前摄的思维形式以及查询、评估、加工和应用新知识和信息的能力,成为好的学习者、创造者和交流者。

(4) 学生应该具有高度的道德完整性和对待多元文化的清晰敏感性,应该感到对于他们的出生地负有义务,以及培养强烈的公民意识,使其成为具有高度责任感的公民。

4. 我国台湾地区"综合活动"的总体目标

台湾地区新课程的根本目标是培养学生具有人文情怀、统整能力、民族素养、乡土与国际意识,以及能进行终身学习之健康国民,具体如下:

(1) 促进个体身心发展:增进自我了解,发展个人潜能;培养欣赏、表现、审美及创作能力;提升生涯规划与终身学习能力。

(2) 增进社会与文化参与:培养表达、沟通和分享的知能;发展尊重他人、关怀社会、增进团队合作的精神;促进文化学习与国际了解;增进规划、组织与实践的知能。

(3) 正确认识自然与环境并适切运用:运用科技与资讯的能力;激发主动

[①] 新加坡教育部外部评估小组提交:《学习·创造·交流:课程评估——关于新加坡课程改革的报告》(第一章),1998.

小学综合实践活动

探索和研究的精神;培养独立思考与解决问题的能力。

三、综合实践活动的学段目标

学段目标是指某一学龄段的学生通过综合实践活动课程的学习而在素质或者特征方面所呈现的状态,是综合实践活动课程的总体目标在每一个学龄段的具体体现。学段目标较为抽象和概括,与总体目标相比,它只适用于某一学段的课程建设和管理。其实施主体依然涉及国家各级教育行政部门、教师培养与培训机构、广大中小学教师和学生、课程研究与指导机构及中小学教材编制出版部门等。[①]

《基础教育课程改革纲要(试行)》明确指出:"从小学至高中设置综合实践活动并作为必修课程。"由于不同年龄阶段的学生在生理、心理等方面的发展各有其特点,因此,不同学段的综合实践活动课程也有不同的目标。

(一) 3~6年级

3~6年级综合实践活动课程的具体目标涉及以下三个方面:

1. 学生与自然

通过综合实践活动的学习,亲近并探究自然,热爱自然,初步形成自觉保护周围自然环境的意识和能力。

2. 学生与社会

通过综合实践活动的学习,考察周围的社会环境,初步形成反思、探究社会问题的习惯,自觉遵守社会行为规范,增长社会沟通能力,初步养成服务社会的意识和对社会负责的态度。

3. 学生与自我

通过综合实践活动的学习,初步具有认识自我的能力,初步具有自主选择和独立做出决定的意识和能力,养成勤奋、积极的生活态度。激发好奇心和求知欲,初步养成从事探究活动的态度,发展探究问题的初步能力。

(二) 7~9年级

7~9年级综合实践活动的总目标是发展以探究能力和创新精神为核心的一般思维能力,形成综合实践能力,增强社会责任感以及良好的情感、态度

---

① 顾建军. 小学综合实践活动设计(第2版)[M]. 北京:高等教育出版社,2005:8.

和价值观,促进初中生综合素质的发展。① 7~9年级综合实践活动的具体目标也涉及学生与自然、学生与社会、学生与自我三个方面。

1. 学生与自然

通过综合实践活动的学习,增进学生对自然的了解与认识,逐步形成关爱自然、保护环境的思想意识和能力。

2. 学生与社会

通过综合实践活动的学习,主动、积极地参与社会和服务社会,增进对社会的了解与认识,增强社会实践能力,并形成社会责任感和义务感。

3. 学生与自我

通过综合实践活动的学习,一方面,逐步掌握基本的生活技能和劳动技术,具有自我认识能力,养成负责任的生活态度;另一方面,发展主动获得知识和信息的能力,养成主动地获得信息的学习习惯和主动探究的态度,发展信息素养、探究能力和创造精神。

第二节 小学综合实践活动课程目标设计的基本原则

综合实践活动的指导纲要已经指出了综合实践活动的总体目标:"密切学生与生活的联系,推进学生对自然、社会和自我之内在联系的整体认识与体验,发展学生的创新能力、实践能力以及良好的个性品质。"但是,综合实践活动课程的总体目标不是所有活动主题或活动项目的具体目标。不同的活动主题或活动项目的目标是对综合实践活动总体目标的具体化。设计和实施综合实践活动课程,需要设计活动主题或活动项目的具体目标。

设计综合实践活动目标,应该把握综合实践活动目标设计的特点,按照综合实践活动的目标设计过程来制定综合实践活动的具体目标,然后在此基础上进行具体化。

目标的设计要考虑很多的因素,首先考虑的是目标设计的对象,其次是目标设计的维度,最后是目标设计的过程。但目标设计的程序不是依此程序逐

---

① 郭元祥.综合实践活动课程:设计与实施[M].北京:首都师范大学出版社,2011:123.

步进行的,在设计的过程中可能会跳过某一步,直接进入到下一阶段,或者直接进入最后一步。目标设计的维度也是应该考虑的,在目标设计的过程中,有时可能只考虑某一维度,有时可以将几个维度兼顾。

一、综合实践活动课程目标设计的特点[①]

(一) 综合性

综合性是综合实践活动的基本特性,这是由综合实践活动中学生所面对的完整的生活世界决定的。学生的生活世界由个人、社会、自然等基本要素构成,这些基本要素彼此交融。因而,综合实践活动的目标设计要求能够综合学生在生活世界中的各种关系以及处理这些关系的各种技能和经验,充分挖掘学生的潜力,培养学生多方面的才能。也就是说在目标的设计中,要注意知识、情感、能力、过程与方法等方面的目标,考虑学生综合素质的发展,而不是仅仅局限于某一个方面。

如武汉市武昌区珞珈山小学三年级实施的"盲道走向何方"的活动目标如下:

1. 知识方面

(1) 通过学生对盲道的调查和研究,使学生了解我国盲道的发展情况以及存在的问题,引起他们对盲道等无障碍设施的关注。

(2) 了解盲道的设计和使用情况。

2. 情感方面

(1) 通过合作课题小组的集体研究活动,如"盲道的孤独"课题组与"盲道的宣传"课题组相互配合和共享资料,培养学生的合作意识,对自己研究的成果有喜悦感和成就感,能感受到合作和交流的乐趣。

(2) 在与盲道的"亲密接触"过程中领悟中华民族的传统美德——关心他人,激发学生关心残疾人事业的热情,进而关心整个社会。

3. 能力方面

(1) 通过查找盲道的相关信息,初步学会查找、收集信息,并能简单处理信息,整理成资料。

(2) 学会制订方案、计划,如对盲道被占用的现象提出治理方案,让学生能主动参与社会调查活动,有独立思考和解决问题的能力。

---

① 王纬.小学综合实践活动[M].兰州:甘肃教育出版社,2005:17.

(3) 能够将自己的研究成果通过不同的形式（如图片、论文、调查报告、录像等）表达出来，并与老师、同学或专家进行交流，不断改进，形成自己的最佳成果。

(4) 通过与省残联和市盲校的专家、领导进行访谈，让学生敢于和他人进行交往，提高社交能力，并能根据访谈提出有针对性的问题和建议。

(5) 通过对盲道的调查研究，思考未来盲道的设计、构造、使用等情况，在发现问题、研究问题、解决问题的基础上能提出自己的新观点、新方法，在多方互动中完善对未来盲道的设计方案。

这一案例中的目标包括知识、情感和能力三个方面，考虑了学生综合素质的发展，而不仅仅局限于一个方面。

（二）差异性

由于综合实践活动的主体在年龄特征、能力、兴趣等方面是不同的，想要参与的活动项目也不同，因此，在设计具体活动的目标时，必须考虑参与活动的学生的特点，设计出适合学生的具有个性化的目标。比如按年龄阶段设计活动目标，就能很好地考虑学生年龄特点的差异，使学生能够完成力所能及的活动目标。

案例"关于商品包装材料的调查活动"就是按年龄阶段设计了活动目标，很好地考虑了学生年龄特点的差异，使学生能够顺利地完成活动目标。这一案例的活动目标如下：

1. 低年级活动目标

(1) 初步认识了解环境，逐步适应环境；

(2) 认识、了解自己熟悉的环境（家庭、学校、社区），增加热爱环境的情感；

(3) 初步了解个人与生存和学习环境的关系，逐步养成良好的行为习惯；

(4) 初步发现并了解自己生活中的环境问题，有所感悟和思考，并有相应的行动。

2. 中年级活动目标

(1) 深入了解环境，培养关爱环境、保护环境的意识；

(2) 进一步了解自己生存的自然环境和社会环境，能够从不同渠道搜集有关环境恶化及环境保护的资料，并进行交流，加深对环境的关爱，继续加强良好行为习惯的培养，逐步增强保护环境的意识；

(3) 通过丰富多彩的体验活动，积极地同环境接触，在实践中增长见识，锻炼综合能力，逐步提高参与环境保护的自觉性。

3. 高年级活动目标

(1) 参与有关环境问题的小课题研究;

(2) 增强参与保护环境的责任感,养成参与环境保护的自觉意识和行为习惯,并能以自己的行动带动周围的人参与环保;

(3) 养成主动观察环境的习惯,能自主发现和选择与环境相关的小课题进行研究,在活动中学会合作、分享和积极进取,共同提高;

(4) 不断丰富有关环境的知识技能,能够综合运用所学知识,解决一些遇到的问题,逐步养成实事求是的科学态度。

(三) 操作性

综合实践活动具有实践性的特点,要求学生在综合实践活动的过程中,学会操作,学会动手,其目标的设计也必须考虑这一点。另外,由于综合实践活动一般是以活动的形式开展,其目标必须有助于教师指导学生的活动,有助于活动的开展,这也要求目标具有操作性。因此,在设计综合实践活动的目标时,要注意把握其操作性的特点。若要使目标具有操作性,必须注意使用行为动词。①

(四) 生成性

综合实践活动是生成性的,它强调学生的亲身经历,要求学生参与活动,在活动的过程中获得发展。因此,综合实践活动的目标设计也必然是生成性的,需要教师和学生在活动的过程中不断发现新问题,制定新目标,而不能机械地实施预设的活动目标和活动计划。

综合实践活动课程区别于学科课程的重要特点是它的生成性,生成性决定了学习者与具体情境的交互作用。随着综合实践活动的展开,学生在教育情境交互作用的过程中,新的目标不断生成,新的问题不断生成,新的价值和对新的结果的设计也不断生成,学生的认识体验不断加深,创造性的火花不断迸发,这正是综合实践活动生成性的集中体现。如以"废旧电池的回收与处理"主题探究活动为例,起初孩子们的目标是对电池的结构进行观察探究,但后来通过学习科普读物,查资料,了解到废旧电池的不易腐烂,且对人类的危害是潜在的、巨大的,于是师生又生成了新的目标:废旧电池为什么对人类环境危害极大?最佳的处理途径是什么?于是,师生一起对这一专题进行新的设计:网上查资料,走访专家,家长配合,写调查记录,并设想出五六种奇妙的回收处理方案。在活动设计中,教师的指导建议往往是好几项,并注明仅作参

---

① 汪明春.综合实践活动目标设计及具体化的理念与策略[J].教育发展研究,2003(11).

考,在探究过程中由学生自己选择适合的方式。由此可见,综合实践活动课程的设计要留有更大的生成空间,在实践过程中要注重对学生探索研究过程的引导、指导,要随机应变。这样综合实践活动课程的规划和设计才不会限制其生成性,而是使生成性发挥得更具有方向性和成效性。

二、综合实践活动课程目标设计的对象①

在设计综合实践活动课程目标时,需要考虑参与活动的各种人员,参与人员的主体是教师和学生。综合实践活动课程提倡师生相长,它不仅培养学生,而且要促进教师自身的发展。因此,可以考虑从师生两个角度来设计目标。

案例"收捆矿泉水瓶"就是从师生两个角度来设计活动目标的:

1. 学生的学习目标

(1)掌握圆的周长与面积之间变化的规律;

(2)能设计并利用简单的实验表格,进行简单的数据处理分析,能利用实验结果进行大胆猜想;

(3)能进行简单的迁移类推、演绎归纳推理,参与并体验探究学习活动带来的乐趣。

2. 教师的教学目标

(1)进行环保教育,使学生初步懂得乱丢生活垃圾会造成的危害;

(2)让学生积极参与活动,收集生活中的丢弃废品,变废为宝,美化环境与生活,成为环保的排头兵或小卫士;

(3)培养学生善于从身边的事物中发现数学问题并思考问题的意识,通过自己的实践操作,提高学生自主学习、合作讨论、探究问题的能力。

三、综合实践活动课程目标设计的维度

综合实践活动课程目标的设计除了考虑参与活动的人员外,还应该考虑目标设计的维度,从体验性、表现性和生成性的维度来设计综合实践活动的具体目标。由于目标设计的这几个维度是并列的,也可能有交叉的部分,因此,在目标设计过程中,可以仅从一个维度来设计目标,也可以同时考虑两三个维度。

(一)从体验性维度设计综合实践活动课程目标

从体验性维度设计的目标只能是一种过程性目标。它注重的是行为的过

---

① 王纬.小学综合实践活动[M].兰州:甘肃教育出版社,2005:21.

程本身,而不是行为的结果。过程本身就是目标,经历过程就是获得了参与活动的体验,只要学生参与到活动中,动手做了、看了、听了,就算是达到了活动的目标。体验性目标具有鲜明的情景性、生动性,它的实现是以充分发挥学习者的主体性和尊重学生的主体地位为前提的。

(二) 从表现性维度设计综合实践活动课程目标

"表现性目标"是指每一个学生在与具体的教育情境的种种相互作用中所产生的个性化表现。当学生的主体性得到充分发挥、个性得到充分发展时,他在具体教育情境中的行为表现是无法准确预知的。"表现性目标"所追求的不是学生反应的同质性,而是反应的多元性。因此,表现性目标的设计要有差异性,标准要有所不同,不能用统一的目标来衡量所有的学生。

(三) 从生成性维度设计综合实践活动课程目标

"生成性目标"是在教育情境中随着教育过程的展开而自然生成的目标。它是教育情境的产物和问题解决的结果,是人的经验生长的内在要求,是学生和教师关于经验和价值观生长的"方向感"。由于教育情景是变化的,在教育的过程中经常会出现想象不到的问题,学生也会对新的问题产生兴趣,这就需要根据活动情况来设计新的目标。开始设计活动目标的时候就要考虑到生成性这一维度,让目标保持一定的灵活性。

设计生成性目标时,先预设目标,在活动过程中根据活动的情况再改变目标,要根据活动的发展而变化,如果在活动中没有出现新的情况,就没有生成性维度的目标;还有一种方式是在活动的准备阶段设计总体目标,在活动的各个阶段再设计分目标,这样就可以根据情况对目标进行调整。这两种方式各有优势,前一种方式计划性不强,但是有很大的伸缩性;后一种方式有一定的计划性,但伸缩性就不如前者。在活动中采用哪一种方式都是可以的。

无论从哪一维度去设计目标,都不排斥其他的维度。相反,在设计中往往需要将几种维度结合起来考虑,使目标更加丰富,而且有选择性。①

四、综合实践活动课程目标设计的过程

在开展综合实践活动课程时,综合实践活动课程目标设计包括以下几个过程:首先应该确定的是活动的内容,应该对照《综合实践活动指导纲要》,考察活动范围,看看活动的内容属于自然领域、社会领域,还是有关自我这一领

---

① 王纬.小学综合实践活动[M].兰州:甘肃教育出版社,2005:23.

域,这样就可以知道在这一领域究竟应该有哪些基本的目标设计要求;其次考虑活动的范围,也就是说是指定领域还是非指定领域,是指定领域中的哪一个领域;然后分析活动的主体,接着是设计具体活动的目标,最后是活动阶段目标的设计。

(一)对照指导纲要,考察活动的内容

1. 人与自然

人与自然的关系是综合实践活动的三个基本内容之一,根据综合实践活动指导纲要,小学在人与自然这方面的活动应该实现以下目标:亲近周围的自然环境,热爱自然,初步形成自觉保护周围自然环境的意识和能力。

(1)接触自然,丰富对自然的认识;
(2)欣赏自然世界,发展对自然的热爱情怀;
(3)通过丰富多彩的活动,理解人与自然不可分割的内在联系;
(4)懂得如何保护和改善自然环境,并身体力行。

2. 人与社会

在社会中生存的能力是学生应该具有的基本能力之一。因此人与社会的关系也是综合实践活动的重要内容。指导纲要对小学在人与社会这方面的目标进行了规定:考察周围的社会环境,自觉遵守社会行为规范,增长社会沟通能力,养成初步的服务社会的意识和对社会负责的态度。

(1)认识社会资源,并能有效运用;
(2)走入社会,熟悉并遵守社会行为规范;
(3)发展人际交往,养成合作品质,融入集体;
(4)力所能及地参与社区服务活动,体会参与社区服务的意义。

3. 了解自我

在小学要逐步掌握基本的生活技能,养成生活自理的习惯,初步具有认识自我的能力,养成勤奋、积极的生活态度。

(1)注重生活卫生,料理自己的日常起居;
(2)认识各种灾害及危险情境,学会自我保护;
(3)端正劳动态度,形成良好的劳动习惯;
(4)认识和了解自己,树立人生理想,积极进取。

综合实践活动很多是综合性的活动,不能完全地归入某一范围,有的是自然与社会领域的综合,有的是自我与自然的综合,有的是社会与自我的综合,有的甚至是自我、自然和社会三者的综合,这时就应该综合考虑,根据具体的

活动主题来设计相应的目标。①

(二) 考察活动的所属领域

《综合实践活动指导纲要·总则》指出,综合实践活动包括指定领域(研究性学习、社区服务与社会实践、劳动技术教育、信息技术教育)和非指定领域(如班团队活动、校传统活动:科技节、体育节、艺术节、学生的心理健康活动等),并对指定领域与非指定领域各个方面的具体目标做了规定。因此,在设计活动的具体目标时要注意本主题属于哪一领域,《综合实践活动指导纲要》中又是如何规定的,然后再去制定活动的具体目标。

以研究性学习领域为例,研究性学习着眼于学生的学习方式,培养创新精神和实践能力,目标指向主要是学生学习兴趣的满足和能力的提高,强调学生对所学知识技能的实际运用、能力的形成和经验的获得;强调学生通过亲身体验加深对学习价值的认识,在思想意识、情感意志、精神境界等方面得到升华。

根据学生的年龄特点,小学阶段研究性学习的目标主要强调:

(1) 激发观察生活、发现与探究问题的兴趣;
(2) 初步学会观察与发现,提高探究问题的能力;
(3) 形成合作与分享的初步意识;
(4) 形成尊重科学的意识和认真实践、努力钻研的态度;
(5) 初步形成对于社会的责任意识。

非指定领域的活动目标与指定领域的活动目标没有明显的差异,重在培养学生各方面的能力,密切学生与生活的联系,推进学生对自然、社会和自我之间内在联系的整体认识与体验,发展学生的创新能力、实践能力以及良好的个性品质。

(三) 分析活动的主体

参与各个活动项目的主体不同,活动的目标设计也就不同。一般来说,活动主体大致有年级、班级、小组或个人,因此在考察了活动的领域之后,应该分析活动的主体,看看究竟是年级活动、班级活动还是小组活动或个人活动,如此目标的设计就需要从以下几方面去考虑:

1. 以年级为主体的活动目标设计

以年级为主体的活动,首先要考虑学生的年龄特征,根据所参与活动的学生年龄特征来设计活动目标。其次,要考虑学生的知识基础,根据学生的年龄

---

① 王纬.小学综合实践活动[M].兰州:甘肃教育出版社,2005:27-28.

特征和知识基础来设计相应的目标。

2. **以班级为主体的活动目标设计**

以班级为单位进行的活动,首先要求整个班级的同学能够自主地提出大家共同要解决的问题,然后,在班级的共同努力和协作下,根据学生的年龄特征和能力水平制定本次活动的班级目标,班级目标要根据学生的年级以及年龄来确定。在制订出大体目标之后,学生能够在活动目标的引导下,制订活动的计划和方案,收集信息和获取信息,最终解决提出的问题。

以班级为主体的活动目标应该更多地考虑培养学生的协作能力,要求学生在活动中学会合作与分享,提高与人交流、合作的能力,养成善于合作、乐于分享、积极进取等良好的个性品质。

3. **以小组为主体的活动目标设计**

小组活动可能是在年级或班级确定了大的活动范围的情况下,分小组进行子课题研究,也可能是各个小组确定独立的活动主题。在以小组为单位开展活动时,首先要求学生能够掌握分组合作的能力,能够根据兴趣、能力、性别进行自愿组合。其次,要求学生能够根据活动的总目标,制定本小组的活动目标,以及活动的计划或方案;然后,学生要明确自己在小组中承担的任务和职责。在完成任务的过程中定期与小组成员协商,能够帮助小组其他成员完成任务,学会分享。

4. **以个人为主体的活动目标设计**

以个人为主体的活动更加强调学生独立发现问题与探究问题的能力,要求学生能够在评估自己能力的基础上,独立自主地、力所能及地发现问题,然后利用各种条件解决问题。

目前,国内综合实践活动的实施一般都是采取小组或班级的形式。我们相信,随着综合实践活动开展的逐步深入,个人活动也会成为学生喜欢的研究方式之一。国外的很多综合实践活动则采取了个人活动的形式。当然在以小组为活动主体时,如有可能和必要,也可以设计个人目标。

(四)设计具体的活动目标

由于活动项目千差万别,活动的目标也不尽相同。因此,在对一个具体的活动项目进行目标设计时,首先要考虑的是这个活动是属于哪一个领域,然后再对照《综合实践活动指导纲要》,在头脑中对于应该确立的目标有一个大致的框架,接着就要考虑这一活动是适合班级开展,适合分小组进行,还是单独一个人就可以完成,这样就可以根据活动主体将目标具体化。目标的具体化是一个复杂过程,将在下一节中进行说明。

(五) 设计活动的阶段目标

综合实践活动是由师生双方在其活动展开过程中逐步建构生成的课程,而非根据预定目标预先设计的课程。随着实践活动的不断展开,学生的认识和体验不断深化,创造性的火花不断迸发,新的活动目标和活动主题将不断生成,综合实践活动的课程形态随之不断完善。因此,设计活动目标就是要为活动的不同阶段设计不同的目标,并根据活动的发展情况设计新的目标。

综上所述,综合实践活动具体目标设计的要求是:

(1) 综合实践活动目标设计要体现综合性、差异性、操作性、生成性的特点;

(2) 必要时综合实践活动目标的设计应同时设计教师目标和学生目标;

(3) 可以从体验性、表现性、生成性维度来设计具体目标;

(4) 综合实践活动的目标设计有一个过程,但这个过程并不是固定的,可以根据实际情况确定不同活动的目标设计过程。

(六) 目标设计过程举例

下面以综合实践活动"武汉的桥"为例具体说明。

考察活动的内容范围,可以发现"武汉的桥"是一个综合性的课题,既涉及人与自然,也涉及人与社会这两方面的内容,因此在设计目标时应注意《综合实践活动指导纲要》中所提到的这两方面的目标。

接下来要考察这一活动所属的领域,根据综合实践的几个领域,可以确定这一活动的领域是属于研究性学习的。如果这一活动在小学进行,那就应对照小学的研究性学习目标,确定大致应该达到的目标范围;如果在中学开展,那么就要参考中学的研究性学习目标。然后要判断这一活动的主体,由于"武汉的桥"这一课题比较大,单个人和小组是不可能完成任务的,因此采取以年级或班级为活动主体的方式比较理想。这里暂且定为班级活动。前面提到的在以班级为活动主体目标设计中应该注意的问题,在这里就需要考虑了。"武汉的桥"是一个大的选题范围,与武汉的桥有关的内容有许多,比如武汉的桥的形状、武汉的桥的历史、武汉的桥的作用、武汉的桥的原料等,这都需要分小组来进行研究,于是小组的目标也就在考虑之中了。那么小组课题的确定、如何形成小组,就是应该考虑的目标。最后,就是目标的具体化。

五、综合活动课程目标设计的原则

（一）目标要具有层次性

目标设计涉及层次问题。一般来说，课程目标有最高目标和最低目标之分。目标设计究竟以最高目标为准，还是以最低目标为准呢？

课程目标作为课程实施的预期结果，具有一定的理想性。课程目标设计本应以最高目标为准，但最高目标往往不易达到，而且会制约课程实施。每个学生的基础和能力不同，兴趣不同，在实际中的发展也是不同的，如果设计最高目标，必然会导致用一个模子来复制学生，致使有些学生产生厌学的情绪。有学者就曾反对制定课程目标，认为"真正的教育目的是使个体的能力得到最大限度的发展……固定的标准，是人的身、心和精神充分发展的天敌"。因此，在实际中最好不要设计最高目标。

但是，不能因此就只设计最低目标，而应该根据活动的情况和学生的特性设计多样化的不同层次的目标，这样才能对课程实施起到导向、调控和评价的作用，才能培养出多层次、多类型的人才。

（二）突出重点目标，注意目标的权重分配

在综合实践活动中，一个活动往往能够实现多种目标，培养学生的各种素质和能力，如知识目标、能力目标、情感目标、过程和方法目标等，但是由于活动的类型不同，活动所涉及的内容也不同，活动目标的侧重点也必然会不同。因此，在设计的过程中不能面面俱到，应根据实际情况突出重点目标和重点目标的重要方面。

（三）关注生成性目标

如何将综合实践活动的总目标具体细化成可操作性目标，是学校和指导教师很难把握的问题。在具体的实践中，教师经常用总目标代替具体活动目标，致使活动目标的针对性不强。究其原因，主要在于教师没有处理好一个关系，即学校或教师对综合实践活动进行统筹规划与活动开展过程中不断生成的新目标和新主题的关系。

综合实践活动特别强调在活动展开过程中新生成的目标与新生成的主题的核心地位。如何处理好综合实践活动预设性目标与生成性目标的关系，是学校和教师必须重视的问题。在学校课程实施目标下，每一个具体活动，都有其具体目标，这些目标都是基于总目标的可操作性目标。需要强调的是，这些目标也随时根据学生活动主题的不断生成而不断调整。活动阶

段不同,活动主题目标也随之变化。因为综合实践活动的课程形态,决定了它更为详细具体的课程目标是在学生活动过程中逐渐构建的。进行具体目标设计时,教师要尊重学生发展的内在需求。其间就产生了一个矛盾,如何处理综合实践活动生成性目标与预设性目标的关系?教师在综合实践活动目标设定过程中,无法指定学生将学到什么,只能将目标细化成可操作性的任务,如"运用三种以上查找资料的方法"等,保证目标设计使学生具有个性化学习的空间。

(四)注意目标之间的相容性

目标是一个整体,在目标设计时,必须考虑目标之间的一致性,目标之间不能相互冲突,出现前后矛盾的目标。

(五)目标表述的主体必须是学生,而不能是教师

综合实践活动的学习目标的主体应该是学生,不能是教师或其他教育工作者。因此,不能把目标表述为"培养学生的创造能力",这一表述的行为主体是教师,而不是学生。如果用教师或其他教育工作者的行为来界定的话,那么,只要开展了这些活动,整个目标就算完成了。这里作为主体的学生可以是学生个体,也可以是学生群体。

(六)目标应该用一个结果语句来表述

目标表述不是对活动过程的描述,比如"学生应受到收集和获取信息的技能的基本训练"的表述是不合适的。虽然这一目标的行为主体是学生,但它并没有表达教育活动最终要达到的结果。如果用这种方式来表述,那么,学生只要参加了这一活动,就可以认为已经达到这一目标。

这里所说的不能用活动过程来表述,并不是说不能设计过程性目标。前面提到的对过程性目标的表述(能够主动参与活动,在活动的过程中能够提出自己的见解,在活动的过程中能够得到一些体验和感受,学会探究的方法)也是以结果的形式来表述的。学生只有获得了一个结果,才能说达到了预期的目标,不是在活动中走了过场。①

六、进行综合活动课程目标设计时应注意的问题

1. 要注意克服课程目标的表层化与经验化,提高课程目标的发展力

综合实践活动是一种经验取向的课程,它强调丰富学生的经验和体验,强

---

① 王纬. 小学综合实践活动[M]. 兰州:甘肃教育出版社,2005:99.

调实践学习,注重重组和提升学生的经验。但这种"经验"如果仅仅是一些生活事件、情境细节、简单外化动作的集合,那么综合实践活动对学生发展的影响就极易导致表层化和简单经验化的局限,目前实验区综合实践活动课程的实施现状已经呈现出这种倾向。

为什么综合实践活动课程目标设计和课程实施中会呈现出这种表层化和经验化的局限?主要原因是缺少了实施过程中对"经验的改造与改组",缺少了对经验的发展意义的提升。杜威曾经指出,经验对学生的生长意义实现具有两个重要的前提条件:一是理性对经验的参与和经验之后的反思。其实质是要求学生在经历、体验的过程中认识的深化,即从感性经验转化到理性经验,是对零散的、情境化和个别化的经验的深化过程,通过深化过程达到"个人知识"的层面,杜威把这一过程称为"经验的改造与改组"。二是区分"教育性经验"和"反教育性经验",杜威认为并不是所有的经验都具有正向的生长意义。在学生的经验的改造与改组过程中,学校的作用就在于对社会环境和学生经验进行"净化、选择和平衡",综合实践活动课程如果为了经验而经验,是无意义、无价值、表层的。因此,当前综合实践活动课程的有效实施,需要注意三个方面:一是目标的设计与实施应发挥学生理性思维和反思活动的作用。在实施过程中,要有计划、有目的地培养学生的思维方式、思维品质;二是由低年段到高年段逐步提出对经验加工的深度要求和技术理性要求,不能仅仅停留在"做一做""看一看""过一过"的层面;三是加强对学生进行基本的问题解决的科学方法引导,增强问题解决过程和程序的规范性。

2. 要注意目标设计语言的表述方式

首先,要注意目标表述时的行为主体。在一些方案和案例的描述中,经常发现教师在表述目标时发生错误,主要表现为教师在表述目标时,往往将教师自己表述为行为主体。如"培养学生与人交往的能力"这一目标,只要教师为学生提供人际交往的机会,这一目标就算达成了。至于学生在与人交往过程中交际能力方面究竟有多少提高,如果按上述目标来衡量的话,那是无关紧要的。因此,目标的表述要注意以学生为主体。那么上面所提到的目标应该表述为:学生能够形成与人交往的能力。其次,综合实践活动具体目标的设计通常使用"经历""体验""运用""了解""接触""参与"等行为动词;使用"形成……态度、情感、意识"等词语来表述具体的情感、态度和价值观方面的具体目标。如"关于拆迁的话题"主题活动目标设计时,可这样表述其目标:通过实施本主题活动,学生通过接触拆迁居民和政府拆迁部门,了解拆迁居民的思想动态和政府部门有关拆迁的政策,帮助政府部门做好拆迁的宣传工作。通过分析探讨，正确认识拆迁过程中出现的各种问题，并主动为拆迁做些力所能及的事情，从小形成为人民服务的意识。①

第三节 小学综合实践活动课程目标的具体化

在具体的课程实施中，小学综合实践活动课程的总体目标抽象程度较高、概括性较强，常常无法直接引导活动主题的顺利开展。因此，要在把握综合实践活动课程的总体目标和目标特性的基础上，根据既定的活动主题和具体内容以及学生的年龄特点提出某一主题的具体目标，使学生更好、更深入地理解和认同这些具体目标，以更好地发挥目标的导向、激励作用。②

案例分析

"节约用水"片段

通过学生的分组讨论和自主选择，确定了"节约用水"这个活动目标，并且大家确定了以下一些要达成的目标：

(1) 能设计并制作一个广告产品；
(2) 在小组中能与他人合作完成任务；
(3) 设计并制作一个节水龙头；
(4) 看到浪费水的现象能采取制止行动。

思考：在上述案例中，同学们讨论后所确定的综合实践活动目标是否具体？请说一说理由。

一、具体化目标的特点

1. 指向性

综合实践活动课程的具体目标是针对某个活动主题或项目而言的，对学生开展与主题有关的活动具有切实的导向作用，并能保证整个活动过程的顺

---

① 郭元祥，沈旎. 小学综合实践活动[M]. 上海：华东师范大学出版社，2008：6.
② 顾建军. 小学综合实践活动设计（第2版）[M]. 北京：高等教育出版社，2005：71.

利进行。所以,具体化的目标首先应具有指向性,指向其所针对的具体活动主题或者活动项目。

小学六年级主题活动"零花钱怎么用"活动目标的设计

知识目标:

1. 通过开展班级内的调查统计活动,熟悉各种常用的调查方法并对全校进行零花钱使用情况的调查统计;

2. 在当家理财的活动中,掌握根据调查数据进行分析判断的基本方法,逐步形成正确的价值观;

3. 通过开展为零花钱合理消费做出预算的活动,掌握简单的理财方法。

能力目标:

1. 通过对自己零花钱使用情况的回顾,具备初步的观察生活、发现问题的能力;

2. 针对围绕零花钱所提出的问题开展调查研究活动,形成积极解决问题的态度和能力;

3. 在调查、统计、分析活动中,获得对所学知识进行综合运用的能力。

情感态度目标:

1. 在调查、研究、设想、行动、检验等实践活动中,培养合理消费的意识和能力,形成良好的消费习惯;

2. 通过开展此次活动,树立健康的价值观和正确的消费观;

3. 学生在亲身参与实践活动的过程中,获得积极的体验和丰富的经验;

4. 在调查统计活动中,养成合作意识及实事求是分析问题的态度。

上面案例中,教师把学习目标放在了具体的主题活动情境之中,指向了具体的行为对象,行为要求也指向了比较低位的概念。标准、知识、能力、情感态度目标的达成,都与任务完成的过程密切对应。不仅明确了目标,而且明确了行为的过程:班内调查统计、当家理财活动、为零花钱合理消费做出预算。这样的行为过程,无疑会增进学生关于零花钱消费的积极体验。①

2. 动态性

虽说综合实践活动课程的具体目标是预设的,但是,人们无法预料到活动过程中产生成果的全部范围。因此,具体化的目标应该是动态的、可以超

---

① 郭元祥,沈旎. 小学综合实践活动[M]. 上海:华东师范大学出版社,2008:28-29.

越的。

3. 可测性

除了引导活动过程有条不紊地进行之外，综合实践活动课程的具体目标还是考察某一具体活动所产生的效果的重要依据。如果具体目标的描述都是一些无法测量的状态，那么评价也就"无据可施"。因此，具体化的目标还应具有可测性，即所描述的状态应该是一些可测量到的知识、技能、能力、情感、态度与价值观等方面的变化。①

二、从目标分类的角度，得出具体化目标要点

根据布卢姆的目标分类法，目标可以分为知识目标、情感目标和能力目标三类，在进行目标具体化时，可以从这三个方面有针对性地进行考虑。

（一）知识目标的具体化

综合实践活动课程并不是不注重知识目标，而是尤其强调知识的综合性、创新性和广博性。学科课程重在专门性知识，按一定逻辑顺序将知识分门别类；活动课程则淡化知识分割，淡化学科之间的界限，以任务为中心，将知识学习融于任务完成的过程中，主张尽可能拓展学生的知识视野，尽可能综合学习并运用知识。诸如，"军事观察""保护唯一的地球""小区文化建设设计"等主题，往往涉及军事、宗教、经济、政治、文化、环保等诸多学科的知识。这些知识与学生的学习生活、家庭生活、社会生活密切相关，是学生在综合实践活动课程中需要学习并且能够学习的。学科课程所体现的知识一般是相对稳定的、经过实践检验过的真理性知识，而综合实践活动课程中的知识常常是看似"不成熟"的新知，但它未必没有价值，尤其是与学会生存、学会学习、学会沟通、学会合作、学会创造等相关的知识，往往具有强烈的时代意义。因此，在综合实践活动中要注意知识目标的具体化。

知识目标的具体要求一般来说有如下几点：

（1）了解与所从事活动相关的知识；

（2）理解与所从事活动相关的知识；

（3）运用与所从事活动相关的知识。

（二）能力目标的具体化

一般来说，学生所要掌握的能力包括分析与解决问题的能力、收集与获取

---

① 顾建军.小学综合实践活动设计(第2版)[M].北京:高等教育出版社,2005:73-74.

信息的能力、获取新知识的能力和交流与合作的能力。在对能力目标具体化时，只要对这些方面进行具体化，就可以达到对能力目标的具体化。

1. 分析与解决问题的能力

分析与解决问题的能力就是要求学生：
（1）学会自主提出问题；
（2）制订解决问题的方案，并依据方案开展活动；
（3）进行自主探究，体验探究过程；
（4）制定活动评价的标准；
（5）评价自己制订的方案的有效性。

2. 收集与获取信息的能力

对于学生来说，这一目标的具体化主要有两个方面：能够通过收集与获取信息来完成学习活动；能够利用信息技术收集、分析、组织和表达信息。当然对于不同的活动、不同年龄阶段的学生来说，具体的目标也是不同的。只有具体地提出有关收集与获取信息能力的目标，才能在活动中更好地指导学生。

3. 获取新知识的能力

综合实践活动课最主要的还是让学生在活动、体验中获取新知识，增强对自然、社会、自我的了解，养成主动学习和主动探究的习惯，形成问题意识，发展探究能力和创新能力。所以在综合实践活动的过程中也应该注意这方面的目标，可以从以下几个方面将其具体化：
（1）开展问题探究，体验探究过程，对感兴趣的自然问题、社会问题和自我问题进行深入探究；
（2）养成主动学习和探究的习惯，形成问题意识，发展探究能力和创新能力；
（3）掌握探究问题的方法和技巧。

尽管综合实践活动不以获取知识为主要目标，但是在活动的过程中，也应重视学生知识的获得。所以这一目标在每一个综合实践活动中都有不同程度的体现。比如案例"收捆矿泉水瓶"的目标中提到"学生要掌握圆的周长与面积之间变化的规律"，这样将获取知识的能力与这一活动结合起来，确定了本次活动的具体目标。

4. 交流与合作的能力

交流与合作的能力是学生应该掌握的重要能力之一。随着时代的发展，人与人之间的交流与合作越来越多，很多问题依靠单个的人是无法完成的，那么如何与人更好地合作就变得非常重要,这也是综合实践活动应该注意的问题。所以交流与合作的能力也是需要确定的一个目标。一般来说,在交流与合作方面,学生主要应该达到以下几个目标:

(1) 能够与其他人交流学习活动计划或发现的成果。由于综合实践活动常常分组进行,学生参与的活动可能不同,或者在活动中承担的任务不同,这就需要进行交流,因此在确定活动目标的时候,这一目标也是应该考虑的。

(2) 能够书写正式的信函。活动中有时需要书写信函,如感谢信、拜访信、求购信等。必要的时候,活动目标中应拟定这一目标。

(3) 能够用正确的形式来发布信息。在进行综合实践活动时,学生多以小组为单位进行研究,研究的子课题一般都不同,让学生在同学、家长、教师面前发布自己的研究成果,可以增强学生的成就感,提高学习的积极性和主动性。因此,以多种形式发布信息的能力也是综合实践活动课程应该培养的。

(4) 学生能够与他人合作完成一个任务。综合实践活动常常以小组的形式进行活动,让学生学会与他人合作完成任务,是每个综合实践活动应该达到的目标之一。

(5) 学会在活动中自我管理。在活动过程中学生要保证自己的活动时间,能够在预定的时间内完成活动。同时学生也要确定自己在活动中应达到的目标,并能根据目标来确定活动的进展,因此,自我管理的目标主要从时间管理和进度管理两方面具体化:学生制定工作时间表,并依照时间表开展活动;学生制定学习目标,检查自己的学习进度。

(三) 情感目标的具体化

情感目标是以往经常被忽视的目标。培养学生正确的情感、态度和价值观,是综合实践活动的一个重要特色。情感目标的具体化可以从以下几方面入手:

(1) 形成关心他人、关心社会、关心生态环境、关心地球、关心可持续发展的态度,逐步形成社会责任感和义务感,形成负责任的生活态度和生活习惯;

(2) 能够主动介入学习活动、家庭活动和社会活动,能够积极承担责任;

(3) 具有合作精神,能够与他人共同解决问题,共同进步;

(4) 发展自己的各种意识,养成参与意识、服务意识、合作意识、环保意识、效率意识、安全意识、科学意识、创新意识,培养改变目前生活状况的意识和自我发展的意识,以及牺牲局部利益、顾全长远利益的意识。

此外,在综合实践活动中,还应该注意设计活动过程与方法目标。过程与方法目标是基础教育新课程中新增加的一个目标维度,这个维度对综合实践活动过程来说尤为重要。它的具体化可以从以下几个方面来反映:

(1) 要求学生能够主动地参与活动;
(2) 在活动的过程中能够提出自己的见解;
(3) 在活动的过程中能够得到一些体验和感受;
(4) 学会探究的方法。

以上提到的知识目标、能力目标、情感目标、过程与方法目标的具体化,只是说明了其下位的目标,在结合具体活动对目标进行具体化的时候,还要注意学生的年龄特征,注意小学阶段和中学阶段目标的层次性。

这里以"武汉的桥"来说明如何对目标进行具体化:

1. 知识目标的具体化

这一案例中要掌握的知识主要有以下两点:

(1) 了解武汉桥的历史、形状;
(2) 理解武汉桥的作用。

2. 能力目标的具体化

首先,考虑分析和解决问题的能力,由于"武汉的桥"既不属于新产品的制造或改良,也不是计划或组织一项活动,可以看作一种体验活动,因此,可以设计这样几个目标:

(1) 能在"武汉的桥"这一范围内提出自己想要探究的问题(比知武汉桥的历史),并组成研究小组;
(2) 能制订出解决问题的目标和方案,并按照拟订的方案开展活动;
(3) 能根据目标制定对自己活动的评价标准,并实施评价;
(4) 在活动的过程中学生要写出自己的感受。

其次,收集与获取信息的能力,如果学生要研究武汉的桥的历史,那么收集信息的能力就比较重要,可以在图书馆、网络里查询,可以询问父母或老人。活动目标包括以下几个:

(1) 能利用信息技术收集有关武汉桥的信息;
(2) 学会如何去找信息源;
(3) 学会收集信息的几种方法,如文献法等;
(4) 学会对收集到的桥的信息进行分析,如找出哪些是关于武汉的桥的历史信息。

再次,关于获取新知识的能力。活动目标包括:能够提出有关武汉的桥的感兴趣的问题;找到研究的切入点,自主地投入到问题的研究中;在研究的过程中掌握探究问题的方法和技能。

最后,与他人的交流与合作方面。它的活动目标应包括以下几点:
(1) 能够清晰地说出自己的研究所得和感受;
(2) 能够以适当的形式,如模型、绘画、板报、幻灯片等,展示自己的研究成果;
(3) 在与外界的交往中学会书写形式正确、内容得体的信件;
(4) 了解自己在小组中的职责,按计划完成任务;
(5) 能够主动与小组成员交流、协商,必要时能够自主地与校外机构联系。

3. 情感目标的具体化

"武汉的桥"中应该培养学生以下的情感目标:
(1) 关心武汉的建设,有参与武汉建设、为武汉建设做贡献的愿望;
(2) 通过对武汉的桥的了解,激发对武汉的热爱;
(3) 能够养成与他人合作的意识和习惯。

4. 过程与方法目标的具体化

在这一方面的主要目标如下:
(1) 能够积极投入到对武汉的桥的研究中,能够提出一些自己的建议和想法;
(2) 在研究的过程中有所体验和收获;
(3) 要求学生学会正确的研究方法。

至此,"武汉的桥"的目标要点就确定了。①

三、如何将课程目标具体化

在设计目标时,设计出来的目标经常是抽象的,对活动的指导意义不大,也不利于对学生进行评价。如何把抽象的目标转化为具体的目标呢?

(一) 明确目标所属维度

在进行综合实践活动课程目标具体化时,要明确将被具体化的课程目标属于知识与技能,过程与方法,情感、态度与价值观这三个维度中的哪一个。

---

① 王纬. 小学综合实践活动[M]. 兰州:甘肃教育出版社,2005:110-117.

（二）区分目标的不同水平

依据布卢姆的目标分类法，区分每一维度的目标所要达到的水平，参见表 2-1。

表 2-1 三个维度目标的水平及具体要求

维度	水平		具体要求
知识性目标	低↓高	了解水平	再认或回忆事实性知识；识别、辨认事实或证据；列举属于某一概念的例子；描述对象的基本特征等
		理解水平	把握事物之间的内在逻辑联系；新旧知识之间建立联系；进行解释、推断、区分、扩展；提供证据；收集、整理信息等
		迁移应用水平	归纳、总结规律和原理；将所学概念、原理和方法应用到新的问题情景中；建立不同情景中的合理联系等
技能性目标	低↓高	模仿水平	在教师示范和他人指导下完成操作
		独立操作水平	独立完成操作；在评价的基础上调整与改进；与已有技能建立联系等
		熟练操作水平	根据需要评价、选择并熟练操作技术和工具
情感性目标	低↓高	经历（感受）水平	从事并经历一项活动的全过程，获得感性认识
		反应（认同）水平	在经历基础上获得并表达感受、态度和价值判断，做出相应的反应等
		领悟（内化）水平	建立稳定的态度、一贯的行为习惯和个性化的价值观等

（三）利用行为动词将抽象目标转化为具体目标

在目标的设计中使用行为动词，可以表明学习者做了什么或生产了什么。这些动词如"搭配""命名""计算""列表""写作""圈出"和"分类"等，描述了学习者的行为或结果，对评估学生操作目标的成绩有一定的作用。而词语如"知道""理解""分析""评价""体会""领会"和"领悟"不是行动动词，虽然这些术语对于描述学习和行为的过程是重要的，但是，它们是不可观察的行为，因此不能被用于表述目标。

表 2-2 列出不同目标类型在不同水平层次上常用的一些行为动词。

表 2-2　不同目标类型在不同水平层次上常用的行为动词

维度	水 平		行为动词
知识性目标	低↓高	了解水平	说出、辨认、选出、列举、复述、描述、辨别、再认
		理解水平	解释、说明、理解、比较、分类、概括、估计、收集、整理
		迁移应用水平	掌握、分析、概括、应用、设计、解决、撰写、拟定、证明、评价
技能性目标	低↓高	模仿水平	模拟、重复、再现、模仿、例证、临摹、扩展、缩写
		独立操作水平	完成、表现、制定、安装、绘制、尝试、操作、运用
		熟练操作水平	掌握、灵活运用、举一反三
情感性目标	低↓高	经历(感受)水平	感受、经历、参与、讨论、参观、体验、交流、访问、考察
		反应(认同)水平	关注、获得、认同、重视、欣赏、采纳、支持
		领悟(内化)水平	养成、形成、具有、热爱、树立、确立、发展、保持、增强

比如在知识目标中提到的：了解与所从事的活动相关的知识。那么结合"武汉的桥"这一案例，就是"了解与武汉的桥有关的知识"，这样得出的目标仍然很抽象。但如果利用相关的行为动词，如："说出、背诵、辨认、回忆、选出、举例、列举、复述、描述、识别、再认"等，就可以将这一抽象目标转化为具体目标，即说出武汉的桥的历史、描述武汉的桥的形状、举例说明武汉的桥的作用。这样抽象的目标就转化为具体的目标了。①

（四）用活动的形式将抽象目标转化为具体目标

用活动的形式来表述对应的目标是目标具体化的另一种方法。

活动通常包括三个部分：刺激、反应和标准。刺激部分说明给定的情景和条件；反应部分说明学生预期做出的行为和反应；标准部分提供评判依据。比如，如果要求学生对植物具有一定的认知能力，就可以确定以下具体目标：

（1）给出：5 种不同的植物（刺激）；

（2）学生：能确定这些植物的名称、生长规律（反应）；

（3）标准：正确判定 4 种以上为优秀，3 种为及格（标准）。

采取这种方式，在案例"武汉的桥"中可以制定出这样的知识目标：利用幻灯片展示几种桥，让学生正确地判定桥的形状，判定 X 种以上为优秀，X 种为及格。

---

① 汪明春.综合实践活动目标设计及具体化的理念与策略[J].教育发展研究，2003(11).

（五）利用操作性描述将抽象目标转化为具体目标

操作性描述就是准确表述你期望学生做什么，它一般必须包括三个要素：对学生行为的表述、对学生行为条件的表述和对学生行为水平可接受的最低限度的规定。

对学生行为的表述一般是表明学习者做了什么，如让学生说出武汉的桥的形状，只有学生执行了这一行为，才可能知道学生已经达到了预期的目标和获得了结果。

对学生行为条件的表述一般是学习的环境，可以包括完成行为可能用到的材料、如何完成、时间上的要求、行为地点等。如利用网络资源，学生可以说出桥的形状。

对学生行为水平可接受的最低限度的规定在目标中要表述出来。如在五分钟之内，任何类型的错误不超过两个。

包括这三个部分的目标，就可以算是一个操作性描述了。比如"武汉的桥"的知识目标"了解武汉的桥的知识"的操作性描述就可以表述为：利用现场调查和网络资源、文献资源，说出武汉桥的形状，至少要说出三种。

以上所提到的将抽象目标转化为具体目标的方式，并不是独立的、互相排斥的，在运用的过程中，可以把几种方式结合起来使用。

思考·探究·实践

1. 简述综合实践活动课程的总目标和学段目标，你认为综合实践活动课程的目标还可以从哪些方面进行分类？列举一二并进行简要阐述。

2. 根据你所在的家乡或学校课程资源，选择设计一个主题，并根据学生的年龄段为主题设计活动目标，并注意在目标设计过程中应遵循哪些原则、注意哪些问题。

3. 下面是一个以"我们身边的垃圾"为主题的综活实践活动实例。阅读材料，回答案例中的目标表述采用了何种方式，对此种表述进行评价，并说一说你还能怎样设计具体目标。

本课教学目标：
(1) 知识目标
- 通过活动，使学生了解垃圾的危害，增强环保意识；
- 通过活动，培养学生的创新能力和想象能力。

(2) 能力目标

- 通过活动,增强学生动手实践能力和参与社会生活的意识;
- 让学生观察周围环境,说出环境的变化,并了解当今社会人们是如何处理垃圾的;
- 通过写观察日记、作文,培养学生归纳概括、整理提炼的能力。

(3) 情感目标

感受垃圾给人们带来的危害,增强学生的环保意识,保护美丽的地球。

学生的学习目标:
- 了解生活中垃圾的分类;
- 能够对垃圾进行正确分类;
- 养成对垃圾分类投放的习惯。

4. 自己选择一个小学综合实践活动课程案例,将其活动目标设计具体化。

信息链接

1. 布卢姆,等. 罗黎辉,等,译. 教育目标分类学:第一分册·认知领域[M]. 上海:上海教育出版社,1986.

2. 汪明春. 综合实践活动目标设计及具体化的理念与策略[J]. 教育发展研究,2003(11).

3. 王纬. 小学综合实践活动[M]. 兰州:甘肃教育出版社,2005.

4. 郭元祥,沈旎. 小学综合实践活动[M]. 上海:华东师范大学出版社,2008.

5. 张建军. 小学综合实践活动设计[M]. 郑州:郑州大学出版社,2004.

6. 顾建军. 小学综合实践活动设计[M]. 北京:高等教育出版社,2005.

7. 郭元祥. 综合实践活动课程:设计与实施[M]. 北京:首都师范大学出版社,2011.

8. 张晓瑜. 综合实践活动学生发展目标设计[J]. 课程与教学,2005(2).

9. 教师教育学习网,http://www.teach.com.cn/jinhulu/curricula.

10. 新加坡教育部外部评估小组提交:《学习·创造·交流:课程评估——关于新加坡课程改革的报告》(第一章),1998.

第三章 小学综合实践活动课程内容

学习目标

➢ 熟悉小学综合实践活动课程各领域的基本内容及其目标要求。
➢ 初步具备开发小学综合实践活动课程的具体内容的意识。
➢ 初步养成开发小学综合实践活动课程的具体内容的能力。

综合实践活动是一个崭新的课程领域,需要教师在实践过程中对综合实践活动有一个清醒的认识,明确其主要内容。由于综合实践活动课程是基础教育课程体系中的一部分,考虑到学生整体素质结构的完整性、均衡性,教育部在《综合实践活动指导纲要》中规划了四个指定性领域,即研究性学习、社区服务与社会实践、劳动与技术教育和信息技术教育。综合实践活动课程的性质和特点决定了其内容需要广大教师结合实际进行具有学校特色的校本课程开发。在综合实践活动中,教师要以"研究性学习"为切入点带动信息技术教育、劳动与技术教育、社区服务与社会实践这三项活动内容,各个年级要确立具体的综合实践活动的主题和方案。

微信扫一扫

✓ 观看本章微课视频
✓ 阅读本章配套案例

 小学综合实践活动

第一节 研究性学习

一、什么是研究性学习

教育部基础教育课程改革综合实践活动项目组负责人郭元祥教授强调:"研究性学习不以掌握间接经验或书本知识为目的,不是基于知识间接传递来获得知识的,但研究性学习也并不排除对知识的掌握。研究性学习中的知识,不是以结论或定论的形式传递给学生的书本知识,而是学生通过探究实践而获得的程序性知识和领悟性知识。"也就是说,研究性学习向学生传授的"知识"不是指"科学知识",而是指开展科学研究过程中的"程序性知识"和"领悟性知识"。

基础教育课程改革中,研究性学习是指在学校系统中,学生基于自身兴趣,在教师有效指导下,从生活、学习、实践中选择和确定研究主题,运用科学的方法,主动地获取知识、运用知识、解决问题的学习活动。

开展研究性学习,主要是培养学生主动获取信息的能力,培养和训练学生主动和创造性思维的能力,培养学生的科学精神、团体协作精神、社会活动能力和社会责任感。通过研究性学习不仅可以促进学生学习、掌握和运用一种现代学习方式,而且可以促进教师教学观念和教学行为的改变,提高教师的综合素质,并且有助于教师寻找到培养学生创新精神和实践能力的切入点,进而在各科教学中更自觉地推进素质教育。改变以往学生单纯被动地接受知识的学习方式,加强学生自主探究性学习方式,以使学生获得终身可持续发展的需要①。

一些发达国家,在中小学开展研究性学习起步较早,美国早在 20 世纪 60 年代就在中小学大力提倡研究性学习,也称为发现学习。最近几年,美国小学教育又有了新的变化,主要课程有英文、数学、社会(类似历史、地理)、科学等。学生学习绝不是简单的死记硬背,而是要求理解;学生的作业也不是机械性的识记,而是要借助于图书馆和网络的研究性的作业。比如学"社会"时,学生先要选择一个感兴趣的国家,然后确定研究的方向和问题,比如地图、货币等。老师把提纲给学生后,全部由学生自己去做。强调去做是最重要的,去做的就是好学生,做好后再互相交流,分享成果,但不评比,大家都是"好",其实谁最

---

① 周健.小学研究性学习的实践和探索[J].开放教育学院学报,2009(7).

好、谁最差,大家心中是有数的。有时作业是要求学生调查家庭收支情况、城市历史等,学生需要去询问家长、亲戚朋友,或者与他们合作,才能完成;有时作业是要求学生自己选一本书读,读了以后老师要检查。比如有位华裔学生读三年级,自己选了六年级的课本,后来老师用六年级的试卷给他做,结果成绩很不好,家长知道了很生气,问老师是什么原因,老师说:"这六年级的课本是他自己选的,他做的决定,他要负责。"同时指出,这孩子学习这么好,与其以后让他"摔跤",不如现在让他"摔跤",让他学会应对挫折、失败。有时老师让学生自己研究订出一些规章制度,大家讨论通过,每人签字,以后谁违反规章制度,老师就拿出学生签过字的纸条给他看,学生会觉得不好意思①。

二、研究性学习的特点②

1. 实践性

研究性学习强调学生可以根据自己的兴趣、爱好或特长选择研究的课题,呈现研究的结果,但无论是课题的选择或确定,材料的收集和整理,结论的获得和展示,都离不开社会、科学和现实生活。因此,研究性学习的主体必须具有一定的实践性,将理论与社会、科学和生活实际相联系,亲自参与社会实践活动,收集相关材料,他们的学习和体验都是在实践中来完成的。

2. 探究性

从敏锐地发现问题到主动地提出问题,再到积极地寻求解决问题的办法,学生一直都在探究。这样不但能够发展学生发现问题、提出问题和解决问题的能力,而且还能养成学生不懈的进取精神和勇于探索、克服困难的意志品质。

3. 综合性

研究性学习的综合性集中表现在两个方面:一是不同知识的综合,在研究性学习中,学生所提出的问题往往需要综合运用不同学科、不同领域的知识才能得到解决;二是不同学习方式的综合,为了解决问题,学生往往需要综合运用多种学习方式。

---

① 王文林.美国小学研究性学习点滴介绍[J].小学青年教师,2003(6).
② 顾建军.小学综合实践活动设计(第2版)[M].北京:高等教育出版社,2005:87.

4. 开放性[1]

研究性学习具有开放性，其内容不是特定的知识体系，而是源于学生的学习生活和社会生活，立足于研究、解决学生关注的一些社会问题或其他问题。它涉及的范围很广泛，可能是某学科的，也可能是多学科的、综合的、交叉的，具有很大的灵活性，为学生的个性特长和才能发挥提供了广阔的空间。教师不仅应把研究性学习看作一门必修课，还指导学生在各种课外活动中体验研究性学习，而且在课堂教学中，按照学科特点，鼓励学生发挥主体作用，多给学生自主活动的时间和空间，培养他们积极大胆地思维、想象、提问、猜测的意识和能力，培养他们多方位思考问题的思维习惯，让学生养成善于发现问题、提出问题、思考问题、解决问题的习惯。

三、小学阶段研究性学习的目标要求[2]

3~6年级研究性学习的目标要求具体如下：

1. 激发观察生活、发现与探究问题的兴趣

兴趣不仅是学习的起点，还是研究的源泉。研究性学习强调通过问题解决、激发学生与生俱来的好奇心和求知欲，以及学生对身边的自然现象、社会现象的积极观察和思考，并初步养成学生好观察、好质疑、好探究等良好的心理倾向。

2. 初步学会观察与发现、发展探究问题的能力

发现问题并提出问题是研究性学习的第一步，而探究又是解决问题的关键。研究性学习注重培养小学生初步运用不同方法观察事物、发现问题的能力，并发展学生对问题进行自主探究的能力。具体说来，针对特定情境中的事物仔细观察并提出问题；针对所探究的问题，形成简单的探究思路，并以自己的方式实施探究；学会使用简单的工具和设备，采集基本的信息、数据；运用信息和数据对问题做出简单但合理的解释或回答；用明白的话语与同伴交流观察、思考、探究的过程与心得，展示成果。

3. 形成合作与分享的初步意识

合作的意识和能力是现代人应当具备的基本素质。研究性学习强调学生在学习活动中要乐于与同伴互相帮助，分工合作；克服依赖心理，养成认真完

---

① 周健. 小学研究性学习的实践和探索[J]. 开放教育学院学报，2009(7).
② 顾建军. 小学综合实践活动设计(第2版)[M]. 北京：高等教育出版社，2005：87.

成分工的自觉性;形成人际沟通的初步能力;热爱集体,乐于与同伴交流和分享信息、创意及成果。

4. 形成尊重科学的意识和认真实践、努力钻研的态度

在科学探究的征途上,人们常常会遇到许多困难和障碍。因此,从事科学探究不仅需要丰富的知识储备,而且更需要刻苦、努力钻研的态度以及严谨的科学精神。研究性学习强调通过实践活动使学生初步形成尊重客观规律的意识,养成凡事认真思考的习惯;既敢于大胆想象,又能够认真实践、尝试、探究;不怕困难与挫折,不轻易放弃探究;能进行初步的反思和自我评价;学会尊重他人的意见和观点;在研究问题的同时,形成不懈的进取精神、严谨的科学态度、克服困难的意志品质和高尚的科学道德。

5. 初步形成社会责任意识

身为社会的一员,每个人都必须承担一定的社会责任。小学生年龄尚小,正处于世界观、人生观和价值观形成的黄金时期。研究性学习强调使学生初步形成对人与自然、人与社会关系的正确认识,注意个人行为对自然和社会环境的影响,初步形成关注社会进步的意识等。

四、小学阶段研究性学习的内容

小学阶段研究性学习以培养学生探究兴趣、促进学生智慧潜能的发展为宗旨,以培养学生自主探究的学习习惯与学习方式为着眼点,创设一种适合学生兴趣和自我发展的开放性学习时空,为学生提供一个多渠道获取知识、理解与生活相关的开放性学习空间,为学生提供一个多渠道获取知识、理解与生活相关的自然问题或社会问题,将学到的知识加以综合和应用于实践的机会。其内容涉及学生学校生活、家庭生活和社会生活的方方面面。从范围来讲,可以是对自然和社会问题的探讨,也可以是对学科问题的探讨;从构成来看,其内容具有非线性,强调学生通过亲身体验来逐渐积累直接经验。从知识概念上看,有陈述性知识,即通识知识;程序性知识,即关于研究方法和评价的知识;策略性知识,即元认知策略性知识和资源管理策略性知识。

以下是淮安 W 小学提出的四年级研究性学习的活动主题:蔬菜宝宝的秘密;放风筝去;欢乐校运会;服装大观园;关注一次性用品;社区我的家;冬天到了。

五、小学阶段研究性学习的推进[①]

（一）从问题到课题，激发学生活力

1. 引导观察的兴趣

研究前，引导学生学会观察，并提示观察的范围：人与自然关系领域、人与社会关系领域、人与文化关系领域、人与自我关系领域。针对这些范围鼓励学生做生活中的有心人，并根据他们个体的生活环境实际，或观察或回忆，一段时间后，学生定会提出众多的甚至千奇百怪的问题。事先细致的观察，也激活了学生的思维。

2. 创设提问题的氛围

首要是激发学生积极探索的态度和猜想、发现的欲望，培养他们的问题意识，养成求知、好问的习惯；同时，锻炼他们对想提的问题先学会有所思考并能进行自我质疑的学习品质，这样提出来的问题有一定的质量。通过几次实践，学生会初步掌握"观察中发现问题、思考问题、提出问题"的基本规律。

3. 指导学生自主选题

问题的提出需要学生展开发散性思维，但形成研究小课题，又需要学生进行收敛性思维。课题是让学生去做，必须让学生有选题的自主权。可以在指导教师的引导下，让学生从课题的可行性与操作性上去做一番考虑，从中寻找最合适、最佳的课题。一般地，在立项前往往都要经历一个组织学生对提出的问题进行"七嘴八舌"的质疑、论证的过程。

案例阅读

淮安市外国语实验小学的赵桂英老师曾经上过一节关于QQ使用情况的开题选题课"QQ与我们的生活"，这节课的出发点就是引导学生联系生活发现问题，围绕主题提出感兴趣、有效问题的能力，培养学生的合作意识，引导学生在自主、合作学习中掌握分析和筛选问题的基本方法。

➤ 扫描本章二维码，阅读"QQ与我们的生活"选题开题教学设计。

（二）开放探究空间，解放学生手脚

研究性活动强调学生通过实践，增强探究和创新意识，学习科学的方法，

[①] 陈华彪. 浅谈如何有效推进小学研究性学习[J]. 中国校外教育（上旬刊），2014(21).

提高综合运用知识的能力。

首先是探究环境的开放。例如,某小学一班级在一年时间里进行了20余个主题的研究,从环境范围分,学校内部小环境的约占15%,而学校外部大环境的则占85%。这一开放式的学习环境,打破了自我封闭式的小课堂教学的种种局限,拓展了学生学习的空间,开阔了学生的知识视野。

其次是探究过程的开放。研究性活动强调以学生自主性、探究性学习为基础,他们按自己的兴趣所选择的研究内容多来源自身的学习、生活和现实社会,探究时又大多须依赖校园内外的资料,孩子们必须自行设计,并在指导教师的视野之外去采撷操作、分析处理及解决问题或得出结论。一般地,撰写探究活动案例,第一阶段实验中,指导教师可以适当地多参与;进入第二阶段实验,案例则应完全由学生自己撰写,指导教师只是扮演组织、引导、参与者的角色,经历由教到扶、由扶到放的过程。这一学习活动过程的开放,使学生处于一种动态、开放、主动、多元、合作的探究环境中,放飞了学生的心灵,激发了他们的学习潜能。

(三) 教学做合一,活化学生实践

"教、学、做合一"是陶行知先生具有独创性的教育思想。研究性学习强调更多地通过学生对生活中实际问题的探究来获得直接经验,提高运用知识解决实际问题的能力,"教、学、做合一"也是研究性活动的本质特征。将"教、学、做合一"与研究性活动加以整合,正是最大限度地培养、提高、发挥学生创造力的最切合实际的有效学习机制。其具体表现在:学生在指导教师引导下开展学习活动,在研究性活动中进行实践操作,自然地形成了一个"链",每一环节都不可或缺,缺失了一个方面,则形神皆散。"教、学、做"各环节之间相互交叉,导中有学,学中有导;学中有做,做中有学,它们之间互相依存,共同促进。通过"教、学、做合一"的研究性活动,学生发现问题、分析问题、解决问题的能力会出现可喜的提高。

(四) 开发整合资源,拓展学生空间

研究性活动的实施要考虑地方差异、社区教育资源和学校传统等基本因素,与学校校本课程的开发建设结合起来。综合实践活动项目的设计和实施,实质上是对地方和学校课程资源的重组过程。要在研究和分析地方、社区的背景条件基础上,充分挖掘地方自然条件、社会经济文化状况、民族文化传统等方面的课程资源,体现课程资源的地方特色。研究性活动要求学生走出校园、走进自然、走入社区、走向社会,在开放的时空中开展综合实践学习,因此要争取

社会有关部门和学生家庭的支持。在组织上要建立和健全校外指导教师的队伍,这是辅导开展研究性活动的人才资源库;在空间上,要与协作单位联系,创建少先队综合实践活动基地;在安全措施上,要对学生进行安全教育,培养自我保护能力,同时鼓励家长参与学生的校外活动,协助指导教师指导学生开展研究性活动,保障学生的安全,确保综合实践活动收到最佳的综合效益。

案 例

以"交通安全伴我行"这一研究性学习的实例看资源整合的重要性。这一活动中设计了五个活动目标:

1. 小组合作,走上街头,通过观察发现马路上的不文明行为。

2. 模拟体验交警指挥交通的活动,培养交通安全意识和文明行路的行为习惯。

3. 通过采访活动与学习,了解小学生遵守交通规则的现状。

4. 学会设计封闭式调查问卷,能够对设计的问题进行评价。

5. 能到社区等场所宣传安全知识,增强自身交通安全意识,能够从小自觉遵守交通规则。

从这五个活动目标来看,既要活化学生的实践,做到知行合一,又要兼顾资源的整合,发挥学生的主动性。淮安 W 小学的一位老师在执教这节课时,将班级学生分成交通行为调查组、交通标志研究组、交通手势实践组、问卷调查统计组和标语设计宣传组五个小组。在明确任务后,各小组自主选定组长,合作制定本组的活动方案。五个小组中,交通行为调查组的同学获得了市电视台的帮助,收集到了不少违反交通规则的一手资料;交通手势实践组的同学在学校的协调下,深入市交警大队学习,走向各个执勤点亲自演练,实地调查了交通指挥存在的问题;问卷调查统计组的同学,需要整合数学、计算机等知识,得出最为可靠的数据……

(五) 透明式评价操作,激励学生成长

研究性活动的评价,对学生既有管理监督作用,又有激励导向功能。

因此,建立好研究性活动评价体系,对于学习活动的完善与健康的发展来说是不可缺少的重要环节。研究性活动过程的开放性,为其评价的透明性创造了特有的条件。在此评价的实施中,应坚持三条原则:过程评价与结果评价相结合;管理性评价与激励性评价相结合;自我评价与他人评价相结合。在评

价中还应注意处理好评价主体的多元性,学校、家庭、社会要有机结合;评价要素的多元性,要重过程中的体验与实践;评价形式的多元性,倡导自评与互评相结合、小组评价与个人评价相结合、学生报告与交流评价相结合、定性评价与定量评价相结合。

（六）优化教师指导,提升学生活动品质

研究性学习中,学生是积极的学习者,并不意味着可以忽视教师的作用。加强教师培训,优化实施中的教师指导,提升指导教师专业素质,对于研究性学习的展开和取得预期效果,具有重要意义。

首先,观念应转变、角色应变换。新课程的根本理念,就是以学生发展为本,尊重、信任、帮助、指导学生,促进每一个学生得到生动活泼的发展,教师与学生共同成长。

其次,要培养创新精神和实践能力。要掌握规划和设计的技能、组织管理与协调的能力、探究与问题解决的能力、收集和处理信息的能力。在活动项目确定阶段,要引导学生形成问题意识,帮助学生学会从日常生活中善于发现和选择感兴趣的问题,激发探究动机。在活动实施阶段,教师要指导学生进行资料的收集,结合实例对学生进行一定的基础训练,帮助学生掌握查询工具书、做笔记、设计调查问卷、进行访谈、对资料整理分类等技能,指导学生写好研究日记,记录个人体验。在活动总结阶段,要指导学生对活动过程中的资料进行筛选、整理,形成结论,指导撰写活动报告,对活动的体验、收获进行总结和反思。

第二节　社区服务与社会实践

"社区服务与社会实践"是新课程综合实践活动的有机组成部分,是融研究性学习、劳动与技术教育等于一体的学习活动。社区服务与社会实践是小学生接触社会生活实际、参与社会生活实践的有效途径。

一、什么是社区服务与社会实践

社区服务与社会实践是指学生在教师指导下,走出教室,进入实际的社会情境,直接参与并亲历各种社会生活领域,参与社区和社会实践活动,开展各种力所能及的社区服务性、公益性、体验性的学习,以获取直接经验、发展实践能力、增强社会责任感为主旨的学习活动。

二、社区服务与社会实践的目标与内容[①]

(一) 社区服务与社会实践的总目标

作为综合实践课程的一部分,社区服务与社会实践服从于综合实践活动课程的总目标,同时,更为注重学生的社会适应能力、社会服务意识、公民责任感及创新精神的培养。

社区服务与社会实践的总目标如下:

(1) 拓展知识,增长经验,增进社会适应能力与创新精神;

(2) 融入生活,获得感受,形成健康、进取的生活态度;

(3) 主动参与社会实践,增强公民意识和责任感;

(4) 自觉服务社会,对他人、对社会富有爱心;

(5) 亲近、关爱自然,懂得与自然和谐相处;

(6) 促进自我了解,确立自信,发展兴趣与专长。

3~6年级社区服务与社会实践的总目标如下:

(1) 开阔眼界,初步获得社会经验与公德;

(2) 学会交往与合作,遵守社会规范与公德;

(3) 热心公益活动,关心他人与社会;

(4) 关爱自然,形成环境保护的意识和能力;

(5) 珍视生命,陶冶性情,热爱生活;

(6) 初步了解自我,发展兴趣,展示才能。

(二) 社区服务与社会实践的内容

社区服务与社会实践的内容是灵活的、开放的、多样性的,各地可以结合自己的实际情况进行选择。一般来讲,可以从以下五个方面组织课程内容:

第一,服务社区。通过服务社区的活动,使学生熟悉社区在人文景观、民间风俗、地理环境、物产特色等方面的特点。

第二,走进社会。学生进入社会情境,接触社会现实,参与各种社会活动等,了解社会基本运作方式、人类生活的基本活动。

第三,珍惜环境。学生与自然接触,观察、考察身边的环境,参加保护环境

---

① 顾建军.小学综合实践活动设计[M].北京:高等教育出版社,2005:92.

的活动,领悟自然的神奇与博大,加深珍惜环境的情感,并养成随时随地保护环境的意识和习惯。

第四,关爱他人。经常留意身边需要帮助的人,自觉而乐意地为他们服务,掌握志愿服务的有关知识和技能,对他人富有爱心等。

第五,善待自己。善于发现自己的优缺点,善于控制自己并进行有效的调节,实现个人价值,学会保护自己,注意自己的生命安全,珍爱自己的生命。①

(三) 社区服务与社会实践的主题选择

社区服务与社会实践在内容呈现上,仍以主题为主要形式。在主题选择上,可与综合实践活动课程其他领域整合考虑,作为综合性主题活动的一部分,也可单独成为一个主题内容。选题时还需要协调社会资源,整合考虑学校的各项活动。在小学的中年段,需要由教师根据教学目标及资源状况,协调学校的各项活动确定主题方向,为学生在具体服务项目和实践内容的设计上留下空间。随着学生社会阅历的增加,社区服务与社会实践的主题选择逐渐转由学生自主选择,教师在学期初提出具体要求,比如社区服务的工作时长、社会实践的项目列表等,由学生自行确定主题。

1. 与学校的传统活动相结合选择主题

一方面,学校传统活动比如春秋游活动、学校运动会、艺术节、节日庆祝活动等,为社区服务与社会实践活动提供了主题资源及活动时空;另一方面,社区服务与社会实践丰富了学校传统活动的内涵和教育意义。因此,教师可在学期初整体了解学校传统活动的安排,利用传统活动的时空开展社区服务与社会实践活动。

案 例

学校春游活动组织学生到武汉植物园参观,各年级依托此传统活动确定了各年级学生社区服务与社会实践设计:

(一) 四年级生物小组活动设计(以社会考察为主的社会体验性活动)

活动目的:利用游植物园的时机,进行植物种类的调查,制作介绍植物园植物种类的手抄报、墙报、图片、小册子。

---

① 钟启泉、张华.为了中华民族的复兴 为了每位学生的发展《基础教育课程改革纲要(试行)》解读[M].上海:华东师范大学出版社,2001:154-155.

活动步骤：

(1) 查找植物园的资料，了解植物园的地理位置、植物的种类。

(2) 学习记录植物种类的方法。

(3) 实地考察，通过绘画或摄影等方式记录3~4种植物外形，或采集植物叶片。

(4) 根据记录，通过书籍、网络或采访了解所记录植物的种类及习性，制作叶片标本，也可以查找与这种植物有关的趣味故事。

(5) 整理资料，制作手抄报、墙报、图片、小册子。

（二）五年级摄影小组活动设计（以社会考察为主的社会体验性活动）

活动目的：利用游植物园的时机，进行植物及活动场景摄影，举办植物园活动的摄影展。

活动步骤：

(1) 查找植物园的资料，了解植物园的地理位置，并查询春游当天的天气状况。

(2) 学习在不同光线下植物摄影及活动场景的摄影。

(3) 实地考察，拍摄植物及春游场景。

(4) 整理照片，形成主题，为图片配上文字说明。

(5) 组织游植物园摄影作品展。

（三）六年级公益服务设计

活动目的：六年级同学带领一年级小同学参观植物园，体会为他人服务的过程。

活动步骤：

(1) 查找植物园的资料，了解植物园的地理位置，并查询春游当天的天气状况。

(2) 和一年级教师交流，了解一年级小学生春游植物园服务的需求。

(3) 分组，明确服务对象，了解一年级小朋友情况：姓名、习惯、身体状况；和一年级服务对象进行预备性接触。

(4) 了解植物园植物的种类、习性，确定参观路线，做好为一年级小朋友植物园导游的准备。

(5) 老师提供服务手册，明确带领一年级小学生参观时的注意事项。

(6) 带领一年级小同学参观植物园。

(7) 收集并向六年级学生反馈一年级小同学评价服务的情况，六年级同学对服务状况进行反思。

春秋游活动是学校传统活动之一,当前,学校的春秋游活动由于缺少活动的内容,设计较为随意,流于形式,大多只是出去走一走、看一看,其教育意义和价值有待开发。

上面的案例充分利用了春秋游活动的时空,充实了春秋游活动的内容,将此次春秋游活动作为综合实践活动课程的一部分;分年级设计了社区服务与社会实践的主题,学生参加活动的目的性增强,其教育价值也得到提升,培养了学生活动的自主能力。这种主题选择的思路也可用在学校运动会、学校文艺节等学校传统活动的设计中。

2. 与学生日常的学校和家庭生活相结合选择主题

学生日常的学校生活与家庭生活也是社区服务与社会实践主题开发很好的资源。比如,学生在学校从事的班级管理工作及校园服务工作就可以作为社区服务与社会实践的主题。此类主题因为取材于校园内,安全相对有保障;学生能在活动中,形成较强的集体归属感,并从中感受到服务他人和被他人需要的幸福。当前,很多学校在德育活动中还会涉及一些感恩父母的活动,比如为父母洗脚等,但由于缺少一定的持续性,再加上在选择为家庭做什么的方面,一般由教师指定,学生自主性较弱,导致在实施时形式化倾向较重。社区服务与社会实践也可以设计与家庭生活相关的主题,将德育活动课程化、常态化,达到真正的教育目的。

➤ 扫描本章二维码,阅读"学校图书室志愿管理员培训与招聘活动设计"。

三、社区服务与社会实践的实施策略①

社区服务与社会实践是小学生接触社会生活实际、参与社会生活实践的有效途径。其实施策略有:

(一) 规范学习环境,营造良好氛围

学生的成长离不开赖以生存的社区环境。这种环境,是促进学生社会化的主要场所,与学生的成长息息相关。所以,要促进学生在综合活动中能力的综合发展,教师必须创设适宜的学习环境。

1. 注重对学生人生观、世界观和价值观的教育

小学生的年龄特点决定了他们对新事物充满好奇。因此,社区中的"另类

---

① 郭辉雄,叶相英. 社区服务与社会实践的实践策略[J]. 教学与管理(小学版),2004(1).

事物"很容易被他们接受。极富模仿性的小学生,因为经历、心智不成熟,他们可能不分好坏,悉数兼容,纷纷效仿。针对这一特点,教师可结合学科教学、各类活动和社区高尚活动,对学生从小进行人生观、世界观和价值观的熏陶,让学生在潜移默化中增强科学意识、审美意识,提高辨别是非、美丑的能力。当然,对社区不良的风气、迷信以及某些不正确的娱乐、活动,应从正面积极引导。

2. 提高教师自身素质

教师的一言一行都在影响着学生。要减少社区风气对学生的消极影响,教师首先要注重自身素质的提高。有些教师看不惯社会的不良现象,加之自己某些方面的不如意,平时的表现与教师形象格格不入,必然使学生关注自然、关注社会、关注自我的效果大打折扣。更有甚者,有些教师竟是算命、相面、风水、阴阳等封建迷信活动的笃信者,常常"现身说法",公开宣扬,这非但不能教育学生,还有不可低估的误导作用。教师只有自身提高了对不良风气的抵御力,才能达到"其身正,不令而行"的教育效果。

3. 与社区教育的衔接是一个漫长的、连续的过程

教育实践常陷入"5+2=0"的怪圈,这说明家庭教育、社区教育存在空缺和不足,使学生的校内、校外教育无法连贯进行。教师除充分利用家庭教育这一教育空间,让家校教育内容一致外,还应加强与有关部门的沟通联系,说服他们通过立法、执法等手段,遏制坏的社会风气,形成好的风气。

例如:对不健康的贺卡,要加强监管,适时禁止;对于封建迷信活动,要坚决打击;对于破坏环境的不法分子,执法绝不手软……要积极倡导净化社区环境,特别是对学生的心理和行为产生直接影响的文化娱乐场所,提倡积极向上的社区文化生活,呼吁社区成员都来关心孩子的发展,使孩子的教育在社区得到良好的延续。

(二)关注学生体验,增强服务意识

生活的本质在于人生的经验,人生经验的意义在于不断面对和解决生活中各种各样的问题。学生不是静止地、被动地接受外部影响,总是在主体所参与的实际活动中接受影响。教师要引导学生接触生活实践中的种种影响,从中感受体验,促使他们提高独立判断分析的能力,学会生存,主动发展。农村社区面窄,农村与城市相比,在经济、文化、信息传播渠道、教育程度与开放程度等方面比较落后。但农村社区有广阔的教育资源,可大胆放手让学生走出教室,走出校园,走进社会,进行各种体验活动。

1. 家庭体验

家庭是学生步入社会的起点,是学生生活、学习的又一领域。为把学生的道德信念转化为道德行为习惯,可密切配合家长组织学生在家里做力所能及的事。如开展学做饭,学洗衣,自己整理房间,按时睡觉、起床,学习处理与亲戚、邻居的关系的教育活动,培养"五自"能力;开展学耕地,学锄禾,学收割活动,做"种田小能手";开展"与动、植物交朋友"的养殖活动,让学生形成生态环保意识;开展识药、采药、用药体验活动,养成严谨、求实的科学态度和研究性学习的良好习惯。

2. 校园体验

学生的时间大多是在校园度过的,教师可利用这一宝贵时间,就地取材,利用校园资源,组织主题活动,让学生受到教益。如在校园内开展"认养一棵树,营造一片绿"的实践活动,让学生在"松土、浇水、除草"的实践活动中培养对树木花草的热爱,对环境的热爱;可从"弯腰捡走一片垃圾"开始,让学生养成爱清洁、讲卫生的良好习惯;还可让学生调查班主任或其他老师的工作,或当一日辅导员,从中体验老师的超负荷劳动和为学生成长所付出的辛劳,激发尊敬老师的思想感情。

3. 社会体验

社区服务与社会实践是学生进行的一种特殊社会活动,学生参加社区和社会活动能获得对社会的理解和体验,增强社会感和社会活动能力。少年儿童是未成年人,要尽可能地让他们理解成人,尽可能地让他们到社会实践中去体验。社会体验的形式很多,例如:盘点祖辈、父辈的儿童时代以及当今社会人士对少年儿童的关怀,体验生活在祖国大家庭的幸福;组织孩子们远足、登山、野游,领悟大自然的美丽与神奇,锻炼吃苦耐劳的意志,培养团结合作的品质;开展"我为环境添片绿",为孤寡老人、烈军属送温暖,让学生意识到关注环保、关心他人就是关爱自己;通过走访种植、养殖能手,懂得科学技术与生活的关系,形成正确的科学观;开辟校外实验基地,让学生感受劳动的光荣、挣钱的艰辛,增强社会责任感;通过接触不同国家、不同民族的文化,懂得理解、尊重和欣赏世界多元文化。

(三) 鼓励学生研讨,提高开发意识

新课程要求教师重视培养学生规划未来生活的能力。为实现这一目标,教师可放手让学生到社区去实践、调查、研究、设计,使他们在具体活动中发展创新,从而更好地把握现在,把握自己,创造未来。十六大提出了全面建设小康社会的宏伟目标,什么样的标准才是小康?现在社区居民的生活距小康社会有多远?我们该怎样为建设小康社会出力?……对这些问题,教师可引导学生放眼祖国、透视社区,在了解社区小康进程的同时,积极为建设小康社会出谋献策。

1. 了解社区现状,正视小康进程

引导学生从社区所处地理位置、交通状况、从业结构、历史原因以及社区所处的经济地位等方面了解社区发展进程。例如,寻找典型社区——全方位调查形成社区现实状况的各种有利因素和不良影响,了解发展进程;走访典型人物——通过家人、朋友的介绍,参观居住环境,听他们介绍专业领域的最新动态,进一步感受社区的发展变化,然后,可将好政策、好人好事、好的历史机遇等通过学生的绘画、书法、义务宣传、演出等在社区营造良好舆论氛围和社会环境。

2. 搜索社区规划,探讨小康实施办法

选择一些有代表性的行业,如政府部门、饮食服务、医药卫生等,以"小康规划大搜索"为主题,组织学生开展各行各业人才发展、人才动向的调查活动,了解各行业人才的饱和及欠缺情况,以及新型人才的需求,研讨社区发展的有利和不利因素。通过资料查阅、网上查询、小论坛等形式,开展"小康社会还缺啥""我为教育献一策""做合格小康社会公民"等活动,引导学生根据自己的调查结果谈感受,谈建议,设计规划蓝图,为建设小康社会出谋划策。

3. 步入阳光快车道

小康社会是全国人民近期的奋斗目标,也是少年儿童准备为之奋斗的伟大事业。建设小康社会,就是要走共同富裕之路。因此,少年儿童要只争朝夕,不失时机,学会奋斗,学会服务,学会关爱,学会创造,一起手拉手,在学习、生活、工作等方面为小康社会全面提速。

"社区服务与社会实践"是新时期学生主动关注社会、适应社会、创造社会的有效办法。作为教师,只要充分认识并丰富形式,就能激发起学生努力学习、热爱生活的决心,使学生用科学文化知识武装自己,为全面参与祖国建设打基础、做准备。

➤ 扫描本章二维码,阅读小学社区服务和社会实践活动中的准备。

第三章 小学综合实践活动课程内容

第三节 劳动与技术教育

一、劳动与技术教育的含义

劳动与技术教育着重于培养学生运用在校期间所学知识,在相关设备工具的载体下,最大限度地发展相关劳动技能,学习并掌握一些基础现代技术。① 所以,劳动与技术教育是一种以培养创新能力为核心,以实践为基础,以学生为本,以项目为载体,既重教学结果又重教学过程的综合实践课程。教师要结合课程特点,实现课程价值,培养学生团结协作的群体合作精神。

二、劳动与技术教育的特征

1. 形成了综合形态的课程设置

过去,小学的劳动课、初中的劳动技术课是独立设置的一门课程。新课程计划中,劳动与技术教育是被列为综合实践活动中的一个国家指定性学习领域,这是课程形态上的重大变化。劳动与技术教育是跨学科的学习领域,具有内在的综合特征。它综合运用了数学、物理、化学、地理、语文、艺术、社会等学科的基本知识,同时也融合了经济、法律、伦理、审美、环保等方面的教育视野。对学生来说,劳动与技术教育不仅是已有知识的综合应用,而且是新的知识与新的能力的综合学习。在目前国际性的课程综合化的趋势中,劳动与技术教育综合形态的推出,无疑是顺应潮流的改革尝试,它必将使劳动与技术教育的综合性能和实践品质得到展示。当然,在实施过程中还会遇到一些困难,还会有一些理念的碰撞,这有待实践中进一步探索和完善。

2. 进行了课程内容的结构性重组

劳动与技术教育是最具开发潜力、最易受科技发展影响、最应该体现时代特征的开放性学习领域。在国际上,作为诸多国家基础教育课程之一的技术课程已经成为一个包括劳作、手工、设计、家政、农业技术、工业技术、商业、职

---

① 陈志敏.当前中小学劳动与技术教育的现状及对策[J].文教资料,2012(03):131-132.

业准备等科目在内的庞大学科群。考虑到社会发展的进步趋势、现实生活的客观需要、学科发展的内在逻辑和学生身心的发展规律,《劳动与技术教育实施指南》(简称《指南》)在劳动与技术教育的内容结构上确立了劳动、家政、技术、职业准备等方面的教育内容,形成了既相互联系又相互区别,既有一定独立性又有一定渗透性的内容结构。同时,根据初中和小学的性质、特点,进行了课程内容的学段定位,如在技术方面,小学确立为"技术初步",初中确立为"技术基础";在职业准备方面,小学确定为"职业了解",初中设计为"职业引导"。这充分反映了劳动与技术教育在内容上的现代性和开放性。

3. 建构了富有弹性的目标体系

《指南》将目标与内容分成基础性和拓展性两部分。基础性内容是完成各阶段劳动与技术教育目标的主要载体,体现了劳动与技术教育在内容上的结构性,对不同地区也具有条件上的普适性。拓展性目标和内容则是供各地选择的,实施条件相对较高,有些内容体现了技术发展的方向性。不同取向的教育目标的提出,使得各地方、各学校以及学校中的教师和学生作为课程内容的选择主体成为可能。

4. 拓展了劳动与技术的学习空间

《指南》首次将简易的技术设计、技术产品说明书的阅读、简单的技术作品评价,正式引入九年制义务教育阶段劳动与技术教育的学习内容。农业技术的学习内容也从传统的作物栽培和动物饲养向品种改良、技术试验、产品贮存与加工、市场调研与营销等方面扩展。劳动与技术教育学习内容在范围上的拓展,必将丰富学生的学习经历和改变学生的传统学习方式,将在培养学生的创新精神和实践能力中发挥积极作用。

5. 确立了旨在促进学生发展的评价体系

劳动与技术教育的考核与评价一直是课程实施中的难题。《指南》根据劳动与技术教育的特点提出了旨在促进学生发展的过程评价与结果评价相结合的评价体系。《指南》指出,在初中实行劳动与技术学习的"合格证书"制度(在农村初中,应与"绿色证书"结合起来)。

6. 注重了学校、家庭和社会在劳动与技术教育中的功能区分

由于劳动与技术教育的特殊性,家庭和社区在劳动与技术教育过程中不仅是潜在的教育资源,而且也是负有一定教育使命的教育主体,但我们往往忽视它们的功能定位和功能区分,以至形成了劳动与技术教育中学校教育功能的扩大化甚至泛化。《指南》注重了这种不同主体在劳动与技术教育中的功能

定位，并在教育内容的选择、教育资源的开发和利用、教育设施和教育基地的建设管理等方面做出了必要的区分。

劳动与技术教育中所内含的技术教育，既不是传统意义上的职业技术教育，也不是专科院校所开办的高度专门化的技术教育，它是指普通基础教育阶段进行的技术教育。我们的学生生活在科学技术瞬息万变的时代，不断变化的新技术对人类生产和生活的影响将更加广泛、深刻和迅猛。国际社会普遍认为，技术教育是未来社会成员基本素养的教育，是开发人的潜能、促进人的思维发展的教育，是人人都必须接受和经历的教育。它是区别传统教育与现代教育的一个重要标志，是现代教育具有"现代性"的重要支柱。揭开技术的神秘面纱，可以看到，技术世界蕴藏着丰富的教育价值。一项完美的技术作品本身就是世界观和方法论的统一，是历史与逻辑的统一，是科学、道德、审美，也就是真善美的统一，也是人类认识世界和改造世界的统一。因此，技术教育对中小学生的发展有着广泛而又独到的教育价值。

三、劳动与技术教育活动设计原则

1. 操作性原则

劳动与技术教育领域活动的实施，为学生提供更多亲手操作的机会。活动设计是根据学生的实际及有关条件设计活动，由学生自己选择课题、决定实践的内容以及完成的方式。活动的步骤、内容以及方式也应具有操作性，如设计调查、观察访问、记录数据、制作作品等。劳动与技术教育的活动实质并不仅仅只关注学生的动手"操作"方面，它更注重学生通过生生合作、师生互助从事操作性学习，重视学生技术素养的形成，强调创新思维的形成。

2. 灵活性原则

劳动与技术教育活动内容具有很强的灵活性，一改班级授课制的束缚，更加重视学生实践经验的积累。学生要在实践中手脑并用，亲身体验，学会解决问题的方法。在活动过程中，教师要根据学生的特定需要进行交流与指导。活动设计时间完全由活动内容和方法来决定。

3. 自主性原则

劳动与技术教育的活动设计旨在锻炼学生的劳动能力，提升他们在以后社会中遇到问题时具有一定的应变能力和适应能力，因此，活动的设计要以学生为中心，充分展现学生在实践过程中的自主性与创新性，满足他们不同的个性发展要求。

4. 创新性原则

学校要经常组织学生进行参观访问、手工制作、作品展示,根据学生自身兴趣让学生制作自己感兴趣的作品与大家进行交流,让学生通过多种途径了解自己、认识劳动所带来的乐趣,有意识地培养学生的兴趣,在感兴趣的基础上进行作品的制作和创新。

四、劳动与技术教育的目标要求

劳动与技术教育的性质是以学生获得积极劳动体验、形成良好技术素养为主的多方面发展为目标,且以操作性学习为特征的学习领域。它强调学生通过人与物的作用、人与人的互动来从事操作性学习,强调学生动手与动脑相结合。

(一) 劳动技术课程要贴近学生的生活

九年义务教育中的劳动与技术教育和信息技术教育是同高中通用技术课程相衔接的,普通高中技术课程是以提高学生的技术素养为主旨,以设计学习、操作学习为主要特征的基础教育课程,是国家规定的普通高中学生的必修课程。如果说高中的通用技术课是以促进学生全面而又富有个性的发展为基本目标,着力发展学生以技术的设计与应用为基础的技术实践能力,努力培养学生的创新精神、创业意识和一定的人生规划能力的话,那么小学的劳动技术课的教育目的,除了教育学生了解劳动在人类生产和生活中的作用、了解和掌握某项生产劳动技能外,还十分注意教育学生了解现代生产活动的过程,并使他们了解劳动与环境生态保护、劳动与社会的关系。这种劳技课并不追求学生学到多少技术操作,不要求学习木加工的一定会做个木房,而是要求学生侧重了解整个生产过程和工序。

为此,劳技教学应该立足于学生的发展,从学生的生活实际、经验兴趣出发,贴近学生生活,激发其学习热情。生活就是最好的教学资源,新的小学劳动技术课程中有许多就是从生活中引出问题、发现问题,引导学生展开学习的。如:四年级第一学期教学内容"纸盒笔筒",先要求学生调查生活中笔的放法,存在缺陷和解决方法,又让学生了解多种多样的笔筒,最后要求学生用几个废纸盒自己设计制作一个方便适用的笔筒。虽然加工的难度不算大,但课前调查和准备显得尤其重要,材料的收集种类各种各样,不同的材料制作出来的作品也不同,拓展的内容也是丰富多样的,这样开阔了学生的思路,更广泛地利用了生活中的废旧资源,渗透了环保教育。

劳技课程的生活化，还可以引导学生形成关注生活的意识，通过利用劳动技术解决生活问题，满足生活需要，体会科学技术、劳动技术与生活的密切关系，激发学生学习劳动技术的兴趣。像这样的教学内容在教材中占了很大比例，如"竹衣架""圆桌小模型""实用小板凳"等。

（二）有选择地开发劳动技术课程

劳动技术课程具有多样性的特征。科学信息化、技术数字化、经济一体化等加上丰富多彩的生活，为我们带来了丰富的教学资源。为此教学和课程需要具有一定的灵活性和选择性，要为学生的自主学习留有空间。

1. 课程内容的多样性

生活多姿多彩，技术多种多样，劳技课程也应是丰富多样的，应该为学生的发展提供丰富的知识信息和多样的经历、体验，满足他们的兴趣爱好和选择要求，同时也能让学生学到更多的技能适应学生的个性发展。为此，在小学阶段的四个学期，课程就安排了纸品、木材、金属丝的简单加工制作和电子产品的简单拼装等内容。而且，相同板块中的侧重点也有不同，其中有些让学生跟着做，感受技术，激发学生的学习兴趣，如"电磁钓鱼竿"；有些让学生自己设计解决，培养学生运用基本技术解决问题的能力，感受技术的作用，如"防风衣架""报信装置"等。

2. 课程形式的多样性

在课程形式上，国家给学校的劳动与技术课程设置留下了更大的空间。同时，为进一步全面提高学生的综合素养，为学生的自主选择和个性发展提供条件，设置了不同的课程板块。除了基础课程外，还设置了拓展型课程、研究性课程。此外，还鼓励学校开发多种多样的校本课程，其中有很多是跟劳动技术课程密切相关的，显示了课程目标、功能和要求的丰富性；国家课程、地方课程、校本课程表现了课程内容的地方性和层次的多样性。

小学开设劳动技术课程的内容也很丰富，如建筑模型中各国风情的房屋系列、古今中外的桥梁系列、航空航天知识中型号各异的火箭系列、包罗万象的宇宙系列，以及生物技术中的无土栽培、水仙花雕刻等。将课程开发与学生兴趣、学校周边资源、教师特长、学校传统特色等结合，同时加强学科间整合，如与自然、美术、社会、物理、数学等整合，与少先队活动、青少年科技活动整合，摆脱教材束缚，形成丰富多样、灵活多变的课程形式。

➢ 扫描本章二维码，阅读"包水饺"活动设计。

五、劳动与技术教育实施中存在的问题

劳动与技术教育一直是中小学的必修课。1981年教育部《关于普通中学开设劳动技术教育课的试行意见》明确提出中小学开设劳动技术教育课的要求,把劳动技术课作为中小学的必修课,并排上了课表。新课程实施后,劳动与技术教育同信息技术教育、研究性学习、社区服务与社会实践共同构成"综合实践活动"的综合实践课程,成为基础教育阶段的必修课程,对于培养学生的劳动观念和实践能力起到了一定的作用。但在新课程的实践中,许多学校在综合实践活动中重视了研究性学习、信息技术教育等新型课程的开设和研究,却忽视了劳动与技术教育课的开设,往往用研究性学习代替了劳动技术课。劳动技术课被冷落或停开,新课程条件下的劳动技术课有被削弱的趋势。

1. 劳动技术教育被研究性学习等新型课程所代替

新课程的综合实践活动是一项综合性的实践活动,包括研究性学习、劳动与技术教育、信息技术教育和社区服务与社会实践等综合性课程。大多数的学校和学生在具体实施过程中都选择了具有时代色彩的研究性学习和信息技术教育,几乎没有学校开设传统的劳动与技术教育,即使开设了学生也不愿意选择,劳动技术课形同虚设。

2. 劳动实践基地已经被占用荒废

在20世纪80年代至90年代建立起来的劳动课实践基地,由于现在劳动课不能正常开设,大多数原来的劳动技术教育基地被改作他用,只有少数被转为综合实践基地,如学校农场、校办小工厂等劳动教育基地,大多数已经转卖或被社会占用,劳动课的开设失去了条件和可能性。现在许多学校因没有劳动教育实践基地而不能完成劳动技术教育的教学要求。

3. 新型的综合实践基地缺乏劳动教师教育的条件

现在新建设的综合实践基地是按照新的研究性学习的要求建设的,许多综合实践基地不适应劳动技术课教学。综合实践基地建设的新设施,没有与劳动技术课教材的教学内容很好地对接;综合实践基地的实践内容主要是对现有的自然资源的参观、绘画、摄影等,没有以劳动为内容的实践内容,达不到劳动实践的教学效果。新课程的实施中,劳动技术教育不仅没有得到应有的加强,反而被削弱和冷落,导致中小学劳动技能的下降和劳动观念的薄弱。据对学生劳动技能情况的调查,现在大多数城区的学生分不清庄稼的类型;自己

不会洗衣服,不会叠被子和叠衣服;有的学生连烧开水都不会,更不用说一般的劳动技能了。许多学生由于没有得到劳动锻炼,不知道劳动成果的来之不易,不爱惜粮食,浪费饭菜的现象非常普遍。在家里,许多学生不愿意帮助家长做家务,在学校不愿意做值日,劳动观念的淡薄等导致学生的道德素质下降。劳动技术课的冷落和停开,带来的负面影响已经非常明显。

第四节 信息技术教育

人类已进入信息社会,以媒体和网络技术为核心的信息技术已成为拓展人类能力的创造性工具。眼下,"信息技术与课程整合"是基础教育教学改革的切入点,也是新课程改革的核心内容之一。信息技术是当代发展最为迅速、影响最为深远的技术,它不仅是学生学习的对象,而且是学生学习的工具,对学生形成信息素养,提高信息收集、处理和交流的能力以及实现终生发展具有重要意义。综合实践活动课程是一门新兴的学科,它以目标综合,内容综合,方法、形式综合为特点,强调学生参与,重视学生的体验、感受,是以学生兴趣和内在需要为基础,以主动探索为特征,以实现学生主体能力综合发展为目的的课程。学生在教师的指导下进行数字化学习,开展综合实践活动是完全能够实现的。

一、信息技术教育的内涵

信息技术教育,也称信息素养教育,是信息技术不断发展并同教育相结合的产物。信息技术可为学习者提供资源(这里的资源指的是在学习过程中可被学习者利用的与信息技术有关的一切要素)和环境,具有与其他科学整合的特性,是学习者全面持续发展的可靠保障,是教育走向信息化、产业化、民主化、经济化的支持性技术基础。从技术哲学角度来说,信息技术教育主要由经验形态技术、物化形态技术和知识形态技术三大类要素构成,三者之间存在密切关系,共同促进教育信息化向前发展。

1998年,美国图书馆协会和教育传播与技术协会在其出版的《信息力量:创建学习的伙伴》一书中将信息素养、独立学习和社会责任三个方面明确列出了信息技术教育的九大标准:

标准一:具有信息素养的学生能够有效地和高效地获取信息。
标准二:具有信息素养的学生能够熟练地和批判地评价信息。
标准三:具有信息素养的学生能够精确地、创造性地使用信息。
标准四:作为一个独立学习者的学生具有信息素养,并能探求与个人兴趣有关的信息。
标准五:作为一个独立学习者的学生具有信息素养,并能欣赏作品和其他对信息进行创造性表达的内容。
标准六:作为一个独立学习者的学生具有信息素养,并能力争在信息查询和知识创新中做得最好。
标准七:对学习社区和社会有积极贡献的学生具有信息素养,并能认识信息对民主化社会的重要性。
标准八:对学习社区和社会有积极贡献的学生具有信息素养,并能实行与信息和信息技术相关的符合伦理道德的行为。
标准九:对学习社区和社会有积极贡献的学生具有信息素养,并能积极参与小组的活动探求和创建信息。

还有一种观点认为信息技术教育是以培养"信息人"为自己的目标。信息人除了会获取、分析和交流信息外,还得有利用信息技术解决问题的能力。因此,信息技术教育不能只限于信息工具和信息手段的教育,还要注重学生信息素养的培养。

1. 信息技术知识与技能

用信息技术解决问题是以一定的知识技能为基础的。这种知识和技能主要包括:

(1) 有关信息手段的相关知识和技能。它不仅包括信息机器、信息设备和工具软件的特性,以及它们的工作原理、系统构成和操作方法等,还包括媒体、媒体设备和机器的相关知识和操作技能。

(2) 形成信息能力的基础知识和基本技能。它包括对信息进行各种操作,如收集、分析、处理、创造、表达和传递信息的相关理论和方法,还包括以信息技术解决问题的方法、过程及其评价。

(3) 有关信息与媒体的基本知识。它包括以信息、信息的应用、信息的管理和信息传递为中心的基本知识(如信息及其特性,信息的表现、管理、设计与再构成),以及媒体、多媒体、超媒体的相关知识。

(4) 有关信息系统、信息活用及其评价的知识与技能。作为信息素养所要求的知识与技能,应基于以信息技术解决问题的水平和方法及其评价的要求来决定。

2. 利用信息技术解决问题的能力

给定任务或课题,选择适当的信息手段,自主进行相关信息的收集、分析、处理、创造、表达和传递,从而实现问题的解决,这就是通用信息技术的问题解决过程。在这个过程中,需要具备两方面的能力:一方面是对信息手段进行选择和利用的能力,另一方面是对信息的收集、分析、处理、创造、表达和传递的能力(包括对信息机器和信息工具进行操作的能力)。后者往往更重要。对于收集来的信息,应能分析判断其合理性和可靠性,以及与其他各种信息间的相互关联。对于已有信息,应能抽出其要素进行再构成,生成新信息。在必要的情况下,还能对有关信息、数据进行相应处理,以图表或图形的形式予以可视化。在表达、发布和传递信息的过程中,应能根据其目的和对象,采取有效手段和形式,实现信息的有效表达。另外,为了有效培养信息能力,还要注重解决问题的系统思考,注重逻辑思维方法和创造性解决问题过程的设计。

3. 对待信息、信息技术和信息社会的态度

即使是利用信息技术解决问题,也是在一定的社会环境中实施的,这必然会涉及社会的方方面面。因此,必须遵守有关的法律、法规、道德和伦理,并在一定的法律和道德的范围内,实现信息和信息技术的有效应用和问题的解决。这主要包括对待信息和信息技术的态度。

(1) 对待信息的态度

信息意识。以信息观念分析和认识事物,认识其作用意义,自觉应用信息技术解决问题。

信息情感。对好的信息、信息系统表示喜欢、高兴、称赞,并自觉地宣传和传播;对不好的信息和信息系统表示厌恶和谴责,自觉地抵制它的传播。

信息责任。负责地使用信息、信息技术。在表达、发布信息时,应具有责任心和对象意识。

信息道德。合理合法地使用信息和信息技术,注重信息过程中的礼仪、道德和伦理。

(2) 对待信息社会的态度

积极地参与信息社会。参与信息社会应表现在不仅接收信息,还应努力地创造信息。积极参加各种网络社区和网络文化的建设,参加各种其他信息化的建设,促进各种信息的公开。

正确对待、处理信息社会的负面影响。信息社会的高度发展给人们带来

了许多方便,但也带来了许多负面的东西,如信息鸿沟、信息犯罪、信息安全等,这些都需要正确对待处理。

提高参与信息社会的能力。每位信息社会成员,不仅要参与信息社会,还得正确处理信息社会的负面影响。因此要不断完善自己,提高应对信息社会各种问题的能力。例如,对获取信息的分析控制能力,对自身信息的保护能力,对各种信息犯罪的抵制能力以及对网络使用的自律能力等。①

因而,信息技术教育主要是指为了培养学生具有信息能力而开展的教育活动。信息能力是一个多元化、有层次的概念范畴,它既包括信息技术的操作能力、各种软件的应用能力、信息资源的利用能力、新信息的创造与表达能力,也包括软件与信息资源的评价能力、运用信息技术解决问题的能力以及开发新的信息资源与软件的能力。②

二、信息技术教育的具体内容与目标要求

随着人类社会的发展与进步,人类的认识不断提高,信息技术教育的具体内容和目标要求是不断变化的,从开始的"计算机文化论"到"计算机工具论",再到现在提出的培养"信息素养"论。换句话说,随着时代的发展,学生不仅要掌握社会生活必备的信息技术知识与技能,更重要的是应具备良好的信息素养。所以信息技术教育的具体内容和目标要求应该包括:

(1) 计算机处理信息的基本能力。

① 能识别计算机的外观和常用输入设备(如鼠标、键盘)、输出设备(如监视器、打印机)及其他常用外接设备(如音箱、耳机、话筒等);能通过动手组装或观看组装示范,探究计算机的基本构成,认识不同部件的基本功能(活动学习——直接经验;观察学习——间接经验)。

② 通过打字任务或简单的游戏,熟悉计算机的基本操作。熟悉操作常用输入、输出设备。

③ 能在实际操作的基础上,总结利用计算机输入、存储、加工、输出信息的基本流程;借助自己获取、加工信息的经验,体验计算机在处理信息方面的优势,知道计算机是现代信息技术的核心。

(2) 树立与终身学习和现代社会生活相适应的信息意识,形成积极的信

---

① 傅德荣,傅利华,靳灵芝.信息技术教育的目标、内容和方法[J].中小学信息技术教育,2004(07).

② 李孔文.小学综合实践活动课程论[M].合肥:中国科学技术大学出版社,2009:77.

息技术学习态度,养成健康负责的信息技术使用习惯。

① 结合生活和学习经验,体验信息在生活、学习、科研中的重要作用,逐步形成理性认识信息价值(理念先行)、敏锐捕捉有用信息(选择性注意)、主动获取相关信息(有目的的任务驱动)、甄别筛选正确信息(针对性、准确性、价值高低)、共享交流有益信息的良好信息意识;逐步形成判断和使用健康信息、主动抵触不良信息的信息道德判断能力;能讨论每个个体在创作和共享有益信息方面的责任。

② 通过身边的事例或观看案例,体验现代信息技术在获取、加工、存储、表达和交流信息方面的作用,理解信息技术是人的信息加工器官的延伸,讨论人类发明创造信息技术的基本历程,形成乐于学习、勤于操作、敢于创新的信息技术学习态度,树立不断提高自身信息素养和技术操作能力;主动参与科技创新的志愿。

③ 观察和列举日常生活、学科学习和其他综合实践活动中信息技术的常见应用,能讨论这些技术应用带来的利弊。

④ 能讨论应用信息、信息产品、信息技术设备和软件时涉及的法律、法规和道德问题,能描述不恰当应用带来的后果;知道如何负责地使用技术设备和信息资料,在引用他人的观点、成果和信息时,知道如何注明出处和给予恰当的致谢;养成保护自己信息安全的意识,学会防查杀病毒、简单的文件加密(如设置使用口令)等信息保护方法。

(3) 学会利用信息技术工具收集和处理信息,以支持学习、探究和解决日常生活问题。

① 能根据学科学习和其他活动需要,分析所需的信息及其类型,讨论确定合适的信息来源(如他人、书籍、报纸杂志、光盘、录像、电视、因特网等),学会从不同的信息来源收集资料的方法(如实验、调查、访谈等)。对信息收集过程进行一定的规划,初步形成信息需求分析的意识和习惯。

② 学会利用常用设备(如数码相机、探测器、扫描仪、录像机等)获取第一手的信息,或利用常见信息技术设备对传统介质的信息进行必要的数字转换。

③ 学会利用计算机输入和存储资料,学会利用计算机的资源管理功能对文件资料进行合理的分类整理、建立以及重命名文件(夹)、保护文件等,能迅速查找和提取自己计算机内存储的信息;通过比较和实际体验,感受对信息进行数字化编码、存储和管理的优势,认识到数字化是信息技术的核心概念之一。

④ 能熟练有效地运用远程通信工具和在线资源(如 E-mail、因特网等),

浏览、查找、下载和保存远程信息,以满足自主学习、合作探究及其他问题解决的需要。

⑤ 能根据任务需要评价信息的相关性、准确性、适切性和可能存在的偏差,甄别和选用有价值的信息。

(4) 学会使用常用信息处理工具和软件,展开写作、绘画等活动,制作电脑作品。

① 学会使用一种计算机画图软件,设计并绘制图形。例如根据表达意图确定图画的主题和大体构思;能设置背景颜色和图画的颜色;能使用常用的电脑绘画工具画出点、线、面;能通过剪切、复制、粘贴等电脑特用的功能对点、线、面进行组合、编辑,构成符合表达意图的完整图画;能给图画上色,能对图画的整体或某个部分进行修改,或设置必要的效果。

② 学会使用一种文字处理软件处理文字信息写作,在学会常用文字处理功能的基础上,学会通过文字编辑、版面设置、剪贴画、艺术字、绘制图形、插入图片、制件文字表格等方式,增加文档的表现力。

③ 熟悉信息处理软件的界面和常用工具,比较不同软件界面的异同,总结具有广泛适用性的操作方式,积累技术应用经验。

(5) 学会使用多媒体制作软件,运用文字、图片、声音等多种方式,灵活地表达想法、创意和研究结果。

① 能根据内容的特点和表达的需要,思考并确定表达意图和作品风格,进而根据表达意图,比较图画、文字、表格、声音等不同信息表达形式的优缺点,选择(组合)合适的表达方式,对作品的制作过程进行初步的思考和规划。

② 学会运用合适的信息处理工具或软件(如文字处理软件、画图或图形处理软件、计算机录音软件等),导入、插入图画、文字、表格和声音,并进行必要的编辑或修改,设置图像和文字的效果,制作或插入表格,录制或截取一段声音等。

③ 学会使用一种简单的多媒体制作软件,集成文字、图画、声音等信息,制作简单的多媒体演示文稿。能根据作品特点和受众的需要,学会选择合适的方式演示或发布电脑作品,表达主题和创意。

④ 能根据作品特点和受众的需要,学会选择合适的方式演示或发布电脑作品,表达主题和创意。

⑤ 能对自己和他人的电脑作品进行评议,并在评议基础上对电脑作品进行必要的优化以增强表现力。比较利用电脑制作作品与传统作品的制作过程的异同。

⑥ 讨论所用信息技术工具的优缺点，提出可能的技术改进建议，形成初步的技术创新意识。

（6）学会运用常用远程通信工具进行合作学习，开展健康的社会交往。

① 学会使用电子邮件与他人共享信息、获取支持、表达观点或开展合作。

② 学会使用在线讨论工具或已有的学习网站，讨论课程相关问题或开展持续深入的主题研讨。

③ 学会使用网页制作软件，规划、设计、制作发布简单的网站，通过网站共享信息、发表看法、发布成果、交流思想，支持合作探究或其他有意义的社会活动。

④ 能观察和讨论网站交往中产生的法律、法规和道德问题，在使用网络与人交往时，能遵守相关的法律、法规和网络礼仪；能结合实例，讨论网络应用对个人信息资料与身心安全的潜在威胁，形成网络交往中必要的自我保护意识，知道不恰当的网络应用和网络交往可能产生的后果。

（7）学会设计和制作简单的机器人，体验采集信息—处理信息—控制动作的基本过程。该部分内容为选修。

① 能识别机器人的基本构造；说出各类传感器（如声音、光敏、红外、温度、触摸）的功能及其对人类功能的模拟，能描述机器人各部分的功能和工作原理，如通过传感器收集信息、通过程序判断处理信息、控制外部动作等流程。

② 研究和了解现代机器人的发展趋势，讨论机器人与人类在解决相关问题上的优缺点。例如，机器人对复杂情况的反应，机器人可以完成哪些人类难以完成的任务等。

③ 学会根据生活和学习中的实际需要，设计、动手制作或组装简单的实物机器人（如机器人导盲，机器人迎宾、灭火、踢足球、走迷宫等），将编制好的控制程序（使用流程图方式）导入实物机器人，运行机器人并对机器人及其控制程序做出必要的调试和修改。或使用简单易学的程序语言（如 LOGO）编制简单的程序控制机器人做出简单动作或解决简单问题。

④ 在不具备实物机器人的情况下，也可以利用机器人仿真环境来模拟机器人的运动和调试使用流程图编制的简单的控制程序；初步感受利用程序解决问题的一般过程。

三、信息技术教育与综合实践课程的有效整合

信息技术与综合实践课程的有效整合，也就是通过将信息技术有效融合于综合实践课程的实践过程中，来营造一种新型的教学环境，实现一种既能发

挥教师主导作用,又能充分体现学生主体地位的,以"自主、探究、合作"为特征的新型教学方式,从而把学生的主动性、积极性、创造性充分发挥出来,使学生的创造精神与实践能力的培养真正落到实处。

1. 营造网络学习环境

为学生搭建活动舞台、建构数字化的学习环境,必须经过数字化信息处理,具有信息显示多媒体化、信息网络化、信息处理智能化和教学环境虚拟化的特征。因特网早已接入了校园,而且学校建立了多媒体网络教室,具备向学生展现学习平台和实现网上教学活动的软件系统,能为学生进行数字化学习与开展综合实践活动提供基础服务。

2. 整合网络学习资源,为学生提供活动信息

数字化学习的关键是数字化学习资源,它是指经过数字化处理,可以在多媒体计算机上或网络上运行的多媒体材料。它能够激发学生通过自主、合作、创造的方式来寻找和处理信息,从而使数字化学习成为可能。如教学"城区生活垃圾现状及对策分析"实践活动的总结课,就是利用整合网络资源来进行的。课前将各个调查组调查得到的资料制作成网页,链接到教师主页,课上首先让学生带着问题浏览网页,分析城区生活垃圾存在的问题和相应的解决途径,可用留言板发表见解,生交流,然后利用计算机进行垃圾处理方案的展示。网络平台使得学生与学生之间、学生与教师之间进行交流变得轻而易举,可以互相从问题的不同侧面进行辩论与探讨,也可以使不同调查组的学生进行充分的浏览,探索事物的来龙去脉,更加全面地认识问题,从而更好地去解决问题。

3. 选用网络学习方式,发掘学生的活动潜能

在与传统的学习方式截然不同的数字化学习过程中,学习者的学习不是依赖于教师的讲授与课本,而是利用数字化平台和数字化资源,教师、学生之间开展协商讨论、合作学习,并通过对资源的利用,以探究知识、发现知识、创造知识、展示知识的方式进行学习。

第五节 小学综合实践课程具体内容的开发

为了帮助各地区、各学校更好地落实和实施综合实践活动课程,教育部专门制定了相应的课程指导纲要,特别指定了实践活动课程的4个基本内容,即研究性学习、社区服务与社会实践、劳动与技术教育和信息技术教育。但是,具体内容仍然需要各地各学校自主开发。综合实践活动课程的特点与目标要求决定了综合实践活动课程具体内容开发必须以生活为主线。然而,现实生活是丰富多彩、纷繁复杂的,那么,究竟该如何进行小学综合实践活动课程的具体内容开发呢?其在开发实践中经常会遭遇到什么样的问题?其开发的有效策略有哪些?实践表明,对这些问题的明了与清晰,将有助于小学综合实践活动课程的有效实施。

一、小学综合实践活动课程具体内容的开发

综合实践活动是新课程的一道美丽风景,其目的在于改变传统的教与学的方式,使学生得到全面、健康的发展。

1. 以现实生活为切入点开发综合实践活动课程的具体内容

(1) 自然生活

人类现实生活于其中的环境是大自然,大自然对于学生来说并不陌生。地方物质资源是综合实践活动最丰富的课程资源。通过综合实践活动课程的学习,要使学生亲近周围的自然环境,热爱自然,初步形成自觉保护周围自然环境的意识和能力。具体来说,就是接触自然、丰富对自然的认识;欣赏自然世界,发展对自然的热爱情怀;通过丰富多彩的活动,理解人与自然不可分割的内在联系;知道如何保护和改善自然环境,并身体力行。综合实践活动以自然为线索,引导学生真正关注自然,关心自己的生存环境。综合实践活动可以从三个方面进行:第一,学生对自然的认识和了解;第二,学生对自然环境的保护;第三,学生与自然的和谐相处。教师可帮助学生开展以"保护野生动物""花——美丽的使者""探索植物王国的奥秘""绿色承诺"等为主题的综合实践活动。

(2) 社会生活

陶行知先生曾经说过:"做一个现代人必须取得现代的知识,学会现代的技能,感觉现代的问题,以现代的方法发挥我们的力量。"综合实践活动课程本身就来源于生活,是一门基于学生的直接经验,紧密贴近学生自身生活与社会生活的课程。因此,通过综合实践活动课程的学习,要让学生学会不断考察周围的社会环境,自觉遵守社会行为规范,增长社会沟通能力,养成初步服务社会的意识和对社会负责的态度。具体说来就是了解社会的学习资源,并能有效运用;走入社会,熟悉并遵守社会行为规范;发展人际交往,养成合作品质,融入集体;力所能及地参与社区服务活动,体会参与社区服务的意义。在活动中要让学生认识到社会生活的主流是积极、健康向上的,人与人之间充满了真、善、美;帮助学生了解社会是一个极其复杂的概念,让学生正确对待一些社会不良现象;让学生树立崇高的社会责任感,认识了解社会,立志改造生活,使社会朝着更加美好的方向发展,让世界的每一个人都生活在幸福之中。如"走入社区""周围社会生活小调查""探索五彩缤纷的广告世界"等都是人与社会领域的活动。

(3) 学校生活

学校是学生一天中活动时间最长的场所,也蕴含着丰富的教育资源,像教室、图书馆、美术室、实验室、花圃等都为开展综合实践活动课程创造了良好的条件。对孩子而言,这些教育资源是他们最熟悉的,也是最容易接受的;对教师来说,无论从时间上还是空间上,也比较容易操作。在学校里,学生的生活主要是围绕着学习展开的。除此之外,学生还要与教师、同伴交往,学会处理人际关系等。有人说,综合实践活动的课程内容难寻。其实这并不难,关键是看我们是不是一个有心人。学校生活就是摆在我们手边的资源库,为什么我们不能从中开发出一些值得研究的内容呢?因此,教师在教学过程中,要不断结合学校的实际情况,以发展和培养学生的学习兴趣和学习方法为前提,结合本学科和教材,不断地挖掘学校中的隐性资源,以此组织开展综合实践活动,让学生认识到自身是学校中的一分子,树立"学校人"的思想意识。如开展以"学校,我们集体的家""校园美化设计""校园内物种种类大揭秘"等为主题的综合实践活动。

(4) 家庭生活

人们常说,家庭是儿童来到这个世界后迈进的"第一所学校"。从接受学校教育开始,学校便在儿童的成长和发展中扮演着愈来愈重要的角色,但是,家庭的作用依然不可忽视。家庭生活是五彩缤纷的,饮食起居、休闲娱乐、消

第三章 小学综合实践活动课程内容

费理财、护理健康等都是家庭生活的重要内容。因此,在开发综合实践活动课程的具体内容时,教师还应在开发自然生活、社会生活以及学校生活的潜在内容的同时,关注家庭生活中蕴涵着的丰富课程内容资源。例如,可开展以"餐具洗涤去污力和毒性的比较""今天家里我当家""零花钱的使用"等为主题的综合实践活动。

(5) 个人生活

要使青少年正确地认识世界,无论是在家庭、社会还是学校进行的教育,都应首先使他们认识自己,这会对一个人一生的社会行为产生影响。因此,要使学生在综合实践活动中逐步掌握基本的生活技能,形成生活的自理习惯,初步具有认识的自我能力,养成勤奋、积极的生活态度。具体来说就是关注日常生活及周围环境中的问题,激发探究的热情;考察科学发展的历程,感受并初步养成从事探究活动所必备的精神和品格;亲身实践,学会使用一些最基本的工具和仪器;尝试科学探究的一般过程,初步掌握获取信息和处理信息的能力。通过这一方面的学习,要使学生正确地认识自己的缺点,做一个不卑不亢的人;开发自己的潜能,使自己的天赋得到最大限度的发展;通过综合实践活动,让学生认识本我和超我,从而正确处理好个人、集体、社会三者的关系。如开展"成长不烦恼""安全自护我能行""城管叔叔我也行"等活动。

2. 以"可能生活"为着眼点开发综合实践活动课程的具体内容

在关照现实生活的基础上,综合实践活动课程的具体内容的开发还应把着眼点放在学生的"可能生活"上。因此探寻"可能生活",并尽可能去实现各种"可能生活"是人生活能力的标志。作为发展人、影响人内心世界和内在潜能活动的教育,必须关注学生的生活能力,使学生自觉地去建构"可能生活"。对于儿童来说,培养学生的生活能力远比传授学生未来生活所需要的知识和技能重要得多。当学生学会独立思考、慎重选择、积极地探索、勇敢地进取、自主地选择时,他就能够对自己的选择负起责任,从而能够关注社会、关注他人,实现自己真正的生活,并创造更加美好的生活。

二、综合实践活动课程资源开发中的问题

1. 课程队伍建设落后,不能满足课程发展需要

综合实践活动课程成功的关键是教师,教师自身就是课程实施的首要的基本条件资源,是最重要的课程资源之一。但是当前的综合实践活动教师团队却不容乐观。有的学校将课程搭给班主任,有的将其分给专业能力差的教

师或者是需要照顾的教师,有的稍好一点,设立一到两名综合实践的专职教师来负责全校的综合实践活动课程。然而无论是兼职还是专职的综合实践活动教师都缺乏专业的培训,甚至没有参加过培训,对综合实践活动课程的理念把握不准,开发能力严重不足。此外,综合实践活动主题的选择要求体现综合性、开放性,要求指导教师应该是以团队形式进行合作开展工作,但是目前综合实践活动课程资源开发中教师群体的集体优势并未得到充足的重视,并未形成团体资源开发的趋势和氛围。甚至有时课题需要多个指导教师时,由于责任不明而出现等待、推诿等情况。

2. 课程资源开发单一,具有片面性

教育部在《综合实践活动指导纲要》中规定了综合实践活动内容的四个指定领域,即研究性学习、社区服务与社会实践、劳动与技术教育和信息技术教育。但这四个领域的割裂存在不能协调开展的现象,同时还出现了综合实践活动不能与其他学科课程内容整合的问题,出现了资源开发单一、主题单一的现象。比如资源的开发过分关注课堂研究性学习,社会实践、实际应用设计等活动资源缺失,忽视了综合实践活动课程开发的完整性。另外,一些学校综合实践活动的学习方式、教学方法和活动内容方面都带有明显的学科化倾向,出现了以学科教学的形式来设计和开展活动的现象。例如,开展"语文综合实践活动""科学综合实践活动"。

3. 过分依赖课程资源包,忽视本土课程资源的开发

许多学校在开展课程时,对课程的理念理解有偏差,认为该课程像学科课程一样,必须有教材、参考资料等才能进行;再加上有的地区和学校在培训教师及资源开发上工作不足,于是就奉行"拿来主义",依赖各种现存的资源包,不管是否适合自己的情况,照抄照搬,而忽视自己本土本区本校丰富的课程资源。比如,有的农村学校一味地追求大城市的课程设计,觉得农村无法像城市那样有资金、设备、环境开展课程,而忽视了农村广阔土地上有着城市学校不可比拟的优越的课程资源条件。农村高大雄伟的山、清澈见底的小河、绿郁郁的草地、挺拔的大树、可爱的小动物,都能设计出既符合学生身心特点,又凸显农村风貌的主题,激发学生对大自然、农村、祖国的热爱之情。

4. 课程开发地方意识不足,教育行政部门不能及时实施相应对策

综合实践课作为新课改下新兴的课程,有些地方没有及时建立综合实践活动课程教师政策,如,明确综合实践活动课程的指导教师的职称评定的方式与程序,确定综合实践活动教学工作量计算的基本标准等。没有建立对综合

实践活动课程执行情况的监督评价机制。一些学校虽把课程安排进了课表，实际却形同虚设，综合实践活动课随时被学科课程占有的现象普遍存在，甚至有的地方的行政部门在进行教育教学质量督导评估时，只监控语文、数学、外语等学科课程，导致学校对综合实践活动课程更加不重视。对综合实践活动教育研究人员、指导教师的配备、安排比较随意，大多区县没有综合实践活动专门的教研人员，即使有的配备了，也是身兼数职。此外，教育行政部门职能缺乏整合，全国各地大部分存在培训、教研机构两条线现象，综合实践活动的有效实施需要基于具体问题解决的研究，需要教研部门的指导。而综合实践活动指导教师的培训工作则由培训部门负责，一些培训部门只负责教师培训，却不参与研究，研训不能很好结合，影响了培训效果。有的地方综合实践活动纳入综合素质评价的问题迟迟得不到解决，有的地方虽然将其纳入了，效能却很低。

三、小学综合实践活动课程资源开发的策略

综合实践活动是新课程改革中诞生的一门全新的课程，它强调学生的亲身实践、自主探究，旨在激活学生思维、培养学生实践创新能力、提高学生综合素质，承载着新课程的基本理念和核心价值追求。它的实施要求突破传统课程教材和课堂的约束，把学生置于丰富多彩、千变万化的现实世界之中，而大量探究性、实践性的教学活动需要丰富的课程资源予以支持。诸如知识、技能、经验、活动方式与方法、情感态度与价值观以及培养目标等方面的因素，都是课程的要素来源。

1. 重视师资力量，开发教师课程资源

教师不仅决定着课程资源的选择与利用，而且教师自身就是重要的课程资源。小学综合实践活动课程强调学生的亲身经历、活动体验，关注社会现实问题与学生的生活经验，注重学科知识的综合运用和跨学科、跨领域的学习与实践，重视教师指导下学生自主设计、实施和评价，这有助于增强教师的课程意识；同时，为了有效地开发综合实践活动课程，教师必须拓展学科领域，密切关注原学科的发展动态、最新成果，广泛关注当代社会生产、生活、科技、文化的新变化，储备积累多学科的知识，从而奠定扎实的学科知识基础。教师还要加强教育学、心理学、课程论、教学论方面的素养，掌握小学综合实践活动课程开发的知识、技能，提高课程开发的能力。学科领域的扩展与丰富，教育知识的掌握与深化，有助于优化教师的知识结构、能力结构，全面提升教师的专业品质。学校和教育行政部门都应高度重视对教师的培训，秉承先培训、再实

践、再培训的循环提升模式,指导教师边学、边干、边提高。同时,提供技术支持,提高教师收集和处理信息的能力。鼓励教师在资源开发中的创新意识和尝试,不怕失败,勇于创新。综合实践活动是一门复杂的富有挑战性的课程,它的开放性、综合性、实践性以及教师个人知识能力的有限性都决定了综合实践活动是单独的一位教师难以胜任的。教师之间必须超越学科界限,从"单兵作战"到"集团协作",教师群体共同完成教学任务。而综合实践活动与各学科领域之间既相互独立又紧密联系的关系,也可以使综合实践活动与一些学科教学打通进行。无论从人员和知识体系上都可以通过合作、相互之间优势互补,实现"团体"开发课程资源,实现综合实践活动与其他学科的有机整合。

2. 立足学校,利用校本课程资源

校本课程与综合实践活动在权限、设计和理念上都是有严格区别的,但是目前的校本课程以研究性学习和开放性学习为主,在性质和形式上与综合实践活动相似,而且综合实践活动与校本课程的课程内容的选择都是以学校为基础,以学校所在的社区为依托的,二者的课程资源是可共同享有的。因此,开发校本课程的同时也就开发了综合实践活动的课程资源,有力地防止对课程资源包的过分依赖。

校本课程资源包括校内的各种场所和设施,如图书馆、实验室、专用教室、信息中心、实验农场和工厂;校内人文资源,如学校管理制度、教师群体、师生关系、班级组织、学生团体、校风校纪、座谈讨论、文艺演出、社团活动、典礼仪式;教师言语活动和体态语言、班级生活、各种集会、社会实践以及师生间、学生间的交往等,这些都可以开发成小学综合实践活动的内容,使学生在掌握知识的过程中,增进社会适应和社会交往,养成健全人格。

在开发中应该尤其注意那些富有特色的、本土的校本课程资源,使开发出来的课程资源既能符合课程要求,满足学生发展要求,又能具有自己的特色。例如,厦门市莲坂小学在开发校本课程过程中根据"铸民族魂,造时代人"的宗旨,开发了"中华文明探究"的活动主题。把"中华美德"和"中华文化"内容运用探究式教学方式开展,让学生去体验发现,既符合综合实践活动的学习活动方式与目标,又体现了特色。

3. 家校沟通,挖掘家庭课程资源

"家校合作"在综合实践活动课程资源开发中显得尤为重要,可以让学生的活动真正走进生活,走向社会,有效地达成综合实践活动课的目标。一方面,加强宣传,使家长主动参与课程,通过家长会、专题讲座、家长开放日等形式让家长了解、支持、参与学生的学习活动,进而在活动中能够给予指导和帮助,并且重视家长评价,从而来提升家长的参与热情。另一方面,将家庭课程资源纳入学校资源,家长的阅历、职业背景,家庭中的书籍、报刊、影像资料都可以补充学校综合实践活动课程的资源储备。另外,家庭实践活动既可以作为综合实践活动课程内容,也可为综合实践活动课程的延伸和深化提供条件。可以让学生参与各种家庭生活实践,发现活动主题,锻炼能力,了解和体验社会,有效地实现综合实践活动课程的初衷。

比如在二年级上册"蔬菜"这个活动主题中,有一个需要学生到集贸市场开展调查的实践活动,通过活动培养学生的调查能力和人际交往能力。活动前教师可以发放《致家长的一封信》,告知此次活动的设计流程:做一做——制定调查计划;试一试——以小组为单位开展实地调查;说一说——调查中发现的问题;记一记——我家一周吃蔬菜的情况;做一做——分析我家一周吃蔬菜的品种和每种蔬菜吃的次数。这一个系列的研究性学习,既离不开教师这个指导者也离不开家长这个协助者。在整个活动中,家长们为孩子们提供相关条件,给予孩子技术上的指导和安全方面的提示。像这样的活动,教师很难独立组织,而家校间的及时、有效的沟通与互助为更好地教育孩子打开了一扇窗户。

4. 立体规划,重视社会课程资源

在小学综合实践活动课程资源的开发和利用过程中,要注意体现地方课程资源的独特性和丰富性。目前,地方课程资源开发中存在的问题是视野比较狭窄,大都停留在物产资源、革命传统教育资源上,片面地认为综合实践活动课程资源的开发就是补充乡土教材。因此,当我们从本地课程资源中开发出更多的可利用教育因素时,既要注意保持文化的独特性,又要引领学生学会理解和尊重多元文化,要让学生走入现实的社会生活,亲自去感受和体验本土文化,并从中汲取营养。此外,综合实践活动课程的实践性、开放性和其活动空间上的广阔性都决定了综合实践活动要走出校园、走进社会,活动的开展离不开广泛的社会课程资源作为依托,学校及教师要注意学生发展过程中各个时期的成长需要,立体规划所需的社会性的课程资源。实现校内和校外资源的转换,充分利用社会各行各业、各种场所、机构与环境,如图书馆、科技馆、农场以及社区的自然与人文环境。当然,这需要整个社会的支持,比如课程资源的开发和利用还必须获得国家和各级政府的支持,在教育政策上加大基础教育的投资,保证实施国家课程标准的基本要求,要有课程成本的观念等。

➢ 扫描本章二维码,阅读小学综合实践活动十大常用课型。

思考·探究·实践

1. 小学综合实践活动课程有哪些内容?
2. 小学阶段研究性学习有何特点?其目标要求是什么?
3. 结合实际谈谈如何有效实施社区服务与社会实践?
4. 劳动教育、技术教育有何区别?如何有效开展劳动与技术教育活动?
5. 信息技术教育有何功能?其具体内容有哪些?试调查自己熟悉的一所小学,了解学校是如何实施信息技术教育的。
6. 当前综合实践活动课程资源开发中存在什么样的问题?请结合某所小学的情况,谈谈小学综合实践活动课程资源开发的有效策略。

信息链接

1. 周健.小学研究性学习的实践和探索[J].开封教育学院学报,2007(3).
2. 王文林.美国小学研究性学习点滴介绍[J].小学青年教师,2003(06).
3. 顾建军.小学综合实践活动设计(2版)[M].北京:高等教育出版社,2005.
4. 陈华彪.浅谈如何有效推进小学研究性学习[J].中国校外教育(上旬刊),2014(z1).
5. 郭辉雄,叶相英.社区服务与社会实践的实施策略[J].教学与管理(小学版),2004(1).
6. 陈斌娴.借网络舞台尽展风采——浅谈信息技术与综合实践课程的有效整合[J].考试周刊,2010(49).
7. 郭元祥.综合实践活动课程设计与实施[M].北京:首都师范大学出版社,2001.
8. 李孔文.小学综合实践活动课程论[M].合肥:中国科学技术大学出版社,2009.

第四章　小学综合实践活动课程类型

学习目标

➢ 了解小学综合实践活动类型。
➢ 初步形成开发小学综合实践活动课程类型的能力。

我国在第八轮基础教育课程改革中增设了综合实践活动课程,作为一门极具综合性、实践性、生成性等特点的课程,旨在通过这种学习活动培养中小学生的综合实践能力和创新精神,发展他们的个性,增强社会责任感。在当下许多中小学综合实践活动的实施过程中,学生开展的主题活动内容丰富多彩,但往往类型单一,同一类型活动(如课题探究的研究性活动)太多,而部分类型的主题活动又相对缺乏,比如在生活中实际应用的主题活动就很少。这些正是相关活动组织者缺乏小学综合实践活动课程类型的相关理论知识导致的。这种分类不均,严重影响小学综合实践活动课程目标的实现。

综合实践活动主要包括以下六种类型:课题探究的研究性学习活动、实际应用的设计性学习活动、以社会考察为主的体验性学习活动、社会参与的实践性学习活动、自我建构的反思性学习活动,还有生活学习。

微信扫一扫

✓ 观看本章微课视频
✓ 阅读本章配套案例

第一节 课题探究的研究性学习活动

一、课题探究的研究性学习活动的定义

在了解课题探究的研究性学习活动之前,应先了解一下到底什么是研究性学习活动?研究性学习活动是指学生基于自身兴趣,在教师指导下,从自然、社会和学生自身生活中选择和确定研究专题进行研究,从而主动地获取知识、应用知识、解决问题的学习探究活动。研究性学习活动旨在学生通过实践活动,增强学生的探究和创新意识,学习科学方法,发展综合运用知识的能力。学生在研究性学习活动过程中形成一种积极的、主动的自主、合作、探究的学习方式。研究性学习活动既是一种学习方式,也是一门课程。

研究性学习活动组织形式主要有小组合作研究、个人独立研究、个人研究与全班集体讨论相结合。其中,小组合作方式是主要的学习方式。

综合实践活动最重要的学习方式是课题探究的研究性学习。

课题探究的研究性学习活动是指学生通过对社会生活实际、自然现象的观察与思考,发现问题,提出问题,并选择一定的课题,通过运用自然研究、社会研究等方式,经过自主探究,开展对课题进行研究,并在实践研究过程中解决问题,培养学生综合运用知识解决实际问题的能力。课题探究所涉及的问题领域包括自然现象或问题研究以及社会问题研究。

课题探究的研究性学习的核心是课题研究,要求学生能模仿或学习科学研究的一般过程,选定课题,通过调查、测量、文献资料收集等手段,收集大量资料,运用实践、实证等方法,对课题展开研究,解决问题,撰写研究报告或论文。

二、课题探究的研究性学习活动的内容

在课题探究的研究性活动中,它的活动内容源于学生的生活领域,是学生主动从生活中发现,从自身兴趣出发的研究,他们喜欢并且非常乐于研究,学生所选择探究的内容,研究的对象和范围可以是学生生活的各个方面,应让学生在开放的情境中多渠道主动汲取知识。课题探究的研究性学习活动所涉及的领域主要包括自然现象或问题的研究以及社会问题研究。下面将举例进行

具体阐述。

(一) 自然现象或问题的研究

主要涉及与人的存在环境相关的自然事物或现象的问题的研究,该活动领域的核心是人的现实生活的自然环境,如水资源研究、植被研究、能源研究、环境生命科学等。具体举例见表4-1。

表4-1 国外中小学生的自然探究领域及问题

自然探究领域	问题举例
粮食资源	粮食生产、农业、耕地保护
人口与生存	地区或国家或世界人口增长、移民、承载能力、建筑
空气质量与大气	酸雨、汽车尾气与空气污染、CO_2、臭氧层衰竭、地球变暖
水资源	废水处理、河口或港湾、水供应与分配、地下水污染
战争技术	神经错乱性毒气、核发展、核武器威胁
土地使用	水土流失、开垦、城市发展、森林砍伐、盐碱化
能源短缺	合成燃料、太阳能、化石燃料
有害物资	废物垃圾处理、有毒物品及其预防
植物	城市植被与绿化、植物多样性遗传与保护
动物	野生动物保护、动物特征研究
人类健康和疾病	传染和非传染疾病、噪声与健康、饮食与营养、锻炼、精神健康

(二) 社会研究

社会研究所涉及的内容包括社会或社区的历史变迁,社区文化(如文化传统、风土人情的考察与探讨),社会的经济问题(如证券与股票、产业结构研究等),社会政治(如美国各州的社会研究课大多设有"美国政府""美国民族"等课题研究学习的内容),科学、技术与社会的探究,以及个人、群体与制度的探究等领域。具体举例见表4-2。

表4-2 社会探究领域及问题

社会探究领域		问题举例
历史探讨	社区和乡土历史	社区或故乡的地理变迁、历史考察
	民族和国家历史	国家与民族的形成(我的祖国)、重大历史事件研究

(续表)

社会探究领域		问题举例
经济探讨	产业	社区产业结构、新兴产业设计与开发、旅游业、生物农业、产业的竞争力、IT产业
	市场	证券与股票、电子商务、市场开发策略
	职业	性别与职业、职业的适应性、职业设计与选择
政治探讨	政府	政府结构调整、军事策略、国际关系
	民主制度	儿童利益、妇女问题、少数民族、新闻传媒与批评、法律、什么人能当总统、选举与生活
	决策	历史上的决策反思、战争问题
文化探讨	民族文化	饮食文化研究、黑人音乐与经济、黑人音乐与政治、今天的印第安人文化、信仰、古代建筑、现代建筑艺术、文化遗产遗址研究
	文化交流	外国文化问题、理解外国（国际理解）
社会危机探讨	政治危机	政治家丑闻、种族歧视、避免战争、地球村
	经济危机	经济萧条、失业问题、股市星期五
	生存危机	毒品问题、环境保护、AIDS预防、堕胎、校园暴力

三、课题探究的研究性学习活动的开展

开展课题探究的研究性学习的活动，首先要确定选题，通常是学生自己提出课题，也可以是在教师指导下提出；其次，要制订计划，这个计划一定是切实可行的，而且要具体细致，分工明确；再次，鼓励学生自己收集资料，做好相关的记录工作；最后，要总结评价，通过对资料的分析验证对所研究的问题的假设，总结资料的观点，并提出自己的观点或见解，然后组织交流评价活动。

（一）确定选题

研究课题的选择与确定，不仅要考虑到学生的生活背景和兴趣，而且要注意特定的文化传统、当地的社会资源和自然资源状况等。一般来说，只要是学生感兴趣的问题，与学生现实生活密切相连的问题，就可以作为研究课题。研究课题多数情况下由学生自主设计，但由于小学生年龄小、知识储备少，有时也可以在老师指导下选择并设计课题。一般来说，小学生的研究课题涉及人与自然，人与社会、民族、国家，人与自我等方面，例如表4-3列出了我国某小

学在综合实践活动课程中所开展的研究课题情况。

表 4-3 某小学研究性学习开展中的研究课题

课程内容	综合实践活动领域		年级	实施场地
研究性学习	人与自然	1. 自然资源及其状况研究(水、空气、土地等)	五—六	基地
		2. 动、植物及其保护问题研究	四	学校、基地
		3. 能源问题研究(燃料、太阳能、石油等)	六	学校
		4. 环境污染与处理研究(垃圾、光、噪声、污水等)	四—六	学校、社区
		5. 人类健康与疾病防治研究	五—六	学校、社区
		6. 校园环境与绿化问题研究	四—五	学校、基地
	人与社会	1. 学校及社区的变迁与发展	四—五	学校、社区
		2. 与学生生活密切相关的问题研究(交通、网络影视、住房、超市、汽车、毒品、青少年活动场地等)	四—六	学校、社区
		3. 社会文明程度及公共道德问题研究	六	学校、社区
		4. 中华民族传统文化研究(饮食文化、春节文化、民族服装、民族艺术等)	五—六	学校、社区
		5. 国际理解教育(对于洋快餐、外国文艺、影视作品、"地球村"等的了解)	四—五	学校
	人与自我	1. 少年儿童学习习惯、学习环境、学习压力等调查研究	四—五	学校
		2. 少年儿童对艺术的理解及追星现象研究	四	学校
		3. 少年儿童健康状况调查研究(饮食、营养、心理健康等)	四	学校
		4. 少年儿童消费观念与行为研究	五	学校
		5. 少年儿童审美问题及服饰研究	四—五	学校
		6. 小学生休闲生活调查研究	六	学校、社区
		7. 少年儿童对他人的认识及交往行为研究(朋友、同学、老师、家长)	六	学校、社区
		8. 小学生理想调查研究	六	学校

（二）制订计划

小学综合实践活动的开展，由于学生年龄偏小，所以一般在研究课题或问题确定后，指导教师会为学生提供一定的帮助。比如，指导学生上网查询相关资料，或列出参考书名称，学生阅读讨论，在教师的帮助下，小组长负责组织进行可行性分析，对课题的初步设计进行讨论和论证，制订出详细的研究方案。学生设计的研究方案的主要内容一般是课题名称、课题组成员、研究的主要内容、具体的实施步骤、课题准备突破或创新的地方、课题组成员分工、课题研究的时间表、预期的研究结果以及课题研究所需设施、场地、经费等。

案 例

学生自主制定的课题研究学习方案

1. 课题名称：从"杨树是财"到"杨树是灾"——淮安市农村树种单一化现象的调查报告。

2. 为完成课题研究采取的形式（调查、咨询、实验等活动）。通过走访调查、抽样统计等方法了解江苏省淮安市农村树种单一化现象，通过上网查找杨树飞絮及杨树病虫害资料，了解树种单一化给人民带来的危害情况。

3. 为完成课题采取的必要条件（资料、时间、经费、社会团体、实验、范围）。① 资料：淮安市近年来杨树种植面积及所占绿化树种的比例，杨树上美国白蛾的危害及防治情况（资料来源：网络、当地林业部门）；② 调查范围：采用随机抽样的方式，确定当地1~2个城郊乡镇和偏远乡镇的自然村为本次调查研究的范围；③ 调查必备物品：录音笔、相机、卷尺、调查表格等。

4. 活动计划。① 3月上旬，通过调查研究，确定学习内容和方法；② 3月下旬，通过文献等调查，确定课题前期的预备性知识；思考实验内容、地点；③ 4月，进行实验，观察实际现实的状况，归纳总结感受；④ 5月完成课题研究报告。

（方案提供者：江苏省淮安市开明中学初一(10)班，宗楚杰）

（三）收集资料

制订好研究学习方案，将展开具体的研究过程。具体的研究过程包括调查、观察、文献检索与收集、实验、资料或数据统计处理，以及撰写研究报告或论文等方面。收集资料则是其中重要的一环。

综合实践活动的实施要引导学生在具体的自然情景和社会情景或特定的活动场所(如劳动基地、劳动教室等)中开展调查、观察、试验、测量、劳动、服务等学生亲历亲为的活动以收集资料。另外,也可以用过文献检索或上网来搜集资料。小学生年龄较小、能力有限,虽然主动探索与研究的具体方法很多,但其中最适合他们的主要是观察法、调查法、实验法。

1. 观察研究方法

所谓观察,就是人们对周围存在的事物的现象和过程进行有目的的感性认识活动,观察研究,即科学观察。观察法是在自然状态下进行的,其考察的对象十分广泛,可以是社会现象,也可以是自然现象。

运用观察法可按以下步骤进行:

(1) 根据课题研究的内容确定观察的目的,选择观察的对象。

(2) 收集和分析研究对象的有关文献资料,对观察对象有一个基本的认识,做好观察的知识准备。

(3) 编制观察计划。

(4) 实施观察。

(5) 分析观察记录,得出结论。

观察记录的方法常见的有三种:持续记录法、行为核对记录法、等级评定法。观察记录形式灵活,最常用的是观察记录表的形式。

2. 调查研究方法

所谓调查法,是指有目的、有计划、有系统地去收集研究对象的材料,借以发现存在的问题,探索一定规律而采取的研究方法。按调查形式的不同,调查法主要分为座谈会、访问、调查表、问卷等。调查法是科学研究中运用相当普遍且有效的一种收集第一手信息的方法,也是课题研究学习过程中最常用的、最有效的一种方法。学生进行调查研究的内容一般涉及当地的社会历史、传统文化、人文地理、商业设施、城市建设、道路交通、职能部门等。学生通过调查研究,从中发现问题,并针对问题确定研究主题、制订计划、收集资料,进一步开展调查研究活动。调查的方法主要包括调查会、访问、调查表、问卷等。

3. 实验研究方法

实验法是人们根据一定的研究目的,在人为控制或模拟自然现象的条件下,通过仪器和其他物质手段,对研究对象进行观察的方法。实验法的主要目的在于查明研究现象发生的原因或检验某一理论或假说的实际效果。实验法最重要的特点是对事物的情况加以适当的控制,排除一些无关因素的干扰,突出所要研究的实验因素,从而比较准确地探索出事物间的因果关系。

实验法的全过程分为"准备—实施—总结"三个基本阶段。课题探究的研究性学习方式,在进行资料收集时因研究课题的性质不同而不同。以社会领域的问题为研究课题的研究性学习往往以社会调查方式为主;以自然事物为研究课题的研究性学习往往以观察、测量、实验为基本的活动方式。如我国小学生进行的"哭泣的水沟""饮品与健康"等,都涉及观察、测量、实验等学习活动。

(四) 总结评价

课题探究的研究性学习总结包括过程总结、结果分析与评价、交流,有时甚至是答辩等活动。对课题探究过程的总结,侧重学生在反思探究过程中的得失,如"我学到了什么""我懂得了什么""我掌握了什么方法""我在探究活动过程中的得失""我的研究有何进一步打算"等。通常,学生对探究结果的分析与评价采取"自我参照"的原则,即以学生已有的知识和能力基础为参照系,而不是以科学领域的发展水平为参照系进行总结和评价。交流,是观念与智慧的分享,是学生进行课题探究的学习活动的重要活动方式。学生通过对课题研究过程、结论的探讨、辩论,达到思想的碰撞、成长。

四、课题探究的研究性学习活动的具体目标设计

课题探究的研究性学习活动的目标设计可以分为三个维度,包括情感目标、知识目标与能力目标。结合小学综合实践活动课程标准,教师在进行目标设计时可以侧重以下方面:

(一) 情感目标

在情感目标方面,着重培育学生的好奇心、求知欲、进取心、责任心、共生心,增强学生的质量意识和效率意识,发展学生的个性、提高学生的学习意志,使学生的身心得到健全发展。

(1) 引导学生感受祖国的地域面貌和风俗人情,激发学生热爱祖国、热爱人民、热爱生活、热爱大自然的思想感情。

(2) 对人类的起源充满好奇,关心人的生理、心理奥妙,提高学生对人类生活、生命和心理的理解力。

(3) 对生命世界、物质世界、地球与宇宙三大领域中的一些现象,如神奇的中草药、循环往复的食物链等充满好奇,并具有探究的欲望。

(4) 在交流学习的活动中形成学会欣赏、赞美、理解、宽容、关爱等美好的品质。

(二) 知识目标

在知识目标方面,重视体验性知识、策略性知识和跨学科知识。

(1) 能够在活动中获得积极参与实践的积极体验和丰富经验,获得经验性知识。

(2) 初步了解各地地域风貌和民俗风情的一些知识,了解人与自然和谐相处的典型案例,对环境保护有初步认识。

(三) 能力目标

在能力目标方面,注重培养学生的自主能力、认知能力、计划能力、表现能力、管理能力、创造能力和信息的收集和处理能力。

(1) 培养学生的自主意识和合作能力,科学的态度、创新的精神和能力。

(2) 培养学生主动发现问题和解决问题的能力,综合应用知识的意识和能力。

(3) 培养学生使用学习工具、收集信息和处理信息的基本能力。

(4) 在活动中学会调查方法、观察方法、实验方法、文献搜索、数据统计等方法,学会写简单的调查报告、实验报告、观察报告、简单的小论文等。

阅读材料

某小学五年级课题探究的研究性学习活动的具体目标设计
垃圾梦工厂

(一) 情感目标

1. 通过调查活动使学生树立环保意识:

(1) 日常生活中要节约,减少垃圾的产生;

(2) 垃圾分类,便于垃圾的再利用。

2. 通过学生与家庭、学校、社会的交流,体验小手拉大手、倡导全社会对垃圾问题的关注。

(二) 知识目标

1. 了解垃圾的来源、分类和城市垃圾的特点;

2. 认识城市垃圾的危害性;

3. 了解城市垃圾处理的一般方法。

(三) 能力目标

1. 通过看书看报、采访调查、参观考察,培养学生掌握自己查找、收集、积累信息的方法和能力;

2. 通过写观察日记、心得体会、调查报告，培养学生归纳概括、整理提炼的能力；

3. 通过集体确定目标、小组分组合作、个人分析体验，培养学生的交往能力和协作精神。

五、课题探究的研究性学习活动的学习意义

课题探究的研究性学习活动涉及自然现象研究和社会现象研究。自然现象的研究主要是与人类生存相关的环境问题，比如水资源问题、气候变暖问题、大气污染问题等。在这类的课题探究活动中，主要培养学生热爱自然、热爱生命的情怀，培养学生的环保意识。社会现象的探究主要涉及传统文化、社会生活热点问题、信息探究、国际理解探究等方面，学生在这类问题的探究中加深对生活的理解，对传统文化的认识，对国家、民族的热爱。同时，作为信息时代的年轻一代，也要加强对世界的认识，从小培养儿童的国际视野。

作为综合实践活动课程的一部分，课题探究的研究性学习活动将儿童本位教育与社会本位教育相结合，以学生为主体，以综合体为学习对象，以"问题学习""主题学习""合作交流学习"等为基本学习方式，来培养学生自我发现课题、自主探究课题、综合解决问题的精神和能力。经过学生主体性的、创造性的学习活动，将教与学、内容与形式、感情与活动、个体与群体、课内与课外、自然性与社会性、科学性与人文性有机地结合起来，使学生积累和丰富更多的直接经验，促进学生综合素质的形成和提高，培养学生的创新精神和实践能力，为学生的终身学习打下良好的基础。

六、课题探究的研究性学习活动的注意事项

（一）教师角色

综合实践活动中学生进行研究性学习仅有方法是不够的，小学生无论在知识结构方面还是在人生阅历方面都不够成熟，指导他们学习是教师义不容辞的职责。在综合实践活动中，教师不是单一的知识传授者，而是学生活动的引导者、组织者、参与者、领导者、协调者和评价者。

教师的指导任务贯穿学生综合实践活动的全过程，包括对学生活动主题、项目或课题确定的指导，活动过程中的指导，总结和交流阶段的指导。

（1）在活动主题、项目或课题的确定阶段，教师应针对中小学生的文化、科学知识基础及其兴趣和爱好、学生所处的特定社区背景和自然条件，引导学

生确定合理的活动主题、项目或课题。当活动主题、项目或课题确定后,教师要指导学生制订合理可行的活动方案,培养学生的规划能力。

(2)在活动实施阶段,教师要指导学生进行资料的收集。在实施过程中,教师要及时了解学生开展活动的情况,有针对性地进行指导、点拨与督促;要组织灵活多样的交流、研讨活动,促进学生自我教育,帮助他们保持和进一步提高学习积极性;对有特殊困难的小组要进行个别辅导,或创设必要条件,或帮助调整研究计划。教师要在实施过程中实现从知识传授者到学生学习的组织、指导、参与者的角色转换。

(3)在活动总结阶段,教师应指导学生对活动过程中的资料进行筛选、整理,形成结论,指导学生撰写活动报告,并进行不同方式的表达和交流。在总结时,要引导学生着重对活动过程中的体验、认识和收获进行总结和反思。

(二)综合实践活动的课时如何安排

在教学时间方面,根据实际情况确定周课时量,中段和高段每周1~2课时。教学时间的安排一般采用集中和分散两种方式,学校课程教学的年、月,结合社区事业活动和学校的例行教育活动,确定本课程的集中教学时间和分散教学时间。集中教学时间主要用来计划、交流、展示、评价。

第二节 实际应用的设计性学习活动

一、什么是实际应用的设计性学习活动

实际应用的设计性学习是小学、初中和高中综合实践活动的基本学习活动方式,它不同于课题研究学习。课题研究学习是以探究为核心的,其基本活动方式是观察、调查、研究。而实际应用的设计性学习要求学生在综合应用所学的各科知识和技能的基础上,进行问题解决的实际操作。它以解决一个比较复杂的操作问题为主要目的。

设计学习(project learning or design learning)和应用学习(applied learning)是问题解决的两种基本形式。

设计学习是以一定项目(生活用品、学习用品、模型等)为对象进行设计的实践性学习活动。它包括设计一种产品、一项服务、一个系统,并创造出实施的方法。

这种学习以项目为任务驱动,具有一定的创造性、开放性,要求创造出相应的实施方法。其设计内容是丰富多彩的,如设计一个模型的方案,设计学校的草坪方案,设计一个班级庆祝活动的方案,设计小组采访活动的方案,设计校徽、班徽、设计运动会参赛队伍牌,设计一套校服等,其形式可以是文稿、表格、图纸、模型等。同时,也可以对某一项目进行改进性设计,如对某个物品的结构、外形、色彩功能等进行合理设计。

应用学习重在解决学生生活与社会生活中面临的实际问题,更强调操作性与针对性,更注重学生解决实际问题的技能,例如布置教室的环境、本小区内公共厕所的改建等。应用学习解决的不仅仅是技术性问题,很多时候也需要进行调查、探究,进行深入思考改进。

二、实际应用的设计性学习的行为方式及目标

美国国家教育经济中心(National Center on Education and Economy,简称 NCEE)于 1998 年制定了小学、初中、高中的应用学习的行为标准(performance standards of applied learning),规定了中小学生实际应用学习的活动形式和目标。其中,初中、高中的应用学习的行为标准包括五个方面的活动和目标,如表 4-4 所示。

表 4-4 应用学习领域的活动方式与目标

应用学习领域	活动方式与目标
1. 问题解决	(1) 设计和创造某一作品、服务或系统来满足某一确认的需求,或改进某一设计或系统;(2) 在一个系统的操作中需要提出修改或设计试验以提供其运行效率的方案;(3) 计划和组织一项活动
2. 交流工具和技巧	(1) 向熟悉相关内容的专家做项目计划或成果的口头陈述;(2) 运用文字、图像和声音,进行多媒体展示
3. 信息工具和技巧	(1) 收集信息,帮助完成项目;(2) 为某一具体目标使用网络交流信息;(3) 使用文字处理软件来制作多页文档;(4) 编写、增添并分析使用相关数据库的程序;(5) 创建、编辑和分析信息的电子数据表,并能以表格、数据表来显示数据和多种形式的图形
4. 学习自我管理的工具和技巧	(1) 从范例中学习;(2) 在完成工作时回顾自己的进展,并按日期和需要调整先后次序;(3) 评价自己的表现。
5. 与他人共同工作的工具和技巧	(1) 学习参与建立和管理一个独立的工作小组;(2) 至少为一名小组新成员设计并执行方案;(3) 按当事人的要求完成一项任务。

三、实际应用的设计性学习活动的主要活动方式

实际应用的设计性活动的主要活动方式是设计、策划、制作。

需要强调的是,不能将此类活动简单理解为传统的发明创造活动或者小制作活动。要围绕着问题发现与解决这一核心内容展开,如某所学校在进行学生自我保护意识调查后,为解决学生自我保护意识薄弱问题的方案设计。其中,"学生设计自护创新方案"的环节,就是设计与应用学习的活动方式。可见,这种活动方式并非一定独立存在,是可以与其他活动方式整合的,此外,从中也可体会以上主要活动方式在具体主题中的运用。

四、实际应用的设计性学习活动的基本形式

实际应用的设计性学习活动的基本形式有设计与制作、应用学习两种形式。

1. 设计与制作

设计与制作包括平面设计与制作,如设计校徽;立体设计与制作,如制作三维动画片;网络应用的设计与制作,如网页的制作、游戏的设计;等等。

2. 应用学习

应用学习重在解决学生生活与社会生活中面临的实际问题,更强调操作性与针对性,更注重学生解决实际问题的能力。它通常与劳动技术教育领域的活动紧密结合。学生的亲身体验、脑力与体力的结合是应用学习的重要特征。

五、设计与制作类活动的一般流程

设计与制作类活动的一般流程具体如下:

(1) 确定要解决的问题。

(2) 提出问题解决的措施,制订活动计划。这个计划包括设计与制作的名称,创意合理性论证;拟定判断设计与制作活动成功的标准;考虑所需的材料和工具;制订具体的制作时间表等。

(3) 搜索信息,利用各种手段收集到尽可能多的信息资料,为自己的设计与制作做充分的准备,取得一些有用的资料。

(4) 设计方案。

(5) 设计或制作。设计或制作并非一蹴而就的过程,它常常还伴随在学习、反复改造、重新设计的艰辛历程。学生不是专业制作者,思维能力、抗挫意识、动手体验、科技知识等就在学生设计与制作中建构着。

(6) 进行活动总结和评价。

六、教师对学生设计与制作活动的具体指导

1. 激发学生设计与制作的兴趣

"兴趣是最好的老师",教师在活动前,应充分计划、安排,从内容、形式、组织、方法、过程等各方面精心设计,以激发学生进行设计与制作的兴趣。

2. 引导学生通过多种方法收集相关的资料信息

设计与制作决不应是盲目进行的活动,而要在活动之前收集有关信息资料,并通过实践进行技术操作,这样才能使设计与制作有序进行。在刚开展设计与制作活动时,学生往往在活动一开始会有许多问题:设计要从哪里开始,需要哪些制作工具呢,设计与制作要按哪些步骤有序进行。针对这一现象,指导教师应指导他们寻找大量的信息,看它们是否符合活动目标的需求,帮助学生捕捉那些对活动有用的信息,然后对它们进行分析探索,充实活动内容,这样才能在设计与制作时取得事半功倍的效果。

3. 布置学生准备相关设计与制作的工具、设施

综合实践活动中的设计与制作操作性较强,操作必须有相关工具和设施。学生在操作时,常常突然发现少了这样、少了那样,为了使操作顺利进行,指导教师在学生制订实际操作方案的时候应给予适当的暗示。如果尚有计划不到的,遇到缺失再去寻找一些工具,但是,事后一定要作为经验教训总结起来。

4. 指导学生记录设计与制作的过程、方法与感受

在实际操作过程中,一定要做好实际操作记录,把制作的要求、过程及变化情况一一记录下来;把制作过程中遇到的困难以及解决困难的办法也记下来;把自己在完成活动过程中的领悟和体验记录下来。记录可以采用表格式,也可以采用日记式等形式。

5. 引导学生探究并解决设计与制作过程中的各种问题

在综合实践活动中,即使是进行操作性很强的劳动与技术活动,教师在指导过程中也不能将学生陷入技能训练的误区,而应让学生在设计与制作活动之前,通过观察与体验,发现一些问题,产生改进某一个产品或项目的兴趣,并通过探究活动,设计并且解决问题,"问题"得到了最终"解决",学生的思想也可以得到升华,也使活动达到了培养学生的创新精神的重要目标。

七、实际应用的设计性学习活动具体目标设计

实际应用的设计性学习活动重在解决实际问题,包括设计学习与应用学习两种基本形式。根据实际应用的设计性学习活动的特点,教师在设计活动的具体目标时可从以下几方面着手:

1. 情感目标

(1)学生在组织活动的过程中形成责任感。

(2)形成技术意识,注意关注研究周围的技术问题。

(3)在简单的技术学习中形成科学的态度和技术创新意识。

(4)在活动中形成与技术相关联的经济意识、质量意识、审美意识、环保意识等。

2. 知识目标

(1)会编写简单的提案、制造指南、观察记录,会写求助信。

(2)能认识生活中常用的简单材料,学会使用一些基本的工具,并知道一些简单的工艺品或技术品的制作过程及方法。

(3)了解原有产品的性能,并能根据大众对新产品的需求对旧产品提出一定的改进意见,设计新的产品满足大众需求。

3. 能力目标

(1)在设计制作作品中提高学生的制作能力及信息运用能力。

(2)在活动的设计实施中培养学生的规划能力、领导能力、解决问题的能力及创造力。

(3)能充分利用活动中的人、财、物等资源,对自己设计的产品能做出恰当评价。

(4)在活动中培养学生解决问题的实际能力,培养学生的协作能力。

例如,"设计未来的义烈巷小学"目标设计如下:

情感目标:

了解母校的过去和现在的变化,激发学生对母校的关注和热爱,让他们积极参与实践活动,形成自觉保护学校自然环境的意识。养成初步的学校主人翁意识,增强责任感。

知识目标:

通过开展学校环境的调查活动和向父母、年长老师咨询以及到图书馆查阅资料等方式了解学校的历史和现状。

能力目标：

通过调查活动，培养学生收集、处理信息的能力。以学校未来的环境为切入点，培养学生的想象力、创造力、动手操作能力和基本的交往与协作能力。

八、实际应用的设计性学习活动的表格设计案例

"设计未来的义烈巷小学"的小组活动计划安排表见表4-5，第一小组调查表见表4-6。

表4-5 小组活动计划安排表

小组名称	主题调查	调查目的	调查步骤	调查对象	调查方法
第一小组	母校的环境调查与设计	1. 了解母校的环境变化；2. 分析不足之处；3. 设计环保型母校。	1. 询问父母、老师，调查过去的母校；2. 参观武大，学习校园建设；3. 资料交流；4. 分析校园的不足之处	父母、老师、武汉大学	采访、参观、交流、分析
第二小组			1. 询问父母、亲戚，调查过去的母校；2. 上网查名校，学习校园建设；3. 资料交流；4. 分析学校的不足	父母、亲戚、网上名校	采访、上网、交流、分析
第三小组			1. 采访老师，调查过去的母校；2. 参观武汉大学、武钢中学、崇仁路小学、育才小学，学习校园建设；3. 资料交流；4. 分析不足	老师、武汉大学、武钢三中、崇仁路小学	采访、参观、交流、分析
第四小组			1. 查询校图书室，调查过去的母校；2. 参观崇仁路小学、育才小学，学习校园建设；3. 资料交流；4. 分析不足	校图书室、崇仁路小学、育才小学	查阅、参观、交流、分析
第五小组			1. 询问父母、采访老师，调查过去的母校；2. 查询图书馆资料，学习校园建设；3. 资料交流；4. 分析不足	父母、老师、学校图书馆	采访、参观、交流、分析

表 4-6 第一小组调查表

调查主题：旧义烈巷小学的调查
调查时间：2002 年 3 月至 4 月
调查对象：辛腊梅老师、张杏芳老师、邓梦琳的爸爸、尹雅婷的爷爷
调查结果： 1. 义烈巷小学于 1905 年建校，至今已有 97 年的历史了。 2. 原来学校叫"革新小学"，因为学校所在地在新中国成立前曾埋过烈士，是一片烈士墓地，后来又改名叫"义烈巷小学"。 3. 当时学校最好的教学楼就是北楼，它是由一名曾在义烈巷就读过的学生设计建造的，那时还没有综合楼和南楼，后来才投资建造了这两座楼。 4. 原来操场的面积只占现在操场的面积三分之二，而且操场都是泥巴地，晴天起风，尘土飞扬；雨天只有趟着泥水走路，环境很不好。 5. 原来教学楼的房子非常破旧，走在木地板上发出"咯吱咯吱"的声音,简直就像危楼。

第三节 以社会考察为主的体验性学习活动

一、什么是以社会考察为主的体验性学习活动

社会考察是一种体验性学习活动，是学生接触社会、了解社会，从而增加学生对社会的生活积累，并获得对社会物质文化、精神文化和制度文化的认知、理解、体验和感悟的学习活动。体验性学习活动不以发展探究能力、操作能力为根本目标，而以丰富学生的社会阅历、生活积累和文化积累为目标。

以社会考察为主的体验性学习活动，通过引导学生带着思考主动地去参与活动，培养学生在参观的基础上，尝试提出问题、围绕问题进行社会现象的考察与探究活动，可以简单理解为"看"。

这种学习活动是以参观活动为主，帮助学生梳理已有参观活动的经验，旨在引导学生由被动无意识地参观转向主动地带有问题意识地参观活动，获得对校园文化乃至更多参观场景文化的认知、理解、体验和感悟。学会在教师帮助下，有目的地进行参观活动并能有意识地记录参观过程。活动过程关注学生在活动中证据的收集以及分析能力、理性思辨能力的发展。例如：走进社

区、我的家乡还乡河、三百六十行、小学生近视问题的研究等都是较为侧重于以考察为主的体验性学习活动。

参观、考察、访问是体验性学习的基本活动方式。

二、以社会考察为主的体验性学习活动的内容

中小学生社会考察和参观的内容一般涉及本地区的历史和文化遗产、现实的社会生活和生产方式,如考察某一社区的历史、文化传统、生活方式、经济发展状况、地理、建筑和人文景观、商业设施,以及文化古迹和文化遗产等活动。访问则一般以国家或地方政府机构、政府官员、特殊人物、特殊阶层等为访问的对象。

三、社会考察、参观和访问的基本过程

(1) 制订活动计划。提出或选择社会考察、参观、访问的主题,提出活动目标,确定社会考察、参观、访问的地点、对象、时间,并由学生自主地制订考察、参观、访问的活动方案。(活动策划阶段可列表提出)

(2) 制订社会考察联系表。与考察、参观、访问的对象(人或机构)取得联系,通过交流和磋商,确定活动的具体时间表。

(3) 准备必要的活动设备。在制订设备准备详单或表格时,如果是小组合作须有分工一栏。

(4) 展开实质性的考察、参观、访问活动,收集资料,包括图片、文字、视频、采访等。

(5) 撰写考察、参观、访问的活动报告,并相互交流,进行活动总结。

在指导学生进行社会考察的同时,应该启发学生的问题意识,尊重孩子的兴趣爱好,在活动开展过程中不断地生成新的研究问题,指导他们如何在一个大主题下进行小课题的调查研究。这样,在有趣的校外调查和活跃的课堂讨论中得到了课外知识和考察经验。

四、考察报告的主要内容

第一部分:分析背景。明确写出考察报告的原因有哪些。

第二部分:做好前期准备工作。详细写出做了哪些准备。

第三部分:明确考察步骤。在考察中先需要做什么事情。

第四部分:得出考察结论。分析总结在考察中得出什么结论,发现什么问题,又有什么新发现。

第五部分:谈谈收获或反思。包括开心的、尴尬的、出乎意料的事情,令自己自豪或骄傲的事情,令人感动的事情,等等。

五、以社会考察为主的体验性学习活动的目标要求

(1)通过社会考察为主的体验性学习活动,丰富学生对社会、对生活的认识,对社会文化的认识,进一步理解、体验、感悟制度文化、精神文化、物质文化。

(2)通过社会考察为主的体验性学习活动的开展,学生能深入了解社会生活和社会环境,增加社会实用知识,增强社会适应能力。

(3)通过社会考察为主的体验性学习活动的开展,学生能关心国家大事、社会进步、科技发展,爱护环境,形成强烈的社会责任感。

(4)在社会考察为主的体验性学习活动中,进一步发展学生的人际交往能力,与同学之间的合作能力,团队的协作意识。

六、以社会考察为主的体验性学习活动的目标设计

按照情感目标、知识目标、能力目标的三维度进行目标设计,下面以某小学四年级的"我们一起走进首义园"为例:

(一)情感目标

(1)通过对首义园的经营现状及经营特色的探究,提高学生"我是社会大家庭中的一员"的意识,从小争取做到"国事、家事、身边事、事事关心",培养学生的社会责任感。

(2)通过了解首义文化,激发学生从爱首义园升华到爱武汉、爱祖国的情感。

(二)知识目标

(1)了解首义园的基本布局及建筑特色。

(2)了解首义园的特色小吃、湖北名菜;知道"吃"在首义园可以做到品种多、价格便宜、营养又健康。

(3)了解首义园的优雅环境,知道首义园的历史及浓厚的文化底蕴,并能向社会推荐首义园、宣传首义园。

(4)学会设计简单的访问、统计、调查等表格。

(三)能力目标

(1)通过走进首义园,对首义园的考察、研究,增强学生与社会交往沟通

的能力。

(2) 通过调查、采访等活动，培养学生收集、整理、归纳和处理信息的能力。

(3) 在研究首义园的活动过程中，培养学生发现问题、思考问题、积极主动地获取知识的能力，初步具有合作、独立研究的能力以及创新与实践能力。

第四节 社会参与的实践性学习活动

一、什么是社会参与的实践性学习活动

社会参与的实践性学习是指要求学生参与到一般的社会实践活动领域之中，成为某一社会活动中的一员进行实际的生产活动。社会参与的实践性学习的根本特征是学生亲身参与社会实践活动。课题探究的研究性学习尽管具有一定的实践性，但它是以探究为核心的。设计性学习同样具有实践性，但它是以具体的问题解决为目标的。体验性学习的核心则是为了使学生获得对社会的认知、理解、体验和感悟。只有社会参与的实践性学习才更有利于使学生通过一般性实践，获得对他人、对社会的价值实现感。因而，美国、英国、日本、新加坡等国各学区的"学区活动规划"中都有社会参与的实践性学习活动。中小学的社会参与的实践性学习活动方式成为"综合学习"的重要部分。

二、以社会参与为主的实践学习活动的基本过程

(1) 明确活动的项目。结合社区背景，根据学生的特点，在社会调查和考查的基础上，确定活动的项目。

(2) 确定活动的目的和对象。

(3) 主动与社区服务的对象和机构取得联系，拟定具体的活动时间和活动方案。

(4) 实施社区服务。这是活动最为重要的环节之一。

(5) 社区服务活动的总结。总结并交流此次活动的体验和感受。

三、以社会参与为主的实践学习活动的方式

国外中小学社会参与的实践性学习活动方式一般包括社区服务活动、公益活动和生产劳动三种方式。

(一) 社区服务活动

主要有:① 为社区特殊人群的生活服务、家政服务,如导盲服务活动、其他残疾人的家政服务活动等。为社区特殊人群的生活服务活动一般以小组活动的形式展开,为学年确定服务对象,定期进行。② 学校或社区管理服务。中小学生参与学校或社区的管理活动,成为学校管理者或社区管理者,直接参与学校管理或社区管理。社区管理涉及的部门比较复杂,各学区的社区管理服务涉及的机构包括社区图书馆、社区健身场所、养老院、绿化部等。

(二) 公益活动

有计划地组织学生,集体参加社区或地方的各种公益活动。主要包括公益劳动以及各种大型活动的义务工作。

(三) 生产劳动

组织学生参与适合中小学生的有关部门的生产劳动,以及设计适合中小学生进行的手工制作等方面的手工劳动。一般包括:① 商业活动。学生直接参加商业活动,如学生卖报小组、学生银行、学生用品商店,如美国宾州 Medhanicsburg Area School District 的中小学就设计了此类学生商业性活动。学生从事商业类活动的根本目的不是为了获得经济报偿,而是为了丰富学生的生活积累和经验,增强实践能力。② 手工劳动。手工劳动是根据中小学生的年龄特征设计的劳动技术活动,以便满足中小学生制作的需要,如缝纫、陶艺生产与制作、工艺剪纸等。③ 工厂劳动。工厂劳动一般是在学校工厂进行的,使学生熟悉最一般的生产劳动过程、工具,及其简单操作技术。④ 田间劳作。学生在学校特定的田间、绿化场所进行简单的劳作,如花草、农作物、树木等植物栽培。田间劳作不是纯粹的劳动,它需要将观察、调查、探究等活动结合起来展开。

四、社会参与的实践性活动的具体目标

社会参与的社会实践活动一般通过学生的社会实践活动,实现自身对社会、对他人的价值。在活动中,注重培养学生的社会适应能力、社会参与意识、社会实践能力等。根据它的活动特点,教师在进行三维目标设计时抓住以下

要素：

(一) 情感目标

(1) 学会尊重他人，包括个人的尊严、性格、生活习惯、职业等。

(2) 在跟人与群体的互动中，体会群体对个人发展的重要性，感受他人带来的温暖，并学会关心他人。

(3) 积极参与社会实践活动，不断增强参与社会的情感。

(4) 了解基本的生产劳动知识，加强劳动意识，形成良好的劳动习惯。

(二) 知识目标

(1) 学会运用基本工具、材料、设备、产品及相关程序和方法。

(2) 学会活动的规划、管理、组织、协调的基本方法，主要是公益活动、商业活动、服务活动等。

(3) 学习一些生活中的常识和人际交往中的基本知识，并学会在生活中运用。

(三) 能力目标

(1) 关注社区中存在的知识，并运用所学知识尝试解决。

(2) 学会基本的生活、家政服务及社区服务的基本技能。

(3) 熟悉常见的田间劳作、手工劳动，学会简单的手工操作技能与田间劳动技术。

(4) 发展学生的组织能力、管理能力、社会交往能力、反思教育能力等。

案　例

某小学五年级社会参与的实践性活动的具体目标设计
风　筝

(一) 情感目标

(1) 通过小组的集体实践活动，对自己的实践成果有喜悦感，感受到与他人合作交流的乐趣。

(2) 学生通过做风筝、放风筝，从中体验到生活美的享受。

(二) 知识目标

(1) 了解风筝的历史及风筝的制作工艺。

(2) 掌握风筝的基本制作方法。

(三) 能力目标

(1) 培养学生初步学会查找、收集、整理资料的能力。

(2) 在收集资料的过程中,培养学生的社会交往能力;在实践过程中,培养学生的设计与操作能力。

(3) 在综合实践活动过程中,培养学生研究问题、解决问题的能力。

第五节 自我建构的反思性学习活动

一、什么是自我建构的反思性学习活动

(一)"反思性学习"的内涵及意义

"反思"一词最早源于西方哲学,通常被认为是精神的自我活动与内省的方法。20世纪早期的教育思想家杜威认为:"反思是问题解决的一种特殊形式,它是对于任何信念和假设性的知识,按其所依据的基础和进一步结论而进行的主动的、连续的和周密的思考。"可见,反思不是一般意义上的回顾,而是对自己的思维过程以及思维结果有意识地进行科学、审慎、批判性的回顾、分析和检查,同时对自身的体验进行理解、描述和总结的过程。

其一,"反思性学习"的落脚点在于实现自我发展和自我成长。在"反思性学习"中,学生有意识地、积极主动地进行自我回顾、自我分析、自我评价、自我总结,最终实现自我发展与提高。

其二,"反思性学习"的过程就是自我构建的过程。学生的反思是一种建立在自主基础上的自我构建,是对知识和观念的进一步深化,能有效地促进学生的自我完善与发展。通过反思,学生可以认识到自己是对哪些内容开展学习活动的,这些内容具有什么特点;是采用什么方法进行学习的,教师提供了怎样的背景资料与指导;自己是怎样思考问题的,中间遇到了什么困难和障碍,自己是怎样克服和解决的;通过学习获得了什么结论,增长了怎样的新知识,这些新知识与自己原来的认知有什么联系和区别,新知识会有什么用途等。

其三,"反思性学习"的核心在于发现并解决问题。"学起于思,思源于疑",学生通过自我反思学会发现自身学习中存在的问题,并及时加以调整,形

成"疑—思—学—疑"的良性循环,从而提高自我学习的意识和能力。

其四,"反思性学习"的根本目的在于教会学生学会学习,正如叶圣陶所说,"教师的教是为了不教,学生的学是为了会学",学生在以兴趣为基础、以解决疑问为主线的"疑—思—学—疑"的学习进程中,通过不断地探索和反思,逐渐形成一套适合于自身学习习惯和解决问题的方法,这是"反思性学习"追求的根本目标。

反思性学习,是通过对学习活动过程的反思来进行学习。反思是对自己的思维过程、思维结果进行再认识的检验过程。它是学习中不可缺少的重要环节。当代建构主义学说认为:学习要在活动中进行建构,要求学生对自己的活动过程不断地进行反省、概括和抽象。这是别人无法取代的。

(二) 自我建构的反思性学习活动

自我建构的反思性学习活动,其特别之处就在于这种学习中学习者具有强烈的自我意识,在教师的引导下,学习者借助行动研究,进行自我监督、自我发展,建构一种更有利于自我学习的监督机制,是一种自我建构式的学习活动。这种学习活动有利于学生形成良好的学习态度和学习习惯。

二、反思性学习的基本特征

(一) 探究性

反思不仅仅是"回忆"或"回顾"已有的心理活动,而且要找到其中的"问题"以及"答案"。也就是在考察自己活动的经历中探究其中的问题和答案,重构自己的理解,激活个人的智慧,并在活动所涉及的各个方面的相互作用下,产生超越已有信息以外的信息。反思性学习的灵魂是"提出问题—探究问题—解决问题"。因此,探究性是它的基本特征。

(二) 自主性

反思性学习的整个过程是学生自主活动的过程。它以追求自身学习的合理性为动力,进行主动的、自觉的、积极的探究。学生既是演员,又是导演,自始至终都是真正的主人。它通过自我认识、自我分析、自我评价获得自我体验。它是建立在学生具有内在学习动机基础上的"想学"和建立在学生意志努力基础上的"坚持学"。因此,反思性学习具有很强的自主性。

(三) 发展性

这里,把反思性学习与常规学习做一番比较。常规学习是学生凭借自己有限的经验进行简单的、重复的、直觉的操作活动。它以"学会知识"为目的,关注的是学习的直接结果,即眼前的学习成绩;而反思性学习是一种复杂的、探究的、理性的学习活动,它以"学会学习"为目的,既关注学习的直接结果又关注间接结果,即学生眼前的学习成绩和学生自身未来的发展;另外,常规学习只要完成了学习任务,就达到了学习的要求,而反思性学习不仅要完成学习的任务,而且使学生的理性思维得到发展。

具有创造性的学生通过反思对问题及解决问题的思维过程进行全面的考察、分析和思考,从而深化对问题的理解,优化思维过程,揭示问题本质,探索一般规律,沟通知识间的相互联系,促进知识的同化和迁移,并进而产生新的发现。反思是一种积极的思维活动和探究行为。通过反思可以拓宽思路、优化解法、完善思维过程。反思是同化,是探索,是发现,是再创造。历史上的许多新的发现就是在反思过程中获得的。

三、反思性学习的基本内容

反思性学习的基本内容主要从学习过程中反思时间的灵活性、学习方法上反思形式的多样性及学习材料中反思内容的针对性来探讨。

首先,在学习过程中,反思时间是比较灵活的,可以由主体自己决定。既可以是课内时间的反思,也可以是课外时间的反思。

其次,在学习过程中,反思的形式多样化,主要有形成性反思、查漏性反思、巩固性反思、辨误性反思、归纳性反思及升华性反思。

最后,反思的材料主要取决于学习内容,一般主要包括以下几方面:看看在此次学习中运用了哪些知识和方法,是否还有其他思路与方法;探究一下这类知识的变形与变式,思索一下自己的思维是否有偏误。

四、反思性学习的基本模型

反思的过程是元认知的过程,也是问题解决的过程。反思性学习的模型可以表示如下:

首先,学生反省自己的学习过程和结果,这里包括回顾学习过程、检查学习策略、检验学习结果等。

其次,学生自我评判学习过程和结果是否完善。如果是,并不意味着反思活动终止,而是进入总结提高阶段,这里包括总结经验、提炼方法、优化探索、深化延拓等;如果不是,就进入察觉问题阶段。

再次,学生通过分析、假设等方法界定问题,再通过搜索、探究等方法确定解决问题的对策。

最后，通过实践检验所采用的策略是否正确。如果是，就进入总结提高阶段；如果不是，则进入再反省阶段，开始新的周期。由反思性学习的模型可见，反思性学习是一个循环的过程，每一相对周期之间具有内在的连贯性，元认知渗透于全过程，这些正是常规学习所缺乏的。

五、反思性学习的基本环节

根据反思性学习的模型，其基本环节可以概括为以下七个阶段：

（一）反省阶段

学生通过回顾学习过程、检查学习策略、检验学习结果等反省自己的学习过程和结果。这一环节是反思的开端，其发生的前提是学生有反思的意识，能够自觉进入反思。

（二）评判阶段

学生对自己的学习过程和结果做出判断，如方法是否恰当、答案是否正确、思路是否清晰等。如果认为自己的学习过程和结果是完善的，就进入总结提高阶段；如果认为是不完善的，就进入察觉问题阶段。

（三）察觉问题阶段

学生意识到问题的存在，内心产生怀疑、困惑、焦虑等不适感受，并试图改变这种状况。这一阶段的任务是能够使学生意识到问题的存在，并明确问题的情境。

（四）界定问题阶段

此阶段学生广泛收集并分析有关的经验，特别是关于自己活动的信息，以批判的眼光反观自身，包括自己的思想、行为、信念、价值观、目的、态度和情感等。在获得一定的信息之后，对它们进行认真的分析，找出问题的根源，并提出假设。

（五）确定对策阶段

通过分析，认识了问题的成因之后，学生积极寻找新思想与新策略来解决面临的问题，通过接收大量新的信息，不断挖掘新信息的内涵和外延，产生更有效的概念和策略方法。由于这时学生寻找知识的活动是有方向、有针对性的，是聚焦式的，是自我定向的，因而，对学生的理论学习和实际能力的提高有很大的促进作用。

（六）实践验证阶段

"实践是检验真理的唯一标准。"学生通过实践检验以上阶段所形成的概念和策略方法。这时，如果能够解释或解决当前的疑惑，说明检验成功、问题解决了，于是进入总结提高阶段；如果不能，或者在检验过程中遇到新的具体问题，那么就会进入反思的第一环节，开始新的循环。

（七）总结提高阶段

学生通过总结经验、提炼方法、优化探索、深化延拓等方法优化自己的思维过程，调整自己的认知结构。

在以上七个阶段中，察觉问题阶段是一个关键的环节，反思集中体现在界定问题阶段，但它只有和其他环节结合起来，才会更好地发挥作用。在实际的反思活动中，以上七个阶段往往前后交错，界限不甚分明。

六、反思性学习的实践要求

教师是学生的引路人，教师更是反思性学习的促进者。教师必须不断地对自己的教学进行反思，不断地提高自身的教学水平。同时，在教学中，教师必须积极创造反思条件，引导学生自觉反思。为此，教师必须做好以下几方面的工作：

（一）强化学生的反思意识

让学生明确没有反思便难有自我改错纠偏的道理；明确反思不仅能及时改正错误，还能优化已有认识，提高自身合理性水平。要使学生的反思行为习惯化，即主体遇到特定刺激便自然出现相应反应。有反思习惯的学生，在学习之前、之中、之后会就学习计划、学习过程、学习结果等进行自觉、主动的反思。总之，反思意识得到强化后，学生心理上就有一道"警戒线"，它随时提醒学生对自己的学习保持应有的警觉，一旦有可疑之点即进入反思状态。

（二）为学生创设反思情境

使学生明确意识到自己学习中的不足往往不是很容易的，因为，这是对他个人的能力、自信心的一种"威胁"。所以，作为学生反思活动的促进者，教师在此时要创设轻松、信任、合作的气氛，帮助学生看到学习中的问题所在，使反思活动得以开展。教师可以从学生的实际出发，通过提供适当的问题或实例以促进学生的反思。

（三）培养学生的反思技能

反思不是简单的回顾和一般的分析，而是从新的层次、新的角度看到现实的不足。这就决定了学生至少要有下列反思技能：经验技能，它主要指学生借助经验对自身进行相对直觉的反思的能力；分析技能，它主要用于解释描述性的资料；评价技能，它常用于对探究结果的意义做出判断；策略技能，它告诉学生怎样进入行动计划和参与计划实施，如何进行反思性分析；实践技能，它帮助学生把分析实践、目的与手段等和良好结果统一起来；交往技能，它通过广泛讨论自己反思所得的观念等，加深学生对知识的理解。教学中，教师要采取多种办法有意识地培养学生的反思技能。

（四）增强学生的反思毅力

反思在一定程度上是自我"揭短"，是诱发痛苦的行为。缺乏毅力者即使反思技能甚强，反思也难从顺利进行。反思的毅力不仅体现在学生反思的"持续性"、战胜困难、忍受痛苦等的"韧劲"上，而且表现在"督促"自己自始至终盯住自身学习的不合理性上，并敢于向别人"解释"自己的不合理性。诚如哈贝马斯所说："谁要是能够解释自己的不合理性，他就是一个具有主体合理性的人。"教学中，教师不妨有意设置反思障碍，让学生多次尝试，以磨砺学生的反思意志，增强学生的反思毅力。

（五）建立互动的反思关系

反思性学习是一种依赖群体支持的个体活动，它不仅要求反思者有一个开放的、负责的、执着的心态，同时也对合作、协调、信任的环境提出了要求。它是一种合作互动的社会实践和交流活动。学生在反思过程中，如果有他人指点或与他人合作进行，会加深理解，反思的效果会更佳。因此，在教学中，教师要多创造让学生相互交流、讨论的机会，可组织学生进行小组学习、合作学习等，以提高反思效果。

第六节 生活学习

一、什么是生活学习

生活学习是与学生生活能力、适应能力相关联的实践性很强的学习。它不仅包括学生的生活技能的学习，也包括生活科技与创造性活动。

二、生活学习的内容

在国外中小学课程设计与实施中,生活学习的领域包括以下诸方面:

(1)生活技能的训练活动。美国学校教育从幼儿园开始,一直到高中,都设计了程度不同的生活技能的实践活动。小学中低年级的生活学习中就有食品制作、缝纫、简单手工等活动;5～9年级学生(小学高年级和初中阶段)的生活学习设计家政管理等领域的内容,如家庭理财、家庭投资、家庭生活文化设计等活动,以及生活环境适应活动,如野外生存。

(2)生活科技与创造活动。为了增进学生在科技社会中生活调适、价值判断、问题解决和创造思考的基本能力,以及勤劳、合作、爱群和服务的积极态度,国外中小学开设了生活中的科技运用、设计与创造活动。如服装设计、居室装饰设计、生活建筑设计等活动内容,此类活动并非完全是技艺性的,其中包含着复杂的价值观问题,需要学生在设计与创造中进行价值判断。

三、生活学习的意义

生活学习对学生来说具有十分重大的意义。教育必须与生活相联系。事实证明,那种"两耳不闻窗外事,一心只读圣贤书"的教育培养出的都是高分低能,生活不能自理,与社会脱节严重的人。

教育伴随学生的成长。教育只有在与学生的生活,与现实社会相联系时,教育的功能才能更好地发挥它的作用。同时,生活也是一个巨大的宝库,这里蕴含着丰富的教育资源。生活时时有教育,生活处处有教育,开发出生活中的教育资源,不仅能帮助儿童解决生活中的难题,而且更加有利于学生的成长。

➢ 扫描本章二维码,阅读"美味寿司,我们来啦"活动方案设计,以及国内外综合实践活动课程的类型。

思考·探究·实践

1. 小学综合实践活动可以分成哪几类?
2. 简述课题探究的研究性学习活动的开展包括哪几个阶段?
3. 谈谈教师在实际应用的设计性学习活动中的作用。
4. 简述以社会参与为主的实践学习活动的方式有哪些?
5. 能根据任意一种类型活动的特点自主设计出其综合活动的方案。

信息链接

1. 郭元祥.综合实践活动课程设计与实施[M].北京:首都师范大学出版社,2001.

2. 廖先亮.综合实践活动课程案例[M].武汉:武汉大学出版社,2003.

3. 李孔文.小学综合实践活动课程论[M].合肥:中国科学技术大学出版社,2009.

4. 综合实践活动课程研究网.http://www.chinazhsj.com.

(1) 综合实践活动基本活动类型简介.

(2) 浅谈小学综合实践活动课程的实施与策略.

5. 教育部.小学综合实践活动课程标准.

6. 百度百科.http://baike.baidu.com/.反思性学习.

7. 360个人图书馆.http://www.360doc.com/.国内外综合实践活动课程的类型.

8. 顾建军.小学综合实践活动设计[M].北京:高等教育出版社,2005.

第五章 小学综合实践活动方案的设计

学习目标

➢ 了解小学综合实践活动方案设计的基本要求和一般原则。
➢ 掌握小学综合实践活动方案的撰写要点和基本形式。
➢ 能从学校层面出发,进行整体规划方案的设计。
➢ 学会撰写同一主题下的系列活动方案和具体指导方案。
➢ 熟知学生活动方案的要素,能够指导学生进行探究方案的设计。
➢ 能够对活动全程进行反思,在此基础上对方案进行优化设计。

综合实践活动课程不同于其他学科课程,没有固定的教材和现成的活动方案。一项活动的开展,需要教师从学生的需要出发,以学生为主体,自主开发设计活动方案。但当前不容乐观的是,部分教师指导学生进行综合实践活动时,还停留在"拿来主义"的层面,将有些学校和地区为着力推进课程实施而开发的系列活动方案奉为综合实践活动课程的教材,或将语、数、英等学科课程知识的拓展延伸作为综合课程内容,从而出现教材化、学科化等倾向。毋庸置疑,在课程实施的起步阶段,适当的模仿与借鉴是必要的,但在综合课程全力推进的今天,教师必须具备综合课程方案的合理开发和科学设计能力。因此,要了解小学综合实践活动方案设计的基本要求和一般原则,明确方案的生成要素和设计的基本框架,掌握方案的撰写要点及呈现形式……这些内容,综合课程教师要做到"心中有数",才利于活动的开展。在实践过程中,教师更要学会反思,善于总结经验,提高优化方案的能力,从而引领学生的实践活动向纵深行进,全方位提高其能力和素养。

✓ 观看本章微课视频
✓ 阅读本章配套案例

微信扫一扫

第一节 小学综合实践活动方案设计的基本要求

综合实践活动课程最核心的价值体现在它超越了单一的知识观,强调直接经验学习和间接经验学习相结合的特点。它是在教师引导下,由学生自主进行的一种研究性、反思性、交际性、批判性的实践。因而,它的方案设计有着不同于其他学科课程的目标要求,包括体现学生综合性学习、参与性学习、探究性学习的内容要求,以及灵活而又丰富的方式方法上的要求。

一、基于"生活"

"生活就是教育,就是教育的内容。"综合实践活动就是生活课堂的体现。它所追求的目标是密切学生与生活的联系,发展学生对自然的关爱和对社会的责任感。综合实践活动方案的设计也一定是以学生自身的生活为源泉,以学生在生活中已经形成的经验为基础,从而引导和激发学生选择自己熟悉的、感兴趣的、有意思的、可操作的内容作为探究内容。

例如,有同学不慎摔倒致骨折,在家长的护送下仍然坚持上学。如何照顾骨折同学,对其进行科学护理呢? 在老师的建议下,学生们自发展开了"对骨折同学的科学护理"这一课题的探究。他们从骨骼的发育、作用等展开调查,对骨折后的紧急应对措施、科学护理方法等多方面分小组进行了详细的探究。汇报课结束后,大家不仅了解了许多科学知识,而且锻炼了能力、增进了同学之间的情感。尤其是那位骨折同学,大家自发的照顾让其深受感动,家长特地到班级对全班同学表示了谢意。

有一位三年级语文老师上综合实践活动课,在上完《航天飞机》一文后,或许是为了将课文的学习引向深入,特地开展了"航天飞机知多少"主题探究,课堂上还请学生设计新型航天飞机。姑且不论该老师上的是语文知识拓展延伸课还是综合实践活动课,单就课堂上学生设计出的新型航天飞机效果而言,大多停留在涂涂画画的层面,鲜有学生自我的创意设计。究其原因,是因为这一主题活动离学生的生活太远,学生在此方面的相关经验几乎为零。那么,活动又怎能往纵深处开展,取得应有的实效呢?

只有基于生活,走进生活,才能为学生们搭建一个发展个性、提升能力的平台,才能真正给综合实践活动课提供一个广阔的舞台,才能让一只只小鸟在这开放而熟悉的世界里振翅高飞。

二、强调"综合"

在设计综合实践活动方案时,要力求最大限度地把综合实践活动指定的内容领域本身、指定领域的内容与非指定领域内容、指定领域的内容与学科课程的内容等,以相互交融的形式呈现。因为在实践活动中,学生要解决具体而真实的问题,就必须把学到的各学科知识及已有的生活经验,还原为整合性知识进行综合运用。例如,"小区生活垃圾的调查研究"这一主题活动就要利用数学知识算算垃圾账;利用信息技术查阅各种资料;利用语文学科中的倡议书,号召小区居民"保护环境,从我做起";与音乐学科相融合,学编环保儿歌,演环保课本剧;与美术学科相融合,学会设计新型垃圾桶,出手抄报……综合实践活动只有运用多种学科知识指导实践活动,学生的各方面素养才能在实践中得以提高,真正做到学以致用,同时还可以增强学生学习多种学科知识的趣味性、实践性、开放性。

三、注重"可行"

综合实践活动方案的设计一定要关注是否能够操作起来,是否具备可行性。这里一方面指的是要具备实施活动所需要的课程资源,学校或实践基地是否能提供课题研究的必需条件,具体来说主要有信息资料、实验设备、相关财力等,以及活动对象的原有基础、研究时间和精力等;另一方面,活动方案能否切实可行,主要取决于方案是否完整合理,如活动目标是否能够顺应学生的身心发展特点,活动内容是否能够体现学生的知识基础、生活经验和兴趣爱好,活动方式方法是否丰富灵活……教师在指导学生制订活动方案时,要密切关注学生所研究的内容能否与上述条件相适应。

实践证明,在小学阶段,方案内容的选择一定要注意切口小些、可行性强些,这样才有利于研究向纵深发展。学生由于受年龄特点、知识经验的限制,在研究内容上,更应选择小而精、易操作、可实践的主题,要把重点放在学生探究兴趣的保持下,放在科学研究方法的体验上,切忌贪大求全。

例如这样一系列研究内容:"关于低碳问题的研究"——"身边的低碳行为"——"节约用纸有妙招",范围缩小了,却越来越适于学生操作,可行性逐步增大了。如果让小学生去研究低碳问题,活动有可能停留在查阅资料的层面,难以深入进行。"节约用纸有妙招"研究范围虽然很小,但可以进行深入调查,从而了解节约用纸的方法，研究的过程与结果可以很好地指导学生的具体行为。

四、突出"全"字

综合实践活动方案设计上应突出一个"全"字——全员参与、全程参与、全身心参与。"全员参与"是指综合实践活动应面向全体学生，使每一位学生都有获得实践与体验的机会，从而得到自身多方面的发展；"全程参与"指的是学生参与综合实践活动的全部过程，在全过程中感受、体验、探究、发展；"全身心参与"是指学生始终保持参与的积极性和主动性。现在很多学校和教师引导学生开展的综合实践活动，表面上看，有选题，有分组活动，有组长和组员分工，但实际上只有少数几个"学霸型"的学生在活动中"活跃"着，有相当一部分学生还处于围观状态，甚至有个别学生抱着"事不关己，高高挂起"的态度，这就背离了"全"字的初衷。综合实践活动方案的设计要力求使每个学生经历活动主题实施的每一个过程，每个学生在活动中都要有责任、有担当，要在设计上给学生的自主活动留有宽广的阵地，保证学生自主去探究的时间和空间，激发学生积极实践的兴趣和成就感。

五、体现"细"字

这里的"细"字更多是指教师在整体方案设计上要突出指导的过程，也就是教师要有自己的一整套指导方案。如指导学生亲历活动情境、体验活动的过程，为学生的活动提供必要的解释说明。当学生对探究活动的程序和方法还不熟悉时，教师有必要事先设计好自我的指导预案，这样才能做到有备无患，在活动过程中有针对性地对学生加以指导。但是这种指导又要避免形成僵化的固定模式，从而限制了学生的自主探究活动。"细"字还体现在了解学生对活动任务是否明确、对自主制订的活动方案是否过细、人员分工是否合理、活动方式是否适宜、成果展现形式是否恰当等多个方面。只有教师做个有心人，时刻关注学生的方案设计和活动进展，才能保证活动有效、深入地进行。

六、展现"多"字

这里的"多"是指综合实践活动方案设计要体现多方参与、多种形式、多个角度的原则。多方参与就是指师生之间、生生之间、校内教师之间都要互相配合，必要时还要取得校外人员的协作，形成全社会共同指导学生活动的有效网络。这里家长的力量尤其值得关注，因为很多家长都有自身的优势，或有自身的影响力，或是一技之长，或能为学生的活动提供相应的资源。综合实践活动方案在设计过程中一定要综合运用多种形式，如在方案起始阶段可创设丰富多样的情境，充分激发学生的探究欲望。学生的活动过程尽量采用参观、访问、调查、实验、测量、采访、设计、操作、郊游、义务劳动、公益服务等多种形式，调动学生多种感官协调参与，将动手实践与动脑思考有效结合起来。多个角度是指活动设计过程中，要关注不同学生在活动中可能肩负的职责、可能担当的角色和任务，要随时考虑学生整体与个体在活动中的关系，多方面发展学生的综合能力。

七、追求"实"字

综合实践活动课程的普及实施已有数年，在深化课程改革、推进素质教育等方面发挥了积极作用。但审视当前的现状，形式务虚、有名无实的现象同样存在。只有去净浮华、回归真实才是综合实践每一次活动所应该追求的，也唯有求真务实，才能逐步改变学生的学习方式，丰富学生的人生体验，增强学生的创新能力。

全面推进综合实践活动，追求每一次活动的真实、扎实，首先要克服综合实践活动的附庸化，不能把综合实践活动作为可有可无的课程，附于其他课程，注重把综合实践活动真正作为一种独立的课程，凸显综合实践活动不可替代的价值。这就要求每一位教师真正静下心来，把综合实践活动的设计当作最重要的备课活动。其次，要克服综合实践活动的形式化，即把综合实践活动作为一种表面装饰，只追求形式。要注重提高综合实践活动的效益，使综合实践活动真正成为培养学生创新精神和实践能力的课程形态。再次，要克服综合实践活动的孤立化，不能隔离了综合实践活动与其他课程的联系，要注重加强综合实践活动与其他学科课程的知识与能力培养的内在联系。

第二节　小学综合实践活动设计的一般原则

➢ 扫描本章二维码，阅读"玩转陀螺"。

"玩转陀螺"是一次综合实践主题活动，上述内容是其中的课时活动案例。下面结合这一主题探究活动，谈一谈综合实践活动方案设计的一般原则。

一、自主选题与他人推荐相统一

综合实践活动方案要围绕一定的主题展开。主题的选择可以由教师帮助确立，这主要适用于作为起步阶段的三年级学生，他们对这门课程还较为陌生，缺乏一定的生活经验，对身边的事物和发生的问题还不具备一定的敏感度。这时，教师就可以提供一些适合学生特点、易于开展研究的主题，帮助他们打下自主选题的基础。小学三到五年级以学生和教师共同参与选题为最常见，一般由教师通过多种形式的激趣，引发学生的探究欲望，学生在教师提供的某种情境或某个范围内自主确立活动主题。"玩转陀螺"这一主题活动就是在师生探讨课间游戏方式的过程中选定的，大家摒弃了跳绳、踢毽子等常见课间活动，缩小选题范围，最终商定以"玩转陀螺"为活动主题。当学生对综合实践活动的开展有了一定的认识和了解，知识经验比较丰富时，就可以进行自主选题。这时候教师的指导方案设计事前就要与学生商量，才能确保与学生的活动方式密切衔接。此时，教师只需要在目的性和可行性方面进行必要的提示，其他方面则不必过多限制。

二、自主活动与有效指导相统一

综合实践活动方案设计中一定要有体现学生自主活动和教师有效指导的内容和方式。综合实践活动是最能突现学生自主学习、自主探究的一门课程，是最能体现学生主体地位的一门课程。它不是教师"教"出来的，是学生"做"出来的，如上述"玩转陀螺"活动中，学生通过丰富多彩的调查、测量、实验、操作等方式投入学习活动，获得了直观具体的体验。但学生的自主活动也需建立在教师有效指导的基础上，教师与学生之间是一种新型的"导师"关系，是活动的共同组织者、协作者、引导者。教师在激发学生的学习兴趣，指导学生的活动过程和学习规范,了解学生在实施过程中的困难和问题,倾听学生在学习和活动过程中的感受和体悟,评价学生在各阶段的行为表现等多方面都要加以指导,而这一指导要体现在方案设计的每一个环节。如,指导学生对网络资料进行有效的收集整理、指导学生对制作陀螺的材料进行甄别与选择等,教师要做到心中有"数",教师的"教"案一定要体现指导的有效性。

三、完整性与连续性相统一

综合实践活动区别于其他学科课程的一个突出特点就是强调以学生的自主学习为中心,但一切课程的发展总有其自身的连续性、阶梯性。就综合实践活动方案设计的主题、目标、方式、方法等方面而言,都应坚持由低到高、由易到难、由简到繁的原则,以便将综合实践活动设计为一个条理分明、层次清晰、螺旋上升的相对完善的阶段性课程。就一次课题探究活动而言,方案的设计要相对完整,让每个学生切实经历活动主题实施的全过程。否则,零碎的、片段性的体验无法深入学生的记忆,影响学生进行其他探究活动的深入性、持久性。

当下有部分教师将综合实践活动当成"花架子",有人听课便匆忙上一节"公开课"来"秀"一下,或是开题选题课,或是实践操作课等,这一节课或是没了"下文"——开了题便不再研究,或是缺少"前戏"——前面的准备过程几乎是教师为上公开课而自行准备的,综合实践活动课变成了教师的"活动课"。这种未顾及学生感受、未让学生体验活动过程的完整性的"综合实践活动课"其实是伪的,这种"伪"毒害性是很大的,不仅未能让学生获得丰富的体验,反而给学生造成了活动可假、凡事可假的印象,给学生的人格和品行的形成带来了极坏的影响。所以,站在课程完整性的角度出发,开展综合实践活动,无论过程的长短,都要脚踏实地走好活动的每一个环节,要关注全局,善于总揽全局。同时,就活动过程而言,每一环节之间应该有其连续性,不能散漫无序。比如"玩转陀螺",从兴趣激发,再到制作陀螺、玩陀螺、改进陀螺、探寻陀螺原理在现实生活中的运用等,环环相扣,循序渐进,每一活动之间是有内在联系的。就一学期开展的几个大的活动主题而言,也要关注活动与活动之间的完整性和连续性,关注主题活动之间的内在联系。

四、预设与生成相统一

活动方案设计时既要处理好学期之间、学年之间、学段之间综合实践的衔接关系,构建一个合理的综合实践活动序列,又要考虑一个年级、班级的循序渐进的问题,避免随意安排、东拼西凑、难度不当等问题的出现,而每一次活动中可能产生的问题也有很多,这些情况都需要教师进行全面的预设。但是,预设再多,实施活动的过程中都会有新的问题产生。可以说,活动方案的预设与活动开展时的生成两者之间是相辅相成的。预设既是教师对实践活动制定的目标、计划,也是其必须在课前对教学活动要有清晰、合理的设计和思考,从而创设出合理的问题情境和实践方式方法。实际活动中,学生可能会出现多种问题,必然有与教师的预设有不太相同甚至完全不同的地方。也就是说教师不可能预设到活动过程中出现的所有情况,这时一方面可以给学生适当的指导,另一方面可以进一步进行新的预设,或者在指导方案中适当改变原有的预设。无论哪种情况,目的都是让生成更加精彩。预设与生成是教学中的一对矛盾,但只要正确理解好两者的关系,掌握教学的技巧,灵活地处理教学中的问题,就会让预设和生成一样精彩。

综合实践活动强调以学生经验、社会需要和问题为核心进行课程的整合,这种综合性、实践性、开放性、生成性和自主性是综合课程的突出优势。但是,在综合实践活动开展过程中,仍然出现了不少问题。这就要求在遵循综合实践活动设计的一般原则的基础上,必须注意以下情况:

1. 忌"权威化"

综合性学习并不等同于严谨的科学研究,尤其是小学生的综合性学习。所以,教师设计方案时不能为求展示或是得奖而去捉刀代笔、包办代替,刻意追求完美,这样就有悖于综合实践活动开展的原则。有些教师过于自信,往往以自己的主观来臆断活动开展的过程,对学生方案中"不合常理"的做法或"标新立异"的行为,往往予以排斥。结果,方案设计变成了教师个人能力的综合,以"一家之言说"代"百家之智慧",压制了学生对方案的再创造。

2. 忌"程式化"

兴趣,是学生参与创新的不竭动力。但每一次主题活动的开展,很多教师往往恪守某种固定的程式,草率地以刻板不变的几种活动形式,挫伤学生自发的创新欲望,扼杀他们的独创之作。活动过程一味求同、求稳,希望学生整齐划一,依葫芦画瓢,这样做的结果不但使学生的研究流于程式化,而且他们的灵感、思维也必将陷于僵化状态中,难以得到发展。

3. 忌"学科化"

由于部分教师的教学习惯和教学理念不同,常常出现以学科教学方案形式套用在综合实践活动中的现象。探究内容原本为学生自主选择,现在则由教师设计或将教材略加延伸便成了综合实践活动的方案,学生的主体地位依然没有得到凸显,问题意识依然没有孕育的空间。所以,必须认识到,学科化倾向最终可能导致的是忽视学生的活动过程,以及在过程中产生的丰富多彩、鲜活生动的研究性体验,大大加重了学生的学习负担,这在根本上是悖离综合实践活动方案设计的价值所在的。

4. 忌"精英化"

当前对综合课程存在各种误解,有些教师将其理解为培养"小科学家"的课程;有的则认为它虽面向多数"观众",但仍是培养少数"尖子"的课程……种种观点背后都隐藏着一种"精英化"的价值观。实质上,综合课程是最具有深层次的教育民主追求的。综合实践活动方案的设计必须根除绝对的、划一的价值标准,确定多元主义的价值观,在方案设计的每一个环节都要体现面向每一个学生,尊重每一个学生个性的原则。它不是"优等生"的专利,不是为未来科学家奠定基础,而是要培养全面发展、热爱生活和大自然、关注社会的"自然"公民。

第三节　小学综合实践活动方案的撰写要点

撰写活动方案是综合实践活动设计的一个重要步骤。从构成上看,一份完整的活动方案包括活动主题、活动背景及意义、活动目标、活动条件及相关准备、活动过程、活动总结等几个主要方面。在撰写的时候,就要从整体上考虑这些方面,明确各方面的撰写要点。

一、活动主题的撰写

综合实践的活动主题是整个活动的"窗口"和"眼睛",主题设计新颖醒目、清晰明了,能吸引大家的注意力,提高研究者参与的积极性和研究的兴趣。主题名称是一次探究活动内容的凝练概括,一个好的主题名称,能对活动内容起到引领和点睛作用,切合了学生身心发展的特点。如"小鬼当家学理财""我与QQ的亲密接触""新型书包知多少"等题目,生动形象、富有童趣。对于小学生来说,即使是由主题分解成的各个子课题,也不应该用规范的科研课题的框架束缚学生。很多教师在开题选题课上花了大量的时间和精力要求学生把问

题转化为规范严谨的课题表述方式,如针对"小鬼当家学理财"这一主题,有些老师非得将其转化为"关于小学生理财现状及方式的调查研究",以至于学生云里雾里,似乎题目都看不懂了,不知道具体要做什么。小学生的综合实践活动,大可不必用过于严谨的方式来将主题、问题、研究课题"格式化""形式化"。

二、活动背景及意义的撰写

综合实践活动是真正基于学生的生活经验而开设的一门课程,它是动态的、生成性的课程。每一次主题活动的产生都应有一定的背景,在方案撰写的起始阶段,应交代清楚缘由及活动开展的意义。

如"走进国庆"主题探究活动背景可陈述为:

随着生活水平的提高和消费方式的变化,人们把难得的国庆假期安排得丰富多彩,这本是好事,但朋友间互相吃请、旅游大军集体出行等一系列消费与度假方式也引发了一些问题。国庆小长假回校后,同学们有的津津乐道丰富多彩的假期活动,有的则怨声载道,说小长假因堵车、排队时间过长等原因过得并不理想……作为五年级学生,应该具有一定的社会与家庭责任感,积极参与节日生活规划,寻找更为健康、自然的度假方式和更加理性的消费方式。趁热打铁,从学生讨论的热点问题入手,我们生成了本次活动的主题。此为活动有必要研究的背景原因之一。

在不少孩子眼中,国庆节等同于休息、玩耍和与父母外出旅游的玩乐时光,相较于西方化的圣诞等节日,国庆节意义的载体——国家生日庆典的意识反而弱化了。我们发现学生对国庆节的知识了解甚少,不了解国庆节所蕴含的历史意义和给予我们的民族自豪感,甚至不知道国庆节的来历。学生们喜爱圣诞节是因为它有着优美的传说以及富有节日特色的装饰品等"圣诞文化"。而我们的国庆节节日文化何在?可以说,不管是家庭、学校还是社会,我们或多或少都忽视了中华民族文化中最重要的一部分——节日文化教育。在全民须坚决捍卫国家主权的当下,引导孩子们走进国庆,发掘节日文化,探究新中国的来之不易,激发学生强烈的爱国情感尤为重要。此为活动有必要开展的背景原因之二。

综上所述,从学生的生活实际入手,从社会需要出发,引导学生参与国庆生活方式的探究和国庆节历史探源,势在必行!

三、活动目标的撰写

请看下面一份在小学三年级实施的"关于盲道使用情况的调查研究"活动目标:

(1) 了解盲道的设计、使用情况，能够自主设计一种新型盲道；
(2) 在活动中培养学生的公民责任感、合作意识和创新精神。

乍看之下，以上目标既有实践操作又有情感培养，较好地落实了三维目标。细究起来，却是比较笼统、抽象的，与三年级学生的年龄特点还有一定的距离，三维目标指向也还不够清晰，不能有效地指导、统领活动的具体开展。

综合实践活动课程有总体目标、学段目标要求，有"知识与技能""过程与方法""情感、态度与价值观"的三维目标体系，教师必须明确相关目标概念及注意点：

1. 知识与技能目标

综合实践活动中的知识、技能目标主要是指跨学科的综合性知识、方法性知识、体验性知识，以及在发现问题、解决问题过程中，学生逐步形成的收集处理信息的能力、创造性思维能力、操作能力、组织和管理能力、交往能力等。

2. 过程与方法目标

该维度目标是指在学生亲身参与实践活动的过程中所进行的如观察、走访、调查、研讨、实验、分析、评价等活动，以及在参与、探究、体验过程中获得的发现问题、提出问题的方法，查阅资料、整理信息的方法，设计问卷、调查表等的方法。

3. 情感、态度与价值观目标

综合实践活动从学生的生活世界出发，通过多元化的活动帮助学生体会丰富的情感，发展独特的个性，从而获得丰富而完整的人生经验，逐步实现人格的独立与人性的完美，促进学生全面健康成长。

制定活动目标时，要从以上三维目标出发，进行具体而又明确的表述，同时注意以下几点：

(1) 目标设定忌"贪多求全"。综合课程虽然强调三个维度，但每一维度应有重点、分阶段落实，过多、过全、过细的目标，会流于形式，只是"撑个门面"，做个"花架子"。

(2) 目标要求忌超越学段和年段认知特点。有些方案设计，看不出学段和年段特点，从三到六年级均可"拿来主义"，哪个年级都"适用"，这是极不科学的。因此，教师要静心研究学段、年段在各项目标要求上的不同，从而做到循序渐进，阶梯式发展学生综合素质。

(3) 目标表述应与活动过程中的具体任务密切联系，忌笼统地罗列采用哪些方法、培养哪些能力、发展哪些情感等。因为综合实践活动中的目标更多

地属于行为目标、生成性目标。确立目标时,应突出学生的具体活动,以其实际行动和具体操作来达成目标要求。

综合以上内容,可将前文"关于淮安市盲道使用情况的调查研究"活动目标设定为:

知识与技能目标:

1. 通过查阅资料、询问他人,了解盲道的作用;
2. 在对淮安市区盲道进行实地察看、随机采访的基础上,了解淮安市盲道的使用情况,并能形成自我的看法;
3. 通过小组成员间开展的实践活动,培养学生的合作能力和沟通能力。

过程与方法目标:

1. 在教师指导下,初步学习收集和处理信息的方法;
2. 学习列简单的采访提纲,初步掌握对陌生人进行采访的技巧。

情感、态度与价值观目标:

1. 在调查、采访的过程中,感受盲人生活的艰辛;
2. 通过系列探究活动,激发学生的爱心,初步培养学生的社会责任感。

因为这是在起始年级——小学三年级开展的综合实践活动,建议目标设定的起点放低一些,重在兴趣的激发和方法的指导。

四、活动条件的撰写

活动条件指的是开展活动时所需的人、财、物等多方面的保障。如果没有一定的活动条件,活动将无法有效开展或根本无法开展。制订方案时,要把活动条件考虑周全,写清楚、写细致。各学校、各年级乃至各班级要根据实际情况,对活动的范围进行摸底,对活动的条件进行细化:明确可供利用的课程资源有哪些,还需要哪些设备、经费等,活动前做出较为科学的预测,确保满足活动所需的"硬件"条件。在此基础上,要综合考虑活动条件所需的成本,以利于今后活动的开展。除此以外,还应积极地和学校所在社区范围内的劳动基地、博物馆、图书馆等工作人员保持有效的沟通,这些都是学生开展活动经常性的参观实践基地。同时,还要注意指导教师的配备。要邀请那些对探究活动有兴趣、对学生工作有责任心、有真才实学或是某一方面专长的教师、校外人士来做学生活动的指导者。应该说,综合实践活动虽然不是教师"教"出来的,但它比任何一门学科都需要更多的导师,以帮助学生在各方面获得长足的发展。

五、活动过程的撰写

综合实践活动方案的重点内容就是活动过程,它一般包括三个部分,即活动准备、具体实施和总结评价。

(一) 活动准备

如果学生还没有形成自主选题的能力,这一阶段教师要做的工作重点是活动情境的创设,要通过多种方式激发学生探究活动的热情,并充分发散学生的思维,在不断地发现新问题的过程中,选择自己喜欢、适于探究的课题。

学生要重点撰写清楚依据所选课题成立活动小组的情况,民主选举出小组长,由小组长组织对小组活动内容进行讨论,形成小组活动方案;写清楚活动的主题、目标、步骤、方法、完成内容、时间安排等。这些内容都由学生组织进行,并完成撰写。这是学生开展活动的预案,教师在此过程中要恰当又适度地指导,并随时提醒学生注意安全方面的要求等。

(二) 具体实施

具体实施阶段由学生根据活动方案开展具体的活动。这时,教师仍然要有自己的"指导教案",要根据学生活动中遇到的实际情况,如怎样组织高效的采访和有效的调查,教师要针对采访注意事项、调查表的设计和调查的方式等做有效的指导,必要时面向全班开设专门的活动方法指导课。这就要求教师在学生探究的过程中随时生成自己的指导预案。

(三) 总结评价

总结评价阶段,教师应指导学生对活动资料进行归类整理,督促各小组去粗取精,形成自己的观点和认识,并能用不同的形式呈现活动的成果,如实物模型、研究报告、心得体会、活动资料的整理与摘抄、访谈实录、PPT等。对这些成果,可以各种形式进行展示,以此鼓励学生获得成功的体验和实践的乐趣。只要学生积极地参与了活动,不必过于追求活动成果的质效。

此外,在活动中,教师要把学生的自评、互评与他人评价贯穿于全过程。初期教师要教给小组成员评价的方法,激发小组成员评价的热情,帮助小组成员设计自评、互评表等。评价时,以总结成绩和经验为主,以肯定活动中的好人好事为主,以鼓励每一位学生的积极表现为主。在评价的基础上,引导学生对自己在活动过程的各方面情况进行全面反思;小组长也要带领组员对小组制定的活动方案进行反思,以反思促进小组成员的探究能力和素养的提升,以反思促进今后活动的深入开展。

➤ 扫描本章二维码,阅读"吃零食的学问"。

第四节 小学综合实践活动方案的基本形式

综合实践活动的课程是地方化,甚至是校本化的国家课程,各地区、各学校、各班级都要根据自身的具体情况,将《综合实践活动指导纲要》理解透彻,形成丰富多彩、独具特色的综合实践活动方案。那么,从学校层面和班级层面出发,综合实践活动方案都有哪些形式呢?如何设计基于学校层面的整体规划方案和基于班级层面的具体活动方案呢?下面,以具体的方案为基础,谈一谈综合实践实践方案的基本形式。

一、基于学校层面的整体规划方案

下面是江苏省淮安市外国语实验小学2014年度综合实践活动规划方案:

1. 学校及活动背景

淮安市外国语实验小学坐落于古黄河畔、桃花坞旁,是一所年轻的省级名校。学校一向重视综合实践活动的探究。今年,我们按学年对课程进行学校、年级、班级等不同层面的整体设计。学校综合实践活动方案设计着眼于本校学生、立足于本校教师团队,在充分调查课程资源和学生需求的基础上,从学校具体情况出发,对课程目标、内容、开展形式及时间等进行统筹规划,整体安排。具体内容体系由探究自然世界、关注社会生活、感受自我成长三大版块构筑而成。

2. 设计理念

基于综合实践活动课程的基本思想和学校一贯的办学理念,淮安市外国语实验小学开展综合实践活动课程所坚持的基本理念是:紧贴学生现实生活;激发学生探究的兴趣;重视学生感性经验和精神生活的获得;重视学生创新精神和实践能力的发展;促进学生学习方式的改变。这一设计理念是确立活动目标、开发活动内容、选择活动方式的依据。

3. 课程目标

学校总目标:

(1)亲近周围的自然环境,热爱自然,初步形成自觉保护周围自然环境的意识和能力。

(2) 通过不断了解、接触社会，引导学生学会关心社会、奉献爱心，并在活动中增强社会沟通能力，养成初步服务社会的意识和对社会负责的态度。

(3) 增强生活自理的愿望，逐步掌握基本的生活技能，形成生活自理的习惯；具有一定的认识自我的能力，养成积极、乐观的生活态度。

(4) 激发好奇心和求知欲，初步养成从事探究活动的正确态度，发展探究问题的初步能力。

中年级段目标：

(1) 接触身边的自然环境，丰富对自然的认识；学会欣赏自然界中的美，激发对自然的热爱。

(2) 初步认识周围的一些社会资源，并学着有效利用；走进社会，不断熟悉并遵守相应的行为规范。

(3) 注重生活卫生习惯的养成，学着料理自己的日常起居；认识一些常见的灾害及危险情境，掌握基本的自我保护技能；树立生活、学习的信心，形成"我能行"的积极情感基调。

(4) 关注日常生活及周围环境中的问题，激发探究的热情。

高年级段目标：

(1) 通过对身边自然环境的进一步深入了解，理解人与自然不可分割的内在联系；掌握一些保护、改善以及利用自然环境的技能，并身体力行。

(2) 认识到个人与集体的关系，发展人际交往能力，养成合作精神；力所能及地参与社区服务活动，从中体会为他人、为社会服务的乐趣与意义。

(3) 端正劳动态度，培养良好的劳动习惯，形成一定的劳动技能；进一步认识和了解自己，树立人生理想，培养积极进取的态度。

(4) 亲身实践，学会使用一些最基本的工具和仪器；尝试科学探究的一般过程，初步具备获取信息和处理信息的能力；考察科学发现的历程，感受并初步养成从事探究活动所必备的精神和品格。

4. 课程内容

内容	单元	关注自然与社会		探究历史与文化		感受自我成长	
三	上学期	校园的秋天	学校植物知多少	走近母亲河	自然灾害的认识	家庭中的我	我是小主人
	下学期	校园的春天	地方动物知多少	一代伟人周恩来	绿色行动	校园中的我	我能行

(续表)

内容	单元	关注自然与社会		探究历史与文化		感受自我成长	
四	上学期	淮安的秋天	鱼米之乡的粮食、瓜果	淮安的湖泊	水与我们的生活	我与身边的人	关爱行动
	下学期	多彩的春天	洪泽湖的湖珍	历史名人与淮安	气象与我们的生活	感受来自身边的爱	我的课余生活
五	上学期	九月的祝福	走进秋天	感受祖国辉煌	学做淮扬美食	走进网络世界	小鬼当家学理财
	下学期	感受夏天	节气与农时	家乡的历史名胜	生态平衡	张扬个性特长	安全成长自护
六	上学期	品味冬天	分享家乡名产	走进淮扬菜	废品不废	我的变化	异性交往
	下学期	春夏季节的饮食和健康	本地水产养殖业研究	细品我的家乡	资源的保护和利用	小学中我的收获	为进入初中做好准备

5. 实施要求

(1) 课时计划和组织方式

课时计划：每周 3 课时的综合实践活动时间根据需要灵活安排，做到集中使用与分散使用相结合，可根据需要将综合实践活动时间与某学科时间打通使用。

指导教师：以全体综合实践活动课教师为主(主要以语数老师兼任)，其他学科教师为辅。

参加学生：淮安市外国语实验小学三到六年级全体学生。

(2) 活动流程

学校：师资准备——→确立目标——→资源开发——→规划内容——→教学实施——→评价反馈

教师：课程规划——→组织资源——→活动实施——→教学评价

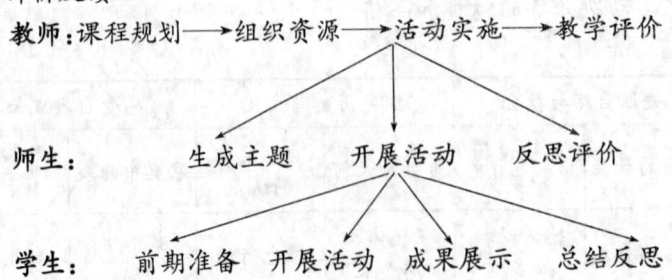

师生：　　　生成主题　　开展活动　　反思评价

学生：　　前期准备　开展活动　成果展示　总结反思

(3) 常规要求

a. 每月按学段、年级召开一次综合实践活动课程研究工作会议,每两个月召开一次校级会议;组织教师们学习专项理论;组织教师们对活动进行交流、探讨,对方案进行反思和评价;建立相应的课程管理制度。

b. 以年级为单位撰写年级方案设计,以班级为单位撰写班级方案设计。

c. 分年级、班级按计划组织开展综合实践活动,记录活动过程,收集记录学生体验、反应。

d. 对各年级、班级的综合实践活动情况进行关注性测评,对活动中出现的问题、困难及时采取措施并加以引导、调整,促使活动顺利进行。

e. 开展学生及教师评价指导,探索并制定具有特色的综合实践活动评价指导体系。

f. 举行综合实践活动成果展示,对综合实践活动课程实施进行反思和总结,以进一步提高质量,完善机制。

学校综合实践活动课程的总体规划是一所学校各年级、各班级综合实践活动有效、有序运行的重要保证。学校综合实践活动具有统筹性和整体性特点,它能确保一所学校的综合实践活动课程有目的、有计划、有组织地进行。但当前不容乐观的是,许多学校还没有完全摒弃应试教育的思想,或者过分囿于安全因素,把综合实践活动当成可有可无的花架子,只在上级领导督查的时候应付一下,缺乏严格贯彻国家课程的意识,缺乏对该门课程先进理念的理性思考。在新课程改革不断推进的今天,每一所学校都应该加大自身的课程建设力度,对综合课程进行总体规划,对地方资源、教师素养、学生需求、硬件设施等方面进行深入分析,重新构建学校富有特色的课程文化,把综合实践活动做好做强。

学校整体规划的内容主要包括以下几个部分:一是学校及活动背景,主要阐述学校开设综合实践活动课题的背景及内容上的大致安排等;二是课程的设计理念,阐释学校是基于什么样的理念、立足于提高学生哪些方面的认知、发展学生哪些方面的能力等;三是课程目标,不仅要有全校总的目标,还要有体现年段特点的目标;四是课程内容,具体规划了各年级按序列开展的课程内容,这些内容既相互独立,又是一个有机的、螺旋上升的整体;五是实施要求,阐明学校对课程准备、时间安排、人员保障等方面的要求,以推动课程的实际开展。

在学校总体规划方案下,各年级可以据此规划年级的综合实践活动方案,各班级可以细化易于班级开展的实践活动方案。综合实践活动校级方案的规

划是必要的,它可以有效地推进学校综合课程的实施。但是,不必强求年级尤其是各班级开展的综合课程必须以学校的规划为纲、为本,各班可以在学校的大主题下从实际情况出发,开展富有自我特色、学生乐于参加的主题探究活动。

二、基于同一主题的系列活动整体性方案

➤ 扫描本章二维码,阅读连云港新浦区解放路小学顾海燕老师带领五(7)班同学开展的"我们的零用钱"系列主题活动方案,选入时略有删改。

这一方案设计较为详尽,时间跨度长,展现了活动开展的每一个环节和具体的步骤,不仅有主题活动的总体目标,还有阶段性目标;不仅有活动的总体安排,还有每一阶段的活动任务;不仅有每一阶段的指导要点,还给出了最佳的实施建议,为教师们开展同一主题的系列活动提供了较好的范本。纵观整个活动过程,体现出如下特点:

(一)充分尊重了学生的主体地位

学生的主体地位在该主题方案系列活动中体现得非常充分。探究主题从哪里来?从学生自身的需要中来。上述方案教师以"火眼金睛"大比武活动,让学生自主寻找生活中的问题与关注点,从学生需要中来,又到学生需要中去。紧接着,教师一直站在学生的角度,俯下身来,细致考虑学生在活动过程中可能遇到的各种"关卡",给予适时的指导。可以说,在综合实践活动开展的准备与过程、总结与交流、拓展与延伸、评价与反思各个阶段,教师始终注意让学生在实践中学会自我判断与选择,能够充分尊重学生的主体地位。

(二)及时发挥了教师的指导作用

综合实践活动课程的教师如果只把某种学习活动作为一种必须完成的任务布置给学生,而没有及时对学生进行相关探究方式、学习方法的指导,这样的学习活动的有效性是大打折扣的。在上述案例中,教师的指导不仅体现在活动前对学生自尊心的保护,还体现在对学生具体的活动方法,如调查问卷的制订、调查报告的撰写、采访方法的指导、资料的删选整理等方面进行指导,系列指导贯穿于活动的全过程。从方案设计来看,教师始终能够关注活动过程中的细节,给予学生激励、帮扶、促进,将活动一步一步往前推进。

(三)积极调动了多方力量的参与

作为一门实践性课程,综合实践活动有赖于家长和社会多方力量的参与。该方案在活动准备中提前与家长沟通,争取家长对活动的认同和参与;活动过

程中,对路人的采访、调查,以及在活动总结阶段,调动了教师、家长和社会人士的协同参与。可以说,一次成功的综合实践活动,绝对不是"闭门造车"式的自我琢磨、自我实践,而是要尽量协调多方力量的参与。

(四)高度重视了活动形式的多样化

综合实践活动课程给了学生发展个性的广阔天地,教师要不断探索、创新,让学生多开展实地探究,使实践活动课更加完善,使综合实践活动课的模式、形式更具多样性,以便让学生在解决具体问题的过程中理解、掌握和应用某项技能,主动地获取知识和直接体验。本案例中呈现了多种多样的课型,如方案制订课、方法指导课、实践操作课、评价反思课等。学生的活动形式要尽可能地丰富些,调查、采访、实践操作等形式在上述案例中都有呈现,体现了活动的丰富性和多样化。

但是,并不是每一个单一主题活动方案都像上述案例这样去撰写。在实际开展过程中,如果是起步阶段的三年级,则单独的方法指导课要多些,教师"扶"的程度要稍微大些,而且不宜将众多的方法指导课(方案制订、问卷调查、采访要点、信息收集与筛选等)放在一次主题活动中。综合实践活动开展的起步阶段,安排的主题活动范围可再小些,时间跨度可再短些,每次有重点地指导一两种活动方法,重在让学生形成深刻的印象。"大而全"过于理想化,"小而精"才更富有实效。

三、基于短线活动的项目设计方案

下面的一则教学设计是2014年江苏省综合实践活动课优质课评比中由南京市游府西街小学周建强老师执教的"我的新发现"的设计方案:

【教学目标】

1. 通过观察和对比发现身边的新事物,在分析与交流中体会这些新事物对我们生活的帮助。

2. 通过整理和总结,明确新事物产生的一般方法,并举一反三,尝试使用这些方法获得自己的新发现。

3. 通过合作与交流,使学生大胆展示自己的作品和想法,清晰描述获得新发现的过程。

4. 在综合运用中培养学生善于发现的习惯、不怕吃苦的探索精神。

【教学准备】

学生分组、多媒体课件、学生活动记录单。

【教学过程】

(一) 课前准备

建立QQ群;发布预习作业;追踪学习过程。

(二) 方法指导

1. 寻找身边的新发现

师:同学们在生活中一定有很多新发现吧。谁先来给大家介绍一下你的新发现?

拿出准备好的物品进行展示,并请学生介绍一下自己的新发现。

追问:你知道人们为什么要制作这样的产品吗?

(原来的有缺点、生活中有需求等)

继续展示作品,说说新发现。

补充出示几组图片(垃圾桶、鞋等)。

根据学生的汇报,整理板书:

需求:(1) 美观

   (2) 方便

   (3) 环保

   ……

小结:人们的需求各不相同,为了让我们的生活变得更加方便、更加丰富多彩,于是,一些人通过思考,改进了产品。这样,一些新颖的、特殊的产品就诞生了! 只要咱们拥有善于发现的眼睛、善于思考的大脑,就一定会有新的发现。

板书:我的新发现(因为是第二课时,不单单有新发现,还要会发现的方法)。

2. 小尝试:我的小书包

师:同学们的身边有很多物品,比如小书包,大家天天背着它上学,对它最熟悉了! 下面让我们一起开动脑筋,完成一个小尝试。

合作要求:

(1) 回忆一下,在生活中你还见过哪些不同设计的书包,和小组伙伴说一说。

(2) 小组合作,把你们交流的结果填写在记录纸上。

(3) 填好后,在小组中交流一下你的收获。

学生操作活动。教师巡视,指导。

展示作品,汇报交流。

3. 整理新事物产生的一般方法

师:刚刚大家的汇报都非常精彩。我倒是觉得有一个问题值得思考:这些

"新产品"是用什么方法获得的呢?

老师这里准备了一些图片,相信看过之后,对你有所启发。

展示图片。

A. 自行车图片展示,从大到小　　B. 自行车图片展示,从小到大

C. 电压力锅的组合等　　　　　　D. 口罩、杯子等材质的变换

师:你觉得这些作品是怎样变化的呢?

归纳方法(根据学生汇报板书):

A. 缩一缩　　B. 扩一扩　　C. 加一加　　D. 换一换……

4. 方法再认:快速判断

师:同学们的水平真高,一会儿工夫就总结出这么多的好方法。

我这里还有一些作品,你能说说它们都是用了什么方法吗?

展示作品8~10幅作品(图片、事物等)。

(呈现多种方法并存的物品,引起争议,再释疑)

小结:你还能举出一些这样的例子吗?大家的表现真出色,发现问题的能力又有了提升,真棒!只要你善于观察和对比,在生活中你一定会获得更多的新发现!小本子大家熟悉吧(老师举一本小本子),能用刚才的方法整理一下关于小本子的新发现吗?

5. 自主操作:我的小本子

操作要求:

(1)想一想生活中你见过哪些不同设计的本子,利用刚刚学习的方法进行尝试。

(2)自主操作,把你的结果填写在记录纸上。

(3)填好后,在小组中交流一下你的收获。

(修改记录纸,让学生尝试画出来)

6. 游戏:奇思妙想变变变

师:通过大家的交流,我们得到了很多获得新发现的好办法。相信对于"新发现"大家又会有新的体会,下面让我们放松一下,让我们一起进入奇思妙想,变!变!变!

活动要求:

(1)自选身边的一件物品,利用刚刚学习的方法进行尝试,获得属于你的新发现。

(2)在小组中交流你的作品,获得同伴的评价。

学生汇报,教师点评,强调考虑想法的"可行性"。

同学们的想法很棒！但由于时间紧促，可能有些想法还在构建中，老师也收集了一组图片，希望对你有所启发！一起来欣赏！

播放创意作品图，简短谈感受。

(三) 整理与总结

1. "我的新发现"主题发布会

师：通过今天的学习，相信大家在生活中一定还会有更多的尝试，会产生更多精彩的作品。好东西、好创意都需要分享。

出示"我的新发现"主题发布会海报。下节课我们将举办"我的新发现"主题发布会，欢迎你积极参与哦！

参赛要求：

(1) 进一步完善你的作品。

(2) 准备好发言稿，争取脱稿！

师：如果你有好的创意和想法还可以课后在QQ群中进行讨论。当然，我们也可以对别人的作品进行评价。我很期待大家的精彩表现哦！

2. 交流学习收获

师：通过这节课的学习你有什么收获？

为了满足我们的需求，人们用各种方法，改变着我们身边的事物。我相信只要你善于观察和思考，你一定会有更多新的发现，你的新发现也一定会让我们的生活变得更加的美好！

孩子们，让我们"到生活中去，去观察，去倾听，去体验，去创造，去成长"。

上述教学设计是在四年级展开的。教者从四年级学生的生活经验、心理特点和知识结构出发，安排了以"新""趣""实""小""易"为主要特点的综合实践活动，一两个课时就可以解决问题，让学生有所收获。活动主题为"我的新发现"，课堂上教师通过多媒体展现了日常生活中的多种新事物，带给学生一轮又一轮新奇有趣的鲜明感受，学生参与的热情被充分调动起来；整个活动以学生的自主发现为主，学生在一轮轮的分析、比较中逐步发现新事物设计的一些方法和技巧，并尝试举一反三，自主运用，学生实实在在地参与其中，较好地体现了学生的主体性和实践性。学生设计与他们的学习生活息息相关的新型"小本子"，选取的点小，更易勾连起学生熟悉的生活经验。整个活动学生一直兴趣盎然。但整节课老师的"导"还是有点多了，课前资料的收集、相关信息的归类整理、多媒体课件的制作等工作完全可以交给学生做，教师的任务不是课堂上一环一环"导"得自然贴切，而在于对学生的各个参与环节顺势而"导"，适当、适度地加以指导，把学生推到"最前台"。

这样的短线设计活动在小学阶段可以多做一些,尤其是三四年级,可以及时地让学生尝到活动的"甜头",激发进一步探究的兴趣,对今后将要开展的活动也是一种有效促进。

第五节 小学综合实践活动中学生探究方案的设计

综合实践活动是在教师指导下学生进行的自主学习,除了教师要制订活动方案、了解活动的每一个环节,学生更需设计活动方案。应该说,指导学生设计一份切实可行的方案是教师方案中的一个重要环节。制订方案是师生实施综合实践活动共同承担的基本任务。在小学阶段,教师指导学生进行方案设计时一个总的原则是以简单清晰为主,避繁就简,一目了然,便于指导学生活动的开展,但方案中的一些基本要素必须帮助学生明确。

一、学生活动方案的基本要素

1. 活动主题

每一次活动都应有鲜明的主题,主题的表述要简洁、实在、新颖,能反映研究的对象、范围和方向性。字数不宜长。

2. 活动目标

要写清为什么要开展本次探究活动,需要解决什么样的问题,最终可以达到什么样的目的,要帮助学生确立一定的价值意识,不做无效探究。

3. 活动内容

要写明本次探究活动要研究的具体问题,找到课题研究的切入点和范围。有些较大型的课题,还要列出它所包含的一些子课题。

4. 活动方法

即根据内容选择的研究方法,如观察法、调查法、实验法、统计法、文献资料搜集法等。大部分课题需要综合运用多种方法,可根据需要有机选择。

5. 活动阶段

即完成活动内容所需要的大体步骤以及完成每一步骤的时间。每一活动阶段完成的任务及时间虽可做一些弹性调整,但要适度掌控,不超出一定的范围,以免造成活动拖沓冗长。

6. 活动条件

主要包括小组成员完成任务的准备工作及研究手段,如资料的准备、小组成员的自身优势、采取研究的辅助手段等。

7. 活动成果

即成果呈现的形式及使用去向等,如实验报告、调查报告、影像资料等,可进一步说明成果的应用范围。

8. 成员分工

根据小组成员的特长,对研究内容做具体明确的分工,使每一位组员清楚地知晓自己担负的职责。

此外,对于一些牵涉采访、调查以及其他探究活动所产生的费用也要有一定的说明。当然,对于以上要素,并不是每一次活动方案中都须详尽地说明,可根据活动开展的具体过程做适当调整和删减。

二、学生探究方案的呈现形式

综合实践活动学生探究方案的表达一般可采用填表式、过程记录式和提纲挈领式等。

(一) 简单填表式

这一方案主要适用于开展短期类、小主题活动探究。短期类活动过程较为简单,形式不必复杂,但由于受时间的限制,在方案设计上不必占用学生过多的时间和精力,重点写清活动过程,让组员了解大致情况即可,见表5-1。

表5-1 简单填表式

课题名称		
活动目的		
活动时间		
活动过程	活动准备	
	活动实施	
	活动总结	
	活动展示	
课题组长、撰写人		

(二) 具体记录式

这一方案主要适用于开展长线类、较大主题的探究活动。由于其子课题较多、开展时间长、开展项目较为复杂,因此,在方案设计时教师要指导学生从活动整体过程出发,尽可能考虑到活动中多方面的因素,让每一个组员了解每一活动阶段的重点内容和自身承担的角色、任务等,见表5-2。

表5-2 具体记录式

主题:		课题名称:	
指导老师:		班级:	
组长:		课题组成员:	
活动所需条件:			
活动方式:(1) 查阅资料;(2) 采访;(3) 实验操作;(4) 调查统计;(5) 其他:_____			
任务分工情况:			
活动步骤:			
活动具体阶段			
计划访问的专家:			
预期成果(论文、调研报告、实验报告、模型制作等):			
呈现形式(实物、文字、PPT、音像资料等):			
备注:			

(三) 提纲挈领式

提纲挈领式学生探究方案的形式见表5-3。

表5-3 提纲挈领式

课题名称:			
活动时间:	第____次		活动地点:
参加活动成员:			
活动内容、目的(重点解决的问题):			
活动形式:			
活动结果			

三、指导学生制订、完善方案应关注的问题

（一）借助范本引路

提供一份成功的方案给学生参考，有时比教师一味地讲解更有实效。当然，综合实践活动倡导个性、提倡创新，反对照样画葫芦。给学生提供成功的方案，并不是要学生一味地模仿，而是要学生在此基础上有创新，仅起一个抛砖引玉的作用。此方法在综合实践活动起步阶段使用较好。不过，成功方案的交流、经验的借鉴，却不只局限于起步阶段。

（二）探讨方案的可行性

综合实践活动是跨学科、网络式的，它要求指导教师知识面广、实践能力强，不仅自己能从多个角度看问题，还要善于指导学生从多个角度看方案的可行性。例如，学生有时确定活动方案只是为了达到活动目的，而缺乏对主客观因素的充分估计与分析，这样制订出来的方案不具有可操作性，无法保证活动的顺利进行。因此，作为指导者，教师要对活动从人力、物力、财力等多方面进行审视，并适时给予相应的指导。例如，时间安排方面，既不能太紧张又不宜有较大跨度。时间太短，活动中出现许多不可预测的情况便没有回旋的余地；时间太长，则学生的热情易减退，积极性难以调动，易养成懒散拖沓的坏习惯。再如，学生往往忽略了方案制定的一些细节性问题，写得较为粗线条，活动内容、人员分工没有一一细化，这样不利于活动的具体开展。方案制定好以后，教师应有要求：组织全体组员进行讨论，看看方案是否切实可行。这一环节在每一次的方案制订中必不可少，一来是为了细化方案，二则让每个组员明确自己在活动中的实施任务。

（三）关注目标的偏离问题

在一次主题探究活动的总目标之下，应有活动开展过程中的阶段性目标，尤其是学生的活动方案中，不能将总目标直接作为每一具体活动的目标，应关注目标之间的层次性。同时，由于小学生年龄小，认知能力有限，在活动开展过程中，可能会不断地调整研究方向和内容，此时，活动的目标甚至已经与一开始的既定目标有了较大偏离，甚至大相径庭。教师要允许学生在研究过程中出现新内容、新问题，对活动目标也要进行相应的调整，努力形成一些生成性主题和目标。教师在这一过程中要做好适度的引导，既要肯定学生的活动，对他们研究新的问题予以支持，又要确保学生不会跑题太远，要保持一项活动的整体性，引导学生综合体验一次主题探究的全过程。

(四) 选择合适的指导教师

综合实践活动绝不是学校综合实践活动指导教师一个人的事情，它更多地需要学校教师协作完成和社会有关人员参与指导。学校里的教师本身的专业特长、兴趣爱好和知识背景就有不同，可以很好地就某一具体方面给学生提供指导。社区内有关领域的专家、政府机构工作人员，相关活动基地如博物馆、科技馆的讲解人员和有一技之长的居民等构成了一个庞大的指导教师资源库，这些人员都可以作为学生探究活动的指导教师。究竟选谁作为指导教师，应给学生自由选择的权利，教师必要时可为学生提供相关人员信息，鼓励他们自己去与指导教师交流、沟通。

最后还要强调的一点是，从学生出发是体现学生本位课程的基本要求。它要求在综合实践活动实施的准备阶段、开展的过程、总结与交流等环节都应该尊重学生的实际，关注他们的兴趣、爱好和需要。在综合实践活动方案设计过程中，教师可以从自身认识出发，给学生研究的主题提出一些建议或是修改性意见，但一定要尊重学生的自主选择，让学生在实践中学会自我判断、选择。

第六节 小学综合实践活动方案的优化设计

综合实践活动方案的优化是保证综合实践活动实现预定目标的重要一环，它关系着每一次综合实践主题活动是否能够沿着正确的方向发展，指导着参与综合实践活动课程的指导教师和全体学生的理念和行为，并能引领后续的综合实践活动较为成熟地开展，从而形成良性循环的运作过程。那么，依据什么来优化综合实践活动方案？综合实践活动优化的方式有哪些？具体内容是什么？

一、综合实践活动方案优化的内涵与意义

综合实践活动课程是一门全新的课程，在新课改的教育平台上，它有着更大的创新空间。教师可根据学校实际情况，结合学校的办学目标以及学校的特色建设等优化综合实践活动。以融合的方式设计，实现研究性学习、社区服务与社会实践、劳动与技术教育、信息技术教育等领域的优化整合。综合实践活动课程的开展能拓展学生学科知识领域，提高综合素质，发展批判思维能

力、创新精神和实践能力,让学生在掌握现代科学文化知识的同时,能够尽可能地融入社会大环境中,通过社会考察与实践,提高学生探究能力、处理问题的能力和实际动手能力,锻炼学生的合作学习及人际交往能力。

在现代小学教育中,课程的设置既要适应学生个性发展的需要,又须适应社会发展的需求。而优化综合实践活动的方案,正是以学生的兴趣和爱好、学校和社区的需求为基础,解决学生关心和社会关注的实际问题为目的的学习活动,以这样的学习活动为内容的课程设置则能恰如其分地达成现代教育的需求目标。因此,我国新课改中明确要求小学教育要大力开展综合实践活动。

实践证明,一堂好的小学综合实践活动课,一定要有一个科学详尽而优化的活动方案。顾名思义,小学综合实践活动方案就是为实现某次小学综合实践活动而制定的书面计划。它是实施活动前的必要准备,体现出整个活动的预设性以保障活动的有序进行。通常来讲,一个完整的小学综合实践活动方案应包括以下几个基本要素,即活动主题、活动目标、活动适用对象、活动设计与指导者、活动准备、活动时长、活动实施过程、活动实施建议、活动评价建议等。通过对上述基本要素的明确而形成活动方案,使学生对活动本身认识加深,能清晰了解活动步骤和过程。"凡事预则立,不预则废。"为了让"预"的效果更好,可以通过开展方案制订课的教学课程,在课上教师要让学生明白制订计划的重要性和必要性,指导学生正确把握活动方案的基本要素和基本格式,自主、规范地进行活动设计或修改活动方案草稿,再通过交流、合作、论证进一步完善活动方案。

二、综合实践活动方案优化的主要依据

要对一份方案进行全面优化,首先要科学地评价活动方案。那么,依据什么来评价方案,以达到优化的目的?

评价综合实践活动方案,首先要看该方案是否体现了当下新课程的理念,在活动方案的每一环节是否密切联系了学生自身的生活,是否体现了对知识的综合运用。其次,要看该方案是否落实了《综合实践活动指导纲要》中所规定的总目标、学段目标以及各指定领域的目标。再次,要看该方案是否体现了综合实践活动设计的基本原则、基本要求。评价其方案所涉及的知识背景、经验基础与所实施班级的学生是否匹配,方案所利用的资源是否符合当地和学校的具体实际,方案中的各项活动是否体现循序渐进的原则,方案的操作是否具有可能性,安全系数如何等。最后,还应就方案是否体现对学生的教育价值做出判断。这些构成了评价综合实践活动方案的主要依据。

三、综合实践活动方案优化的主要形式

综合实践活动课程不同于其他任何一门学科课程,因其牵涉的要素众多,实施的途径广泛,因而没有固定统一的评价标准和行之有效的评价方法。但它又处处存在着评价,时时需要评价的促进。要科学合理地优化综合实践活动方案,不仅要在方案实施前进行有效的指导与评估,在方案实施的过程中也要进行评价,阶段性活动结束或整个主题活动结束后还要进行总结性评价。因此,诊断性评价、形成性评价和总结性评价贯穿了一次活动的全过程。这三种评价方法综合运用,互为补充,可以为综合实践方案的高效实施"保驾护航"。

学生小组、指导教师、家长和各行各业的专家都是评价、优化活动方案的相关人员。日常最为常见的评价形式主要是学生小组评价和教师团队评价相结合。综合实践活动是在教师指导下的学生自主活动,学生和教师始终与实践活动息息相关,因而,学生和教师毫无疑问是评价、优化方案的主力军。

小组成员开展活动时,要预先制订好方案,从主题、目标、开展形式、活动内容、组织管理等多方面细化方案,做到了然于心。然后由学生组成评价小组,根据方案的设计自主提出问题,方案制订小组要尽可能地从活动开展的多个方面立体化地、真实地呈现活动的过程。评价小组不仅要针对有待商榷之处进行发问,还要提出自己合理的建议,最终形成双方认可的修改意见。评价小组可以征询指导教师的评价意见,进一步优化方案。

每所学校都应成立综合实践活动课程专家指导组,将学校富有才华的教师或某一方面有特长的教师纳入这一团队,同时要建立动态的专家库,邀请社区有一技之长的人员进入这一专家库。学生每次开展的主题活动除了在学生小组进行评议、优化外,还要请由这一专家库组成的评审小组成员进行评议,在活动开始前、进行时、结束后都要有专家库的评审小组成员跟进评议。

四、综合实践活动方案优化的主要内容

综合实践活动的优化从哪些内容着手呢?下面结合郭元祥教授主编的《小学综合实践活动设计》中的几个维度予以归纳如下:

(一)理论导向设计维度

(1)方案是否符合国家课程计划的有关规定,体现教育性;
(2)方案是否对全面提高学生素质有利;
(3)方案是否以多种形式提倡科学精神和科学态度,具有科学性;

(4) 方案是否体现了对学生的创新意识和能力的培养,体现先进性;
(5) 方案能否帮助学生提高思想品德修养,认同自己的文化归属;
(6) 方案是否重视培养学生理论联系实际的作风;
(7) 方案是否关注培养学生可持续发展的观念;
(8) 方案能否体现科学精神和人文精神的结合;
(9) 方案是否重视培养学生敢于提出不同意见的批判精神;
(10) 方案是否有利于学生破除迷信、崇尚科学并树立正确的世界观;
(11) 在整个活动计划之中,活动方案能否按照统一协调的原则建立;
(12) 各类活动及其具体内容能否保持联系,形成体系,形成整体;
(13) 方案是否有利于学校、社会和家庭的联系,有利于学生和教师、学生与学生之间的广泛交往;
(14) 方案是否认真考虑了安全因素及其措施;
(15) 方案是否考虑了各个方面人员的协调;
(16) 方案是否考虑了学生共同参与设计过程;
(17) 方案的设计思路是否新颖,体现独创性;
(18) 方案是否解决了提出的问题,是否有现实价值,体现适用性,等等。

(二) 心理规律设计维度
(1) 方案是否符合学生的身心发展特点和规律;
(2) 方案内容的整合是否符合学生的认知特点和发展要求;
(3) 方案内容的组织、编排是否能激发学生的求知欲和学习兴趣;
(4) 探究活动的设计是否有利于学生的个性发展;
(5) 活动方案是否考虑了学生的生活经验和知识基础,等等。

(三) 目标设计维度
(1) 活动目标是否与国家、地方、学校的教育目标一致,与综合实践活动目标、学段目标一致;
(2) 活动目标是否科学、合理、有效;
(3) 活动目标是否符合综合实践活动课程的特点;
(4) 目标设计是否充分基于学生的经验基础;
(5) 活动目标是否符合学生当前身心发展的需要,符合学生的兴趣、爱好,又能对其心理发展有促进;
(6) 活动目标对知识与技能,过程与方法,情感、态度与价值观取向如何;
(7) 活动目标的阐述是否具体、明确、可行,是否全面、科学、均衡和现实;

（8）各项目标与内容之间是否协调统一，形成一个有机整体；

（9）设计目标时是否考虑到目标不断生成的问题，是否考虑了预设的目标与生成的目标相协调发展的问题；

（10）所提目标是否有一定弹性，可以为不同特点的学生提供发展空间；

（11）所提目标是否具有操作性与可检验性，便于实施；

（12）所提目标是否适合社会需要，特别是社会未来发展的需要，等等。

（四）内容设计维度

（1）活动内容是否与《综合实践活动指导纲要》所规定的内容领域保持一致；

（2）内容设计是否以整合的方式进行，或内容设计是否以三个维度进行组织；

（3）内容设计是否与校本课程的开发思路融为一体；

（4）活动内容是否反映学生现实生活的需要；

（5）活动内容是否符合青少年学生身心发展的特点，或活动内容是否与学生的生活经验密切相关；

（6）活动设计是否体现学校课程资源的开发，是否选择了有特点、有价值的课程内容；

（7）活动设计是否给活动内容的生成留有足够的空间；

（8）内容是否具有科学性；

（9）所选择的内容是否联系社会生活与生产实际，是否能为学生现在及将来适应社会生活做准备；

（10）能否激发学生的学习动机，引发学生的思维积极性；

（11）能否使学生产生各种情感体验，如道德感、理智感、美感等，能否发挥学生的主体性，等等。

（五）过程与方法设计维度

（1）活动方案设计是否体现了过程与方法的综合；

（2）活动方案设计是否考虑了方法的多样性、丰富性；

（3）活动方案设计是否考虑了方法得当、切实可行；

（4）活动方案设计是否考虑了学生的深刻、独特体验；

（5）活动方案时间和地点安排是否合理；

（6）活动方案设计是否体现学生心理发展的阶段性特征；

（7）活动方案设计是否考虑了活动方式的生成性；

(8) 各种学习活动的设计能否调动学生多种感官的参与,等等。

(六) 知识与技能设计维度

(1) 方案是否考虑到综合性知识、方法性知识、体验性知识、广博性知识、创新性知识的培养;

(2) 方案是否考虑了知识的应用性;

(3) 方案是否体现了科学发展的时代性;

(4) 方案是否注重培养学生观察现象和提出问题的能力;

(5) 方案是否注重发展学生的想象能力;

(6) 方案是否注重培养学生设计、实验及手脑并用的实践能力;

(7) 方案是否注重培养学生收集、处理信息的能力,等等。

在活动方案设计的全过程及活动的每一个阶段,都要以上述维度要求,进行检视性"过滤",去伪存真,去粗取精。这样,才能使今后的活动方案设计更加理性、更为科学,从而对教师指导活动的开展和深入实施综合课程起到积极的促进作用,也才能真正培养具备探索和创新素养的人才。

阅读材料

小学综合实践活动优化方案的制订技巧

科学而新颖的小学综合实践活动方案,是上好小学综合实践活动课程的关键。设计一个成功的活动方案不但能激发学生们参与活动的兴趣,而且在参与活动的过程中,能使他们体验到活动所带来的乐趣,探究新的学习方法,在尝试的过程中发现问题并通过思考解决问题,从而使他们各个方面的能力不断提高。以下从活动选材、目标制订、准备工作和环节设计四个方面详细介绍小学综合实践活动方案的制订技巧。

(1) 选材要贴近生活,符合小学阶段学生的思维特点

人是在现实世界和社会实践中成长起来的精灵,是生活于自然中的高级动物。学生更是如此。可是传统教育往往让学生远离现实世界,将其封闭在课堂内,课堂学习成为隔离学生与世界的屏障。而综合实践活动则是为小学生们开辟的一条与他生活于其中的世界交互作用、持续发展的渠道。因此,小学综合实践活动选材,必须要贴近实际生活,要在生活中教育学生。同时,选材的时候还要充分考虑小学阶段学生的思维特点,不要选择那些较为复杂的社会活动,而应截取一些相对简单有趣、能够让小学生通过思考获得启示的

活动。例如,开展一些参观、观摩走访等形式的活动。

(2)活动目标要恰当,能够较好地指导整个活动过程

小学综合实践活动方案中的活动目标是整个综合实践活动教学过程中的核心和灵魂,它直接涉及活动对学生培养的定位,以及情感发展与教育的价值观等问题,是教师完成教学内容的鉴定标准,在教学活动中起着定向的作用。所以,方案中活动目标必须要恰当,要能够较好地指导整个活动过程。具体来说,首先,活动目标制订要源于课程标准,符合新课改纲要的精神。其次,活动目标制订要具体明确,可操作性强。最后,活动目标制订要把握好"度",体现新经验的同时不能盲目扩散。

(3)活动准备工作要细致,师生共同为活动服务

工欲善其事,必先利其器。小学综合实践活动的有效开展,有赖于充分做好实施综合实践活动教学前的准备工作,有效地准备工作保证,是教师引导学生顺利开展综合实践活动的必要条件,是真正在实践活动中促进学生个性发展的重要保证。这里的活动准备工作,既包括教师的方案制订、备课等准备工作,也包括学生活动前的预备活动。这一阶段教师要对学生做好准备指导工作,尤其注意不能把该工作作为对学生进行简单的方法介绍。而应作为一次以"开展实践活动前准备"为内容的综合实践活动课来进行,让学生在"调查""探究""讨论""设计""操作""制作"等一系列活动中发现问题,拟定解决问题和促进自身发展的计划,为有效实施综合实践活动做好充分准备。

(4)活动过程要有序,考虑周全,时间分配合理

一般来说,小学综合实践活动过程要有激趣导入、合作探究、交流归纳、实践操作、展示评价和拓展创新六个方面的内容。当然在这六个环节中任何一个也可以根据实际情况进行再细分。例如,在合作探究环节中,可以进一步再次细分出两个环节:其一,交流汇报,质疑互补环节;其二,模仿演示,整体回顾要领环节。在小学综合实践活动开展过程中,要紧紧围绕教学目标,层层深入,突出各环节的重点及渐进性、衔接性。事先考虑好时间分配,合理展开。对于小学综合实践活动教学,教师的导入和示范讲解时间约占10%,学生们的操作时间占80%,讲评环节约占10%。只有这样,学生才能成为课堂的主体。随着课改的不断推进,小学综合实践活动课必然会被更广泛地应用到教学实践当中去。这就更要求我们的小学教师要能够很好地制定活动方案,以实现教学目的。

(材料来源:钟秀萍.小学综合实践活动方案探究[J].科技创新导报,2012(01).)

思考·探究·实践

1. 试举例说明你是如何理解综合实践活动方案预设与生成之间的关系的。
2. 谈一谈指导学生制订活动方案时应该重点从哪些方面入手。
3. 分析所在学校或社区的资源特点,尝试为学校制订综合实践整体规划方案。
4. 从学生感兴趣的问题入手,设计同一主题的系列活动指导方案。
5. 综合运用所学知识,以所在学校开展的一次综合实践活动方案为例,从多个维度进行反思性评价,并提出具体的修改意见。

信息链接

1. 郭元祥,沈旎. 小学综合实践活动[M]. 上海:华东师范大学出版社,2008.
2. 顾建军. 小学综合实践活动设计(第2版)[M]. 北京:高等教育出版社,2011.
3. 郭元祥. 综合实践活动课程设计与实施[M]. 北京:首都师范大学出版社,2002.
4. 江苏省中小学教学研究室. 小学综合实践活动指导(五年级教师用书)[M]. 南京:江苏少年儿童出版社,2012.
5. 论文:回归真实:综合实践活动课程实施的应然追求. http://www.chinazhsj.com/cc/lldh/201101/4314.html.
6. 教学设计:2014年优质课评比:我的新发现. http://zhsjhd.jssjys.com/Html/Article/1455/.

第六章　小学综合实践活动课程的实施

学习目标

➢ 了解综合实践活动课程实施的总体要求及一般特点。
➢ 了解小学综合实践活动课程实施的任务及过程。
➢ 熟悉综合实践活动课程实施的常见模式。
➢ 了解小学综合实践活动实施过程中的问题及应对举措。
➢ 初步具备小学综合实践活动课程实施的能力和水平。

综合实践活动课程是一种开放的实践性课程。它的实施过程,是教师和学生在现实的教育情境中不断创生新的教育经验的过程,是学生的知识与技能、过程与方法、情感态度和价值观基于活动而不断生成的过程。综合实践活动的课程实施过程,就是学生在生动的、具体的、综合的自然情境、社会情境和教育情境中亲历、实践、体验和发展的过程。综合实践活动的课程实施,客观地要求学校管理者、教师和学生充分地发挥各自的主体性,自主设计、自主实践、自我创新。因综合课程的特殊性,它的实施体现了其自身特色的实施模式和活动形式。了解综合实践活动课程的总体要求和一般特点,实施的任务及过程,以及实施的常见模式和在实施过程中出现的问题,并探寻其原因,是有效实施小学综合实践活动课程的重要保证。

✓ 观看本章微课视频
✓ 阅读本章配套案例

微信扫一扫

第一节 综合实践活动课程实施的总体要求及一般特点

综合实践活动是在教师与学生合作的前提下开发与实施的。教师和学生既是活动方案的开发者，又是活动方案的实施者。《综合实践活动指导纲要》中指出，有效实施综合实践活动须注意以下总体要求：

一、综合实践活动课程实施的总体要求

1. 正确处理密切联系学生的生活经验和社会发展实际的关系

综合实践活动课程应超越书本，超越体系化的教材，超越封闭的课堂，面向自然、面向社会、面向学生的生活和已有的经验，在开放的时空中促进学生生动活泼地发展，增长学生对自然、对社会、对自我的实际体验，发展综合的实践能力。因此，综合实践活动实施的一个最基本的要求，就是密切联系学生的生活和已有的经验，从自身所处的实际的自然环境和社会环境出发，展开综合实践活动的全过程。

首先，对于活动项目、活动主题或活动课题的确定，教师要引导学生从其个体的学习生活、家庭生活、社会生活或自然生活中提出具有生命力的鲜活的活动主题、项目或课题。研究性学习的主题或课题要尽可能由学生从他们自己的生活经验出发来自主提出，社区服务和社会实践的活动项目要克服以往那种以"课文"的形式呈现的方式，从实际生活中提出活动项目。不少实验学校的实践表明，学生进行综合实践活动的主题或课题越贴近生活、贴近学生的经验、贴近社会现实，学生越能够较好地操作，越有积极性。

综合实践活动的主题或项目的选择和确定，应克服单一的从书本到书本、从文字资料到文字资料的局限性。学生可以做纯文化研究性的项目，但一定要引导学生联系自然或社会现实。

其次，在综合实践活动的实施过程中，要引导学生在具体的自然情境和社会情境，或特定的活动场所（如劳动基地、劳动教室等）中开展调查、考察、参观、访问、实验、测量、劳动、服务等实际的活动。综合实践活动的实施不能只是纸上谈兵，不能把学生关在教室里进行综合实践活动，不能把综合实践活动当作一门具有系统的书本知识的课程，一单元一单元、一课一课地来教，学生

一定要有在开放的情境中活动的时间和空间。

再次,在综合实践活动的总结阶段,要引导学生联系个体的家庭生活、社会生活、生存的环境和社会现实来总结、反思,获得实际的体验,深化对自然、对社会和对自我的认识。

2. 正确处理学生自主选择、主动实践与教师有效指导之间的关系

倡导学生对课题的自主选择和主动实践是实施综合实践活动的关键。综合实践活动是充分发挥学生主体性的课程,它要求学生积极参与、自主实践,同时要求教师有针对性地加以引导、指导。处理好学生的自主选择、主动实践与教师有效指导的关系,是综合实践活动实施过程中的一个基本要求。

第一,学生要形成问题意识,善于从日常生活中发现自己感兴趣的问题。第二,学生要善于选择自己感兴趣的课题。第三,在课题的展开阶段,可以采取多种多样的组织方式,主要包括个人独立探究、小组合作探究、班级合作探究、跨班级与跨年级合作探究、学校合作探究、跨学校合作探究、跨地区合作探究的方式等。第四,在课题探究过程中要遵循"亲历实践,深度探究"的原则,倡导亲身体验的学习方法,引导学生对自己感兴趣的课题进行持续、深入的探究,避免浅尝辄止。

教师要对学生的活动加以有效指导。在指导内容上,综合实践活动的指导从根本上是创设学生发现问题的情境,教师应引导学生从问题情境中选择适合自己的探究课题,帮助学生找到适合自己的学习方式和探究方式。在指导方式上,综合实践活动倡导团体指导与协同教学。不能把综合实践活动的指导权只赋予某一门学科教师、班主任或专门从事综合实践活动指导的教师,而应通过有效的方式将所有教师的智慧集中起来,对综合实践活动进行协同指导。

总之,教师既不能"教"综合实践活动,也不能推卸指导的责任、放任学生,而应把自己的有效指导与鼓励学生自主选择、主动实践有机结合起来。

3. 正确处理学校的统筹规划与生成性目标、生成性主题的关系

综合实践活动要集中体现学校的特色,学校应对综合实践活动进行统筹规划。建议每一所学校根据本校和本校所在社区的特色制订三种相互衔接的计划,即"学校综合实践活动计划""年级综合实践活动计划"以及"班级综合实践活动计划"。

随着活动过程的展开,学生在与教育情境的交互作用过程中会产生新的目标、新的问题、新的价值观和新的对结果的设计,有效实施综合实践活动要

求教师首先要认识到这些生成性目标与生成性主题产生的必然性,肯定其存在价值,并加以运用,从而将活动引向新的领域。

各学校对综合实践活动的统筹规划不能限制其生成性,而应当使其生成性发挥得更具目的性和更富有成效。

4. 正确处理信息技术与综合实践活动实施过程有机整合的关系

综合实践活动不是一种简单的手工劳动,也不同于简单的兴趣活动。实施综合实践活动,要考虑信息时代对学生发展的现实要求,要把信息技术有机地融入综合实践活动的内容与实施过程之中。

首先,信息技术是综合实践活动的重要活动内容,要做到信息技术内容与综合实践活动的其他内容有机整合。不仅仅要把信息技术作为开展综合实践活动的一种手段,还要把信息技术作为一种素养,渗透在综合实践活动的全过程中,发展学生收集和处理信息的能力。

其次,在综合实践活动的实施过程中,要积极运用网络技术等信息技术手段,以拓展综合实践活动的时空范围、提升综合实践活动的实施水平。各地区、各学校要建立局域网、校园网,为学生进行跨地区、跨学校、跨班级的合作探究开辟空间,为教师进行跨地区、跨学校、跨班级的合作指导提供条件,引导学生主动积极地利用现代信息资源,促进学习方式的多样化。

再次,信息技术手段的设计与运用要致力于为学生创造反思性的、自主合作探究的学习情境和问题情境。

二、综合实践活动课程实施的一般特点

综合实践活动课程实施的过程就是学校、指导教师依据《综合实践活动指导纲要》,将综合实践活动课程规划落实在操作层面的过程。因综合实践活动课程具有自身的特殊性,具体实施起来与学科课程相比,体现出自身的一些特点:

1. 实施要素错综繁杂

没有哪一门课程的实施要素比综合实践活动课程的繁杂:人、物、信息、时间、空间等,每个要素又包含多个分支,同样具有复杂性。如人的因素,除了作为实践活动主体的学生,还有来自地方指导层面的领导、专家,有学校领导、综合实践活动指导教师和共同协作的教师团队,有学生家长和来自校外的各行各业的工作人员、专家等;就学生因素而言,每个学生的知识经验、能力水平、兴趣爱好均有所不同,实践活动过程要兼顾学生的差异性;就指导教师而言,

牵涉教师的课程开发与规划能力、操作与实施能力、组织和管理能力、总结和评价能力等多个方面。就空间因素而言，涵盖的范围更加广泛，有校园内的，如实验室、图书室、多媒体教室、劳动与实践基地等；也有校外广阔的社会场所，如科技馆、文化宫、各机关事业单位、科研场所、工厂、社会实践基地等。可以说，社会生活中的各种事物、各种场地及大自然的广阔天地都可以成为学生活动的有效空间。综合实践活动涉及社会各个领域，各类人力、物力等，是目前最有创造性、挑战性的多因素共同协调的一门"大课程"。

2. 实施时空灵活开放

虽然国家规定了综合实践活动课程的实施时数为每周3课时，但并不代表3课时是每周平均使用的。实际上，教师可根据活动主题的不同需要对时间进行灵活分配，有的活动主题大，要经过一系列活动才能完成，需要的时间多，延续的时间就长；有的活动主题相对来说较小，两三次活动就可能完成，需要的时间少，延续的时间就短；有的活动时间可能是集中使用，有的则可能是分散使用。总体来说，综合实践活动课程实施具有时间跨度长、活动时间不固定的特点。

综合实践活动课程实施的开放性特点决定了其实施的活动场所多、活动空间广。其活动场所不单是学校，还延伸到了学校之外的家庭、企事业单位、社区机构、社会生活场所、科研单位等，融入现实生活事件、现象和情境之中。这样一来，既密切了教育与生活、学校与社会、教学与实践的联系，又拓展了学生的实践活动范围，为学生的发展开辟了无限广阔的空间。

3. 实施方式丰富多彩

综合实践活动课程是以学生的自主活动为主体的课程，因而课程的实施不仅有教师的指导，更多的是在教师指导下的学生实践。学生实践的方式是多种多样的：一是资料收集活动，它是综合实践活动研究过程中的一种主要方式，是学生发现问题、解决问题的常用手段；二是调查探究活动，它在主题探究、课题研究以及项目设计等多种实践活动中，通过让学生亲眼看、亲口问、亲耳听、亲自了解、亲自感受，获得对事物的直观认识，并形成自我观点；三是社会考察与宣传活动，学生自觉地融入社会，进行相关专题的研究性考察；四是设计与制作活动，它是综合实践活动过程中的重点和难点，强调学生在具体的操作实践中获取知识和技能，增进情感；五是成果展示交流活动，不同的探究主题有不同的特点，在展示交流时也有丰富的形式，如写体验日记、文艺演出、写倡议书、开交流会、制作手抄报或PPT、实验展示、写调查报告、开展辩论会等多种形式。多样化的活动形式是综合实践活动课程区别于其他学科课程的重要方面。

案 例

丰富多彩的综合实践活动

综合实践活动课程没有专门的教材，所以我们可以充分利用身边的资源，如"校园资源""家乡的资源""学生感兴趣的话题"等。综合实践真正做到了让学生走向自然、走向社会、走向生活，这样，我们就可以带领学生们走出校园，领略家乡的青山绿水的美丽，了解地方的历史文化，目睹高科技生产的神力，体验生活的真谛。综合实践活动赋予学生以生活的意义和生命的价值，赋予教育以生命的活力。

一、利用校园资源，了解中国书法历史

中国五千年璀璨的文明以及无与伦比的丰富文字都记载着中国的历史，在这一博大精深的历史长河中，中国的书画艺术以其独特的艺术形式和艺术语言再现了这一历史性的过程。为了让学生了解我们中国书法的历史，我们综合实践活动课特地设计了一系列的主题，如"教学楼的命名""围墙上的书法史""金童碑廊""校园书法家""走廊里的小黑板"等，通过这些主题的研究，学生应初步了解中国书法家的成才故事，他们的成就以及他们的作品。

二、聊聊感兴趣的话题，激发学生上课的兴趣

兴趣是学生最好的老师，当我们聊到感兴趣的话题，学生就会有说不完的话，为了引起他们的兴趣，老师最好深入调查，总结出他们感兴趣的话题，然后师生们一起讨论研究，最后完成这个课题。如"小学生上网利与弊"，随着人们生活水平的不断提高，现在电脑已经普及使用，有的学生开始迷恋上网，甚至出现了逃学等不良现象。那上网对于小学生来说，是利大于弊，还是弊大于利？小学生到底应该如何正确上网？这些问题都引发了学生们的探究兴趣。后来学生们经过讨论，围绕"小学生上网利与弊"这一研究主题进行研究。

我们应该让孩子们在生活中一次次去体验成功、体验失败、体验磨炼、体验吃苦，才能激发他们奋斗拼搏的精神，锤炼他们的意志。让他们走到社会中去，获得一份更为真实的感受。

（资料来源：http://blog.sina.com.cn/s/blog_4f3caad20100qtx5.html.）

4. 实施保障要求严格

综合实践活动拥有广阔的空间,课外活动、自主外出活动所占比重大,难免会有突发事情发生。当下的学生,欠缺面对具体问题时自我保护的意识和能力,易在活动过程中出现意外情况。因此,开展综合实践活动时,必须考虑学生的人身安全,但又不能因为这一点便将学生的活动范围囿于家庭和学校两个小阵地,必须从各个环节考虑好安全措施,制定好一系列安全保障制度。

在实施活动方案时,必须对学生活动中可能出现的安全事故做出预案。预案的内容应包括可能出现的事故种类、造成该事故的主要原因、出现该事故后应当怎样处理等。对于培训小组长和安全员如何应对突发事件,尤其对外伤出血伤口的处理,对溺水、触电、中暑、休克的处理以及人工呼吸方法等要加强培训,以提高小组长和安全员对偶发事件的处理能力。活动时应强调活动小组中各成员不要擅自行动,必须结伴而行;若要脱离本小组集体活动,必须向小组长和安全员报告其活动地点、时间、范围及联系方式;小组活动脱离本班活动必须向班主任或指导教师报告其活动的大致范围及联系方式等,确保学生活动中出现意外情况时能得到及时反馈、及时救援,将学生安全事故的影响降低到最低限度。

平时还要对学生进行安全教育,增强自我保护能力,了解安全事故发生的种类、常见安全事故发生的原因、预防和急救的方法,增强学生对安全事故的预防和保护能力,教会学生对自己的行为负责。学校和教师一定要赢得家长的支持和配合,可与学生家长签订安全合同协议,引起学生家长的高度重视,分清事故的界限,避免不必要的安全纠纷,等等。一些大型外出活动,可邀请有条件的家长陪同参与,必要时可联系一些社会力量予以支持,如当地派出所、热心公益活动的志愿者等,从而加强对学生的安全保护。

5. 实施效果难以定评

综合实践活动鼓励师生发挥自己的个性特长,施展自己的才能,激励学生积极进取、勤于实践、勇于创新,不断促进师生教学相长,对师生的每一点进步都给予肯定。它要求在评价中将课程、教学和评价进行统整,使它们融合为一个有机整体,贯彻到活动中去。其"注重过程""全面评价""尊重多元""引导反思"的评价思路决定了综合实践活动实施效果难以通过一个较为清晰的数据来反映。过程性评价如何做到激励学生全面发展和健康成长,总结性评价如何做到更为科学有效,这是综合课程实施过程中要持续关注的难点问题。

综前所述,综合实践活动实施要素繁多,实施时空相对灵活、开阔,实施的方式又各有不同,安全保障方面有严格的要求,加之总结性评价又无法定性定量,造成了实施的不易。此外,在实施过程中,各校的管理还存在这样那样的问题,比如教师职称的评定、工作量计算等,均带来了综合实践活动实施过程中的一些困难,特别是学校管理工作的难度。所有这些特点,均对学校贯彻课程要求、教师实施活动、学生参与活动提出了挑战。

第二节 小学综合实践活动课程实施的任务及过程

在综合实践活动课程的实施中,教育行政管理部门、学校、教师、学生、社会相关部门的人员、学生家长等都是活动的主体。但在具体实施过程中,不同主体所承担的任务是不同的,其中,学校以及学校指导教师作为课程实施主体中最核心的部分,任务最重,所起作用最大。他们既是课程实施的组织者、决策者、设计者、实施者、指导者、管理者和评价者,又是其他主体之间的指导者、协调者和管理者。

一、来自学校层面的主要任务

1. 确保课程实施

在综合实践活动课程落实上,学校应以刚性要求不折不扣地贯彻国家课程计划,配备高素质教师,确保每周3课时的综合实践活动时间,保证综合实践活动课程的有效开展。必要时,学校要拿出专门的时间组织一些较大主题的探究活动,以促进并提升师生对这门课程的认识和兴趣。

2. 开发课程资源

学校要积极地联络社会相关部门,协调多方面的力量,多角度开发课程资源。组织专门的人力、一定的物力对学校及周边地区的各种资源进行考察、分析,开发更多易于学生开展活动的实践基地、探究素材,为学生的活动做好服务。尤其是在综合课程实施的起步阶段,更要在资源开发方面重点着力。

3. 制订课程规划

学校应结合地方、社区及学校自身的办学理念和发展特色,从整体的角度对课程进行全面规划,对全校各年级的课程实施进行适度调控,保证其阶梯性、衔接性。

4. 加强师资培训

以专家讲座、专题报告、实践演练等多种形式,对综合实践活动教师进行系列培训,进一步加强其对综合实践活动课程理念的认识,促使其逐步掌握课程实施的方法,引导其具备综合实践活动教师必备的素养。学校每学期的培训方案要有阶梯性,帮助教师不断加深对综合实践活动的认同感,增进其严格落实综合实践活动课程的兴趣。

5. 提供保障措施

学校要科学安排活动课时,帮助师生开创实践基地,寻找活动素材,为师生的实践活动提供力所能及的人、财、物的支持,并制定一系列制度和一定的安全保障举措,全方位、立体化地推进活动开展。

6. 强化过程督导

学校要设立专门的综合实践专家团队,以帮助学校及各年级统筹规划综合实践活动及实施方案,并定期开展听评课活动、座谈会等,对教师开展综合实践活动的全过程进行指导并合理评价等。

7. 争取社会支持

综合实践活动要取得家长和全社会各界人士的理解、支持和配合,学校要不遗余力地通过多种形式展开宣传,让大家充分认识到综合实践活动课程开展的深远意义及对孩子一生成长的重要作用。

二、来自教师层面的主要任务

1. 开发课程资源

课程资源的开发不单是学校层面的任务,也是指导教师的任务。教师应根据学校层面的总体要求,从学生的需要出发,多角度开发课程资源,并积极地在实践中加以利用。

案例一:夕阳无限好

这是一个以"德育"活动为支点的综合实践活动。老师根据本校的校本课程"关爱老人",结合"重阳节",以体验为核心设计活动,老师带领孩子们走进敬老院,慰问老人,为老人做一些力所能及的事情,事情虽小,但是孩子们却收获了如何去关爱老人,受家长们的一致好评。

案例二:童心童语校园广播

这是一个以"心理健康教育"为支点的综合实践系列活动,老师根据当前热门的话题,根据本校的心理健康教育校本课程所设计的综合实践活动。活动以校园广播形式,和大家交流同学们之间出现的系列问题,例如考试前的心理变化如何引导,运动会上比赛前如何调节自己的心态,和父母之间出现了矛盾如何处理,等等。当然还需要教师组织有意义的对话与讨论,从而让学生形成对活动意义的真切感悟与体验。

淮安市外国语实验小学童心童语校园广播稿节选:

开场白:

男生:亲爱的老师,

女生:亲爱的同学们,

男女生合:欢迎大家准时收听由我校乐老师倾情打造的"童心童语"节目。

女:我们的节目宗旨是为同学们服务,

男:如果你有烦恼,

女:有困惑,

男:有高兴的事,

女:有值得庆贺的事,都请你以话题的形式写下来告诉我们,

男:你可把话题直接交到乐老师手中,也可以将话题投到行政楼四楼心晴小屋旁的心语信箱,

女:请你一定要注明你所在的班级。

男:你的话题一旦被采纳,将邀请你和你的好朋友做嘉宾主持,一起到演播室录制节目。同学们,小伙伴们,快快加入《童心童语》节目的主持行列中来吧!

乐老师:老师们,同学们,大家上午好!本周童心童语节目由我来与小嘉宾们一道主持。本周的小嘉宾是从上周几十封来信来稿中选出来的。嘉宾主持们,快跟大家打个招呼吧!

甲:嗨,大家好,很高兴能被《童星童语》节目组选中担任嘉宾主持,希望能给大家带去欢乐。

乙:Hey! 老师们,同学们,大家好! 很荣幸能作为乐老师的朋友被邀请参与小喇叭广播《童星童语》节目主持,我们的节目希望大家能够喜欢!

丙:小伙伴们,大家好! 能被乐老师邀请参加校园小喇叭广播,我很激动!

师:上周节目播出后,收到五年级学生的来信来稿最多,话题涉及的面很广,有父母逼着上辅导班的,有因为胖而烦恼的,还有因为成绩不好而自卑的。其中同学们关注度最高的话题就是关于下周运动会的。这不,今天的话题就是"下周要开运动会了,我既紧张又激动,运动会来了,我们该做哪些准备呢?"同学们,你们也有这样的疑问吗? 让我们赶快进入话题讨论环节吧!

……

通过这样的形式,利用各个领域的有利条件开展多形式的综合实践活动,真正做到综合实践活动课程的多元化。

2. 制订活动计划

教师应在透彻理解综合课程的基础上,结合学校课程规划,制订年级活动计划和班级活动方案,以保证课程的有效落实。

3. 组织课程实施

教师是课程实施的主体之一,负责引领学生开展具体的实践活动。每一位教师都应本着关注学生终身发展的理念,积极组织课程实施。

4. 加强过程指导

教师要指导学生活动过程的每一个环节,包括主题生成、课题选择、探究方法等多个方面,关注全程,适时适度引导学生开展活动。

5. 进行课程评价

教师负责引导学生对活动过程进行评价,对同伴和自我的表现进行评价,及时反思活动中出现的问题。高效的课程评价会指导和促进学生下一次探究活动的具体开展。

6. 整理课程资料

每一次综合实践活动的开展,指导教师都要做有心人,随时随地对活动过程中的各种资料进行收集、整理、分类、汇总。

只有学校高度重视,积极推进综合实践活动课程,教师认真开展每一次实践活动,学生才能在思想上、行动上重视起来,才能取得活动成效,才能真正促进人的全面发展。就具体活动的实施而言,它需要广大教师发挥自己的聪明才智,进行创造性的劳动。

从多年的实践来看,综合实践活动开展有一定的步骤和环节。根据综合实践主题活动实施的过程,将其大致分为四大板块:活动准备——主题确定阶段;活动策划——方案制订阶段;活动实施——探究实践阶段;活动总结——评价反思阶段。

第一阶段:活动准备——主题确定阶段

这一阶段的主要任务:

(1)学生自主采集问题或教师创设问题情境;

(2)学生确定探究问题,并明确研究主题;

(3) 学生根据兴趣爱好等,自主组成活动小组。

这一阶段要注意学生主题的选择要真正从学生的兴趣爱好出发,不宜过大、过偏,要本着"小、近、实"等特点,选择具有探究价值、可操作的主题。

➤ 扫描本章二维码,阅读"开启愿望之窗,走进动画灵魂——走进动画片开题选题课教学设计"。

第二阶段:活动策划——方案制订阶段

这一阶段的主要任务:

(1) 在组长的带领下,全组成员进一步发散思维,合理分解主题;

(2) 根据自身特长、兴趣爱好等,对分解主题任务进行合理分工;

(3) 制订活动方案,明确活动的内容,活动的具体目的、任务和方法,活动的具体过程、任务分工、保证条件等;

(4) 准备必要的工具及其他探究条件等,如联络受访人、准备采访用具、进行现场活动预先察看等。

这一阶段需要注意发挥教师的指导作用,避免学生的计划制订流于形式,要确保学生制订的计划切实可行。必要时,教师要根据计划内容提供一定的帮助,如联系指导教师、落实调查地点等。

第三阶段:活动实施——探究实践阶段

这一阶段的主要任务:

(1) 按预先制订的活动方案,运用相关方法(如采访、调查、收集资料、公益活动、项目设计、生活实践、实验操作等),开展实地探究;

(2) 在具体的活动操作中,获得形象直观的实践体验,并在此过程中注意收集个人和小组成员的活动资料。

这一阶段教师要注意随时跟进学生的相关活动,关注进程,跟踪指导,讲求方法。

第四阶段:活动总结——评价反思阶段

这一阶段的主要任务:

(1) 整理活动过程中获得的资料、经验、结果和感受,形成对问题的基本看法、问题解决的基本经验,发展实践能力以及良好的情感态度价值观;

(2) 通过实物、图片、音像制品、简单的书面材料等多种方式进行成果展示与交流;

(3) 进行多种方式的评价活动(个人自评、小组互评、教师或家长等其他人员评价);

(4) 指导教师和学生个人均需对活动过程进行反思;

（5）注意活动的拓展延伸，可提出需要进一步思索探索或延伸训练的问题，以激发学生探索和求知的欲望，引导活动向纵深发展。

这一阶段要注意：

（1）总结交流不仅要关注最终的结果，更重要的是关注活动的过程与方法、结论、收获、经验等；

（2）鼓励学生运用多样化的成果表达方式；

（3）要有过程展示的具体体现，有简单记录等。

第三节　小学综合实践活动课程实施的常见方式

综合实践活动课程因其没有现成的教材，需要各地区、各学校根据具体情况开发富有地方和学校特色的综合实践活动课程，需要全体师生共同开发综合实践活动课程。从另一个层面说，综合实践活动课程应是在地方、学校、教师指导下的一种班本化课程。但在各校实施的过程中，方方面面均遇到了许多阻力和挑战，加之教师们的专业素养和课程开发能力有所不同，因而班本化课程的实现还需要一定的时间。当下，各学校在逐步实践的过程中也已探索出了一些行之有效的实施方式，可供我们借鉴。

一、编选活动素材

综合实践活动的内容是生成性的，因而没有如其他学科课程配套使用的教材。但是部分地区和学校为了加大综合课程推进的力度，根据地方特点，着手编写了三到六年级系列活动素材，供各校选用；部分学校根据自身特色，依据学校整体活动规划，提前编制了具体的活动方案，以方便教师在具体内容指导下开展活动；也有一些学校借鉴了综合实践教研部门根据已开展的活动开发、编选的活动指导素材，作为本校教师开展活动的范本。虽然这些做法与综合课程的实施理念有些冲突，但在综合实践活动开展的初期阶段，可以有效地为教师"引路"，帮助教师尽快融入综合实践活动的精髓中来。这种实施方式只能作为活动实施初期的一种媒介和桥梁，为今后自主活动"带个头""引个路"。实施过程中，要防止对教材使用的僵化，避免生搬硬套、人云亦云，否则就与综合课程的理念相悖了。地方、学校、每一位教师都应该从学生的生活经验出发，从自然、社会、自我的维度出发，自主确定探究主题，积极投入自身实践。

二、改造已有活动

学校各个层面的活动很多,包括班队活动,春、秋游等多种实践活动,以及"阳光大课间"体育活动和科技节、艺术节、读书节、英语节等各种节日活动。这些现有活动经过合理"改造",完全可以作为综合实践活动课程内容之一。综合实践活动的开展需要大量的时间做保证,学校已有活动又不能随便取消,所以有些学校在原有活动的基础上,以综合实践活动的理念"改良"这些活动,突出学生主体,强调学生的主动参与,将活动目标综合化、学习方式探究化、成果展示自主化。这一实施模式既保证了学校已有活动的开展,又很好地培养和锻炼了学生的综合素养,对于综合实践活动基础较为薄弱、推进难度较大的学校,是很好的"二合为一"模式。如春游活动,以往大多数是学校决定地点,学生直接去游赏即可。将春游活动课程化后,活动地点由学生去考察,途经路线由学生去定夺,活动内容由学生去安排,甚至包括车辆的联系、食品的携带等都交由学生完成,始终把学生作为春游活动的主体,他们是自己活动的主人。这样的"改造"也有一些弊端,如部分教师未吃透综合理念精神,或是怕麻烦,仍然"穿新鞋,走老路",失去了创新意识。在继承并"改造"已有活动的同时,更要追求新的发展。

三、拓展学科活动

《综合实践活动指导纲要》明确指出了综合实践活动课程与学科课程之间的关系:一是学科领域的知识可以在综合实践活动中延伸、综合、重组和提升;二是综合实践活动中发现的问题,获得的知识、技能在各学科领域的教学中可以得到拓展和加深;三是在某些情况下,综合实践活动可以和某些学科打通。

各地各校基于学科拓展型的活动较多,如语文学科特色活动、数学综合实践活动等。事实上,学科课程与综合实践活动课程之间有着密切的联系,综合实践活动在很大程度上是以各学科课程为基础的。部分学校在综合课程实施过程中就将学科活动中的某一内容进行拓展延伸,形成某一年级综合实践活动的一个主题。比如五年级学生在学习完语文课文《水》后,因为作者马朝虎的家乡严重缺水,引发了同学们的疑惑:我们这儿缺水吗?继而开展了"我们身边的水"主题探究系列活动。这一实施模式进一步密切了学科与学科之间的联系,加强了学科与生活的联系,加大了整个课程体系综合化的力度。很多学校专门为学科拓展性探究活动辟出一个领域,在每个年级都有与学科活动相关的综合课程安排。这一模式只能是选用,且同样要合理地对学科活动进行"改造",防止成为某一学科的拓展延伸课。

四、整合校本课程

校本课程是学校结合办学理念和自身特色开发的课程,其目的是适应学生多样化和个性化发展需求。由校本课程的实践内容和操作过程来看,它与综合实践活动课程之间往往存在着相互交融,甚至包容的关系。校本课程在开发过程中,学校往往投入了较大的人力、物力和财力,各校为确保自我特色的形成而不遗余力地开设校本课程。而综合实践活动课程作为国家课程,又必须保证其应有的课时量。许多学校将校本课程与综合课程的开发相整合,以综合实践活动课程的理念、实施形式来开展校本课程,开发出了一系列具有综合性、实践性、活动性的校本综合实践活动课程。综合实践活动参照了校本课程的开发技术,成为校本课程中的一个分支,这是值得借鉴的实施方式。

校本课程的"综合实践活动化""改造"要求充分利用地方资源和学校已有的课程资源,一切活动开发应源于学校,源于学生的生活经验和个人需求,要在学生全力参与的基础上,践行自主选择、主动实践的理念和原则,集中所有教师的智慧,以校本教研作为动力,让校本课程深入社区、融入自然、服务社区、服务生活。当然,在实践过程中,具体的活动内容还是应该交由学生选择。

以下(见表6-1)是浙江绍兴市安昌镇一所学校"青石板"校本综合实践活动课程实施规划方案,该方案将地方特色、学校特色融入了校本课程,实现了校本课程的"综合化",建议其中的三级主题交由学生自主商议、决定:

表6-1 校本综合实践活动课程实施规划方案

一级主题	标题	二级主题	标题	三级主题	活动说明
活动型乡土型校本课程	导游课程	我们的教室	成长天地	1. 亮出我自己 2. 装扮我家 3. 爱他爱她爱它 4. 文明之花	1. 自我介绍 2. 布置教室 3. 团结友爱 4. 好人好事
		我们的学校	生命乐园	1. 生命群雕 2. 成长一页 3. "翼丰志远" 4. 绿色之家	1. 校园环境 2. 师生学校成长 3. 校史 4. 生命教育
		我们的家乡	梦里水乡	1. 这边风景独好 2. 食在江南 3. 彩虹跨河 4. 水乡之梦	1. 安昌整体介绍 2. 江南美食介绍 3. 安昌石桥介绍 4. 安昌保护点子

（续表）

一级主题	标题	二级主题	标题	三级主题	活动说明
活动型乡土型校本课程	文史研究课程	涵	文史馆	文化长廊	1. 历史寻味 2. 背后的故事 3. 以史为镜 4. 小记者访名人	1. 安昌的历史 2. 城隍故事 3. 安昌整体名人 4. 采访现代名人
			风情馆	别样风情	1. 奶奶的行头 2. 出嫁的故事 3. 又过节了 4. 民风民俗	1. 服饰文化 2. 水乡婚礼 3. 安昌节日 4. 祝福仪式
			师爷馆	师爷故里	1. 天下谁人不识君 2. 文采横溢 3. "三十六计" 4. 我是安昌小师爷	1. 师爷整体介绍 2. 师爷作品赏析 3. 师爷小故事 4. 谋划安昌明天
			钱庄	岁月流金	1. 方圆之中 2. 金安昌的由来 3. 珍贵的"一分钱" 4. 今天我理财	1. 古钱币知识 2. 古时安昌商业 3. 勤俭节约教育 4. 零花钱的安排
			石雕馆	千古哑谜	1. 会说话的石头 2. 刻凿之中 3. 缤纷雕塑 4. 劳动最光荣	1. 背后的故事 2. 雕刻过程 3. 世界雕塑介绍 4. 劳动教育
	手艺课程	匠	灌香肠	腊冬之韵	1. 沿街的风景 2. 小试牛刀 3. 挡不住的诱惑 4. 香溢江南	1. 香肠介绍 2. 学做香肠 3. 品味香肠 4. 推介香肠
			扯白糖	甜甜蜜蜜	1. 白糖的另一生 2. 白糖老人 3. 绝活 4. 我校的吉尼斯	1. 介绍扯白糖 2. 古镇老艺人 3. 学做扯白糖 4. 看谁扯得好
			挑花边	千丝万缕	1. 凡花似"锦" 2. 穿针引线 3. 巧手囡囡 4. 新型"花边"	1. 花边情况介绍 2. 学挑花边 3. 挑花边能手 4. 现代纺织品
			剪纸	巧手妙剪	1. 剪出来的风情 2. 小小剪子学问大 3. 乌篷摇曳 4. 巧手擂台赛	1. 剪纸介绍 2. 学剪纸 3. 剪乌篷主题图 4. 剪纸比赛

五、开发专题活动

在实施过程中,不少学校均认为,对综合实践活动各个年级的主题不应该完全"放手",而应围绕一定的体系形成一个螺旋上升的有机整体,体现学校对综合实践活动的整体规划和阶段安排。所以,许多学校将综合实践活动内容按照难易程度和一定的目标体系划分为几个大的专题,在大专题下又派生出一系列小的专题,具体实施时,就围绕这些小专题展开。有些学校基于"人与自然""人与社会""人与自我"三个维度,进行了综合实践活动系列的整体设计。如在各年级开发了"人与自然"系列:人与植物、人与动物、人与环境等板块;"人与植物"板块下再开发如"水仙花的秘密""反季节蔬果大盘点"等各子专题。

综合实践活动课程特别强调选题当从学生的兴趣爱好和生活经验出发,自主选题是其应有状态。但在实际操作层面,不难发现学生进行选题时有一定的盲目性,很多学生往往不能找准探究的内容。这一点在小学阶段体现得尤其明显。所以,由学校进行总体规划,进行专题开发,从宏观上加以指导是一种系统性较强、操作起来较为有序的实施方式。教师在带领学生进行小专题研究时,要注意适当调控,兼顾学生的兴趣爱好等。毕竟,这一实施方式还是缺乏灵活性和机动性的。

六、设计具体项目(活动)

项目(活动)设计往往以解决一个较为复杂的操作问题为主要目的,一般包括具体项目类设计和活动设计两种类型。具体项目类设计如改进某一设备、设施的制作,设计一款新型用具等;活动设计如一次辩论赛活动的组织、一次环保活动的策划等。项目(活动)设计一般包括四个阶段:发现与明确问题,设计方案,制作作品或模型,测试、评估及后期优化。具体设计前一定要充分利用安全的示范和启示作用,对学生进行创意方法的指导,促使学生把思考或研究的问题融入设计中,并随时与外界的事物贯通起来,设计全程都要鼓励学生任意想象。项目的设计制作是一项很艰苦的创造性劳动,这一类实施模式适宜在中高年级开展,教师要随时关注学生的设计状态并鼓励其保有坚持不懈的毅力和执着钻研的精神,防止学生半途而废。

此外,在综合实践活动开展较为成熟的学校,还可以采用问题采集方式来探寻实施主题,如有些学校以班级或小组为单位,鼓励学生从生活中发现问题,设置"生活中的问题""我的发现"等问题采集本,定期开展"我最感兴趣的问题"测评活动,以学生共同感兴趣的问题作为年级或班级探究的主题。这一方式虽然充分尊重了学生的自主性,但在结构性、整体性上还是有一定的局限。

纵观这几种实施方式,可以说均有各自的优点,也有自身的不足,往往这方面得到了尊重与发展,那方面又有所忽略。各校在实施过程中,各种方式可结合使用,也可以对各种实施方式进行整合,充分发挥其已有的优势,有效规避其他方式的缺点。只要每所学校、每位教师致力于综合课程的有效实施,必然会使得综合实践活动的实施方式得到进一步优化,形成具有学校特色的综合实践活动课程体系。

第四节 小学综合实践活动课程实施中的问题及应对举措

综合实践活动是新课程实施的一个亮点。目前,在理论和实践方面均取得了一些成绩。但是,因其课程内容、资源开发、学习方式等方面都与学科课程有所区别,在实施过程中,也还存在不少问题。在课程理念、课程资源、教学设计、组织管理与评价等方面还没有真正实现"面向人的全面发展,突出培养人的动手实践能力、创新意识和创造能力"的育人价值取向。只有积极地正视这些问题,采取有效的应对举措,才能确保课程的顺利实施和深入推进。

一、综合实践活动课程实施过程中的常见问题

(一)课程观念滞后

1. 从地方和学校层面看

综合实践活动所提倡的探究性学习方式在欧美等国已经成为学习各门课程的普遍方式,在我国综合实践活动是作为一门课程来强力推介的。它既是新课程改革的亮点,也是难点。因为没有考试升学的压力,没有具体评价这门课程开展成效的指标,所以很多地方和学校只将其作为可有可无的课程,或是作为"挂在墙上的摆饰",有名无实,根本无视国家的课程政策,没有开齐、开足这门课程,实施没有力度或干脆不实施的情况仍然存在。

2. 从教师层面看

部分教师没有完全理解综合实践活动的课程理念,把综合实践活动课程当作学科课程去教,有些教师甚至耗费了大量的精力,从活动主题的确立到活动过程的实施、活动结果的评价,变成了教师的"包办代替"。可以说,仍有部分教师缺乏一定的专业素养、实施水平,导致课程的实施没有章法。

3. 从社会层面看

当下,应试教育的思想仍然存在,高考、中考等一系列以"考"定性的指挥棒让广大家长认为,参与综合实践活动浪费了孩子的学习时间,影响了学生的学业成绩,因而不支持孩子们的探究实践活动。综合课程实施"无用"论仍然根深蒂固地在社会各层面存在。

(二)组织管理乏力

1. 从教学管理层面看

一些地方教研部门根本没有专职的教研人员和管理人员,往往都是由其他学科人员兼任。各校有音、体、美、科学等专职教师,但鲜少有综合实践活动专职教师,也没有专门负责管理的分管领导和综合实践活动学科教研组。综合实践活动是教师的"副业",是名副其实的"副科",没有从管理上得到应有的重视。

2. 从课程规划层面看

虽然综合实践活动课程强调由学生中来,到学生中去,突出学生的自主性。但若没有学校的统筹规划,势必一盘散沙,不成体系。现在,仍有部分学校没有很好地开发课程资源,没有形成总体规划方案和常规的实施模式。教师也没有制订活动指导计划的习惯,尤其欠缺对系列主题探究的总体方案规划,"东一榔头西一棒槌"的现象仍然存在。

3. 从课程开展层面看

现在,各校已将综合实践活动课程纳入了学校课程计划,进入了班级课表,但真正开展落实的力度却不够。甚至一些学校的课表上赫然写着"综语"(由语文老师兼代)、"综数"(由数学老师兼代)、"综英"(由英语老师兼代),落实到开展层面就变成分别多上了一节语文课、数学课、英语课,硬生生地将国家课程规定的每周平均 3 课时的综合课割裂开来,变成了"挂羊头、卖狗肉"的形式主义,或是在上级有督导检查时临时"活动"一下。总之,综合实践活动课程根本没有得到有效的落实。

(三) 实施过程欠妥

1. 活动内容、方式学科化倾向严重

由于对综合实践活动本质特征把握不准确,实践中就出现了一系列问题:课程特点不突出,与学科教学等纠缠在一起,带有明显的学科特点,或直接上成了学科知识拓展课,按照学科课程的上课方式来"教",只在中间加入一些活动,便冠其名曰综合实践活动。学科课程可以与综合课程相整合,但不能简单拿来作为综合实践活动的选题,更不能互相取代。在活动开展过程当中,许多教师往往不能将学科知识的掌握和学生综合能力的发展两者的关系处理好,最终的结果是偏重了学科知识的掌握,忽视了能力的发展。学科本位导致综合课程应有的实践性、活动性、自主性、综合性大打折扣,偏离了这门课程应有的价值所在。

2. 过分注重活动结果,忽视了活动过程

综合实践活动关注结果,但更注重过程。这不是说结果一点儿不重要,而是在结果与过程之间,首选过程。但可惜的是,许多学校领导在进行综合实践活动检测时,往往更在意学生的展示是否精彩、作品是否成功、PPT是否丰富、调研报告是否有一定的质量等。这就导致了教师过多地把目光聚焦在活动的结果上,把活动的重点直接放在了结果如何展示上,甚至进行多次排练,只为了最终汇报时的"精彩亮相"。这样过分夸大了结果的重要性而忽视了课程自身的基本理念,悖离了综合实践活动应有的目标追求。

3. 教师全程跟进不足,缺少章法指导

经过培训,大部分教师的课程理念还是能够紧跟步伐的。但有一部分教师还是把综合实践活动课简单理解为开个题、结个题,就算完成了任务。其实,教师的主要任务是贯穿于学生学习的全过程的,不仅是活动主题的确立、活动方案的制订、活动成果的汇报需要教师参与指导,在学生的其他自主活动时间里,教师更要全程予以关注,随时跟进,了解学生活动的进度、探究时遇到的困难,以便及时指导。很多教师开了题之后,学生有没有去活动、怎么活动的,并不去关心,导致学生的活动只走了个形式,没有收到任何效果。

4. 活动主题确立不妥,缺乏深度研究

学生活动的主题当然要从自身的兴趣和需要出发,但因学校和教师没有过细指导学生对研究主题加以甄选,出现了一些成人化的主题,如"淮海街的变迁""西游文化研究"等,这些主题太大了,又没有密切联系学生的认知领域,

偏重于社会化。这样的活动学生往往只能采用资料收集、采访、调查法,真正投身实践、动手操作的活动太少,对小学生来说,不太适宜。小学生应选择一些切口小、易操作的问题进行探究。

5. 学生个人学习和小组合作的关系处理不当

小组合作是综合实践活动课程最重要的学习方式。但在实践中,小组合作学习成了个别学霸的个人秀。在综合实践活动的各个环节,相对活跃的总是那几位学生,他们掌握着小组的发言大权。作为小组成员,不能得到公平的学习和锻炼的机会,这会导致一部分成员学习探究的兴致越来越低。为此,教师和小组长在每一次活动中,要考虑到学生的兴趣、爱好和特长,让他们每个人在活动中都能展现自我的优势,发挥自我的潜力。指导教师尤其要有意识地为学生提供多方面的锻炼机会,尽量让每一个学生在小组合作中尝试不同角色,完成不同任务,获得多种体验。

此外,综合实践活动在实施过程中还存在注重活动形式而忽视活动实质等现象,将一次探究活动简单地理解为唱歌、跳舞、绘画,或是各种报告会、展示会的综合;又如,有的教师不顾学生研究进展情况,违背学生心理发展的特点,从自我层面布置了大量的实践任务让学生去完成,最终导致学生以"糊"的态度马虎完成或是请家长代劳;再比如,学校和教师对学生探究活动的成果如何保存,如何形成系列化的评价模式,这些问题都需要教师在实践活动中,认真加以分析,进行深层次反思,从而使得综合实践活动的实施得到进一步的完善和提升。

二、课程实施过程中问题的应对举措

针对以上种种问题,应采取有效措施,加强课程的实施,落实具体的活动。具体可以从以下四方面着手:

1. 完善制度,推进课程深度实施

国家应针对综合实践活动课程的具体实施情况,进一步完善综合实践活动课程指导纲要,建立综合实践活动课程调研、评估、研究指导与调控的常规机制。各地要组织精英力量,成立课程管理机构,各校要建立综合实践活动课程指导小组,同时建立课程分级审查的制度,认真制订学校课程规划。各年级要根据学校指导规划制订年级活动规划,各班再结合年级规划方案形成班级的具体指导方案。各级部门实行问责制,分层把关,以强有力的行政和制度推动课程的深度实施。对担任综合实践活动的指导教师,在职称评定、工作量认定上还应有所倾斜,以激发教师的参与热情。

2. 多方联合,加强课程资源建设

地方教育部门要高度重视综合实践活动课程资源的建设,协调各校与社会公共机构,如科技馆、图书馆、博物馆等校外机构的关系;地方行政部门也要明文要求机关、企事业单位和科研院校等大力支持学生的社会活动,从而建立区域资源交流和共享的日常机制,为学生活动提供无限宽广的时空。同时,学校也应主动加强与家庭及社会相关部门的联系和沟通,积极开发课程资源,并在实践活动中形成学校的常态化课程资源库。

3. 强化培训,促进教师专业成长

综合课程的培训首先是管理层的培训。没有管理层的理解与支持,教师的实践就无法深入开展。从课程管理的角度看,如何加强综合实践活动的课程内容规划、目标管理、过程管理,如何进行课程实施质量(包括学生活动质量、教师指导质量)的监控评价,如何理解综合实践活动教研活动与学科教研活动的联系与区别等,都是全新的课题,需要对地方特别是学校管理层加以培训。其次是加强指导教师的培训,除以上培训内容外,更要从实践层面对活动开展的全程加以培训,让教师们清晰理念、明晰过程、心中有章、指导有法,从而胜任综合实践活动的指导教师工作。

4. 积极筹划,提供经验分享平台

地方和学校要加强学校和教师间的交流和共享,建立多渠道的交流平台,尽快提高基层管理干部、指导教师的课程规划、指导能力,要通过经常性的课程教研活动,结合具体活动案例展开专题研讨,帮助指导教师解决困难和问题,不断提高活动指导水平。教研部门也要通过召开调度会、组织网上交流等方式加强宏观指导。学校在制订综合实践活动实施方案、完成课程内容规划后,要组织教师进行交流研讨,通过互相交流,进行思想碰撞、智慧启迪,从而把课程规划变成每一位指导教师的指导实践,变成每一位学生实实在在的活动。

思考·探究·实践

1. 以下是一所学校五年级三位老师就"走近家乡"系列主题活动的开题选题课,请阐述对三种开题选题方式的看法。

(1) 上课伊始,执教老师凭借多媒体优势,循环播放家乡的名胜景区,并

有意识地将画面定格在几位名人雕像上。尔后,请学生畅谈自己的家乡。当孩子们由家乡之景转而大谈景区中的游乐设施时,教师终于按捺不住——

"除了这些美景,还有哪些名人呢?"

"周恩来""吴承恩""韩信"……

"韩信可是我的偶像!"

"我的偶像可不是韩信,是周杰伦!"

"哈哈哈……"

教师无法忍受孩子们的"漫谈",于是,直接抛出了选题——走近家乡名人。

(2) 同样是"走近家乡"这一主题,在另一个班级有了这样的课堂呈现:

"同学们,谈到家乡,你们最感兴趣的是什么呢?"

"美食!""对,我最喜欢吃大龙虾了!""哈……"

"看来同学们都对美食感兴趣?"

"是的!"

"那我们这节课就来探究家乡的美食!"

……

(3) 这是第三位老师的课堂呈现:老师用多媒体展示家乡的方方面面,学生分小组交流课前收集所得,每一小组在充分讨论的基础上推荐两个选题,孩子们讨论着、辩论着。之后,老师将五个小组推荐的共十个选题出示在展板上,大家共同归纳、筛选、重组,最终确定了一个大家都认同并一致决定深入探究的选题:家乡美食知多少。

2. 试述综合实践活动实施过程中学校、指导教师、社区及家长之间的关系及任务。

3. 针对综合实践活动实施过程中的安全要求,试述如何解决学生开展校外探究活动的安全保障问题,并结合实例,提出一些具体措施。

4. 结合所在学校综合课程开展的实际情况,谈一谈课程实施中出现的新问题,并尝试提出相应举措。

信息链接

1. 教育部. 综合实践活动课程指导纲要(3~6年级).

2. 郭元祥. 综合实践活动课程设计与实施[M]. 北京:首都师范大学出版社,2002.

3. 顾建军.小学综合实践活动设计(第 2 版)[M].北京:高等教育出版社,2011.

4. 郭元祥.综合实践活动课程的实施[M].北京:高等教育出版社,2009.

5. 万伟.综合实践活动建构创意与实施策略[M].南京:江苏教育出版社,2012.

6. 校本课程与综合实践活动课程整合策略.http://www.chinazhsj.com/cc/lldh/201104/4438.html.

第七章 小学综合实践活动课程资源的开发与利用

学习目标

➢认识小学综合实践活动课程的背景、意义及地位。
➢理解小学综合实践活动课程性质,把握小学综合实践活动课程的特点。
➢理解实施小学综合实践活动课程须遵循的原则。
➢充分发挥小学综合实践活动课程的作用,丰富课程的实际内涵和内容。
➢形成小学综合实践活动课程资源开发的基本操作规范,加强对活动的指导以及对活动过程中生成性问题的关注。
➢通过对小学综合实践活动课程资源的开发,把小学综合实践活动课程的核心价值、课程目标、课程理念显性化,确立其在整个教育体系中的地位。
➢通过学习,初步构建小学综合实践活动教学模式,努力形成开放、探索、研究、综合的具有一定特色的研究经验、成果。

综合实践活动课是一门新设置的课程,因为这门课程具有整体性、实践性、开放性、生成性、自主性等特点,所以其设计和实施主要由学校进行。然而,就目前情况看,学校对这门课程的资源储备是极为有限的。课程资源是课程设计和实施的必要和重要的凭借之一,设计和实施综合实践活动课,必须大力开发和合理利用课程资源。综合实践活动课程资源的开发和利用要发挥人的积极性、主动性、创造性,综合开发和利用能盘活教育资源,服务于学生,服务于教师,服务于社区,有效地进行新课程的改革与实践。

✓ 观看本章微课视频
✓ 阅读本章配套案例

微信扫一扫

第一节　小学综合实践活动课程资源开发与利用的基本要求

小学综合实践活动课程的实施过程是一种个性化的过程,它充分体现了课程对学校、对学生的适应性。与其他课程的教学过程不同,它更强调妥善处理好教师与学生、认识与实践、内容与形式、过程与结果、规范性与生成性,以及综合实践活动与其他课程之间的关系,创造性开展综合实践活动的实施过程。

一、小学综合实践活动课程的基本要求

综合实践活动是教师与学生合作开发与实施的。教师和学生既是活动方案的开发者,又是活动方案的实施者。有效实施综合实践活动须遵循下列基本要求:

1. 正确处理学生主动实践与教师有效指导的关系

小学综合实践活动课程的实施,倡导学生主动实践。第一,学生要形成问题意识,善于从日常生活中发现或选择自己感兴趣的问题。第二,在活动的展开阶段,可以采取多种多样的组织方式,主要包括个人独立活动的方式、小组合作活动的方式、班级合作活动的方式、跨班级与跨年级合作活动的方式、学校合作活动的方式、跨学校合作活动的方式等。第三,在活动过程中要遵循"亲历实践、主动探究"的原则,处理好认识与实践的关系、体验与建构的关系,倡导亲身体验的学习方法,引导学生对自己感兴趣的课题或活动主题持续、深入地探究与实践,防止浅尝辄止。

教师要对学生的活动加以有效指导,指导教师因根据学生活动主题的需要,设计具体的指导方案。在指导内容上,综合实践活动的指导在根本上是创设学生发现问题的情境,引导学生从问题情境中选择适合自己的实践课题;在活动过程中,加强对学生进行活动方法与方式的指导,帮助学生找到适合自己的学习方式和实践方式;在活动总结阶段,指导学生对活动过程、活动方法、活动结果与收获进行有效总结。在指导方式上,综合实践活动倡导团体指导与协同教学。不能把综合实践活动的指导权只赋予某一学科的教师,或班主任,或专门从事综合实践活动指导的教师,而应通过有效的方式将所有教师的智

慧集中起来,对综合实践活动进行协同指导。

学生具有参加活动的主动性。主要体现在这是学生基于自身兴趣,从自然、社会和学生自身生活中选择和确定实践活动主题,在实践活动中获取知识、应用知识,解决问题的一种自主行为。① 那么这种自主是否说明教师在活动中除了观望之外别无他用了呢?为了体现学生活动的自主性,我们往往忽略了教师的指导作用,认为让学生自由地去选择活动的主题,随心所欲地开展活动就是所谓的自主了。其实不然,离开了教师的指导,学生的活动只能是无意识的自由活动。殊不知,教师的指导是实现学生自主学习、自主活动不可或缺的重要环节。学生对于活动中问题的产生与提升,问题的解决与方法以及如何安排自己的活动计划、如何达到活动目的等方面,都需要得到教师的指导。教师的指导目的就是在于帮助学生拥有自主意识和自主能力,以便更好地自主开展实践活动。

在综合实践活动实施过程中,应处理好学生自主活动与教师有效指导的关系。教师既不能"教"综合实践活动,也不能推卸指导的责任、放任学生,而应把自己的有效指导与鼓励学生自主选择、主动实践有机结合起来。

2. 处理好认识与实践的关系,克服形式化倾向

实践是综合实践活动课程实施的基本方式。实践的过程是学生基于已有的经验和知识,运用必要的工具,作用于客观对象的过程。学生实践的方式大致可分为以下几大类:一是以研究为主要活动方式的实践,包括制订方案、调查、访问、观察、实验、统计、信息收集与处理等。二是以社会实践和社区服务活动为主的活动方式,包括参观、服务、宣传、义务劳动、经济活动等。此类实践活动一般要在特定的社会情景中进行,如社区福利院、孤儿院、小区、农村或农场、文化古迹、社会有关机构、街道、商店、公园等场所。三是以技术实践为主的活动方式,包括技术实践和劳动实践两大类,具体有设计、制作、研制、种植、养殖、信息发布、出版(小报、墙报等),技术实践并不等于科技小发明和小创造,而是实践过程的必经环节。

学生的实践过程要建立在一定的认识基础上,克服盲目实践的局限性。认识是实践的基础,真知源于实践,学生通过实践形成自主获取知识的能力,并形成对自然、对社会、对自我的整体认识。要切实克服活动形式化、表层化的局限性,需要处理好认识与实践的关系。

---

① 郭元祥,伍香平.综合实践活动课程的理念[M].北京:高等教育出版社,2003.

3. 恰当处理综合实践活动实施过程中规范性与开放性的关系

综合实践活动要集中体现学校的特色,学校应对综合实践活动进行统筹规划。地方教育行政部门和学校要根据本地和学校的实际,制订三类相互衔接的计划,即"学校综合实践活动计划""年级综合实践活动计划"以及"班级综合实践活动计划"。

综合实践活动的实施过程具有开放性和规范性双重特征。一般来说,综合实践活动的实施过程可分为活动准备、活动实施、活动总结与交流三个阶段。随着活动过程的展开,学生在与教育情境的交互作用过程中会产生出新的目标、新的问题、新的价值观,有效实施综合实践活动要求教师首先要认识到这些生成性目标与生成性主题产生的必然性,肯定其存在价值,并加以运用,从而将活动引向新的领域。地方和学校对综合实践活动的统筹规划不能限制其生成性,而应当使其生成性发挥得更具方向感和更富有成效。

4. 以融合的方式设计和实施综合实践活动

综合实践活动的内容范围是相对划分,而不是绝对分割的。以融合的方式处理研究性学习、社区服务与社会实践、劳动技术教育、信息技术教育四个基本内容范围的关系,是综合实践活动的基本要求。要根据地方和学校的课程资源,以综合主题或课题的形式将四者融合在一起实施,使四个基本要素彼此渗透,达到理想的整合状态。不能割裂四个基本内容范围的内在联系,将综合实践活动划分为四门具体课程来开设。

信息技术教育是综合实践活动的重要内容和特殊领域,应注重将信息技术教育与综合实践活动的内容和实施过程有机整合起来;在综合实践活动的实施过程中要积极运用网络技术等信息技术手段,以拓展综合实践活动的时空范围、提升综合实践活动的实施水平,为学生进行跨地区、跨学校、跨班级的合作探究开辟空间,为教师进行跨地区、跨学校、跨班级的合作指导提供条件。

综合实践活动中的劳动技术教育、信息技术教育中的某些内容,可根据需要在小学阶段某一学期或学年独立开设。在实施过程中,要体现综合实践活动的基本理念,注重信息技术手段的设计与运用要致力于为学生创造反思性的、自主合作探究的学习情境和问题情境,防止陷入纯粹信息技术知识教学或技能训练。

二、综合实践活动的过程

一般来说,综合实践活动的实施过程可分为活动准备、活动实施、活动总结与交流三个阶段,每个阶段具有不同的基本任务。

1. 活动准备

活动准备阶段的主要任务是学生在教师的指导下提出问题,明确学习活动主题、项目或课题,组建活动小组,制订活动方案,准备必要的活动条件等。

准备阶段尤其要注重培养学生的问题意识,发展学生发现问题、提出问题的能力;在引导学生组建活动小组的过程中,提高学生认识自我的能力,注重发展学生的合作精神;在制订活动方案的过程中,培养学生的规划意识和能力;针对活动主题的需要,引导学生学会收集与处理信息,为活动的实施奠定必要的认知基础,提供充分的准备。

2. 活动实施

活动实施的过程是执行并完善活动方案的过程,是综合实践活动过程的中心环节。它要求学生运用已有的知识技能和经验,尝试运用一定的问题解决方法,在特定实践情境中开展实践活动,通过收集与处理各种第一手资料和第二手资料,分析与解决问题,开展研究、服务、社会实践、劳动实践和技术实践等活动,在活动中学习,在活动中发展。

在活动实施阶段,指导教师要有计划地培养学生收集与处理信息的能力,发展学生的方法意识,并跟踪指导学生开展活动的全过程,引导每个学生积极参与活动的全过程,深度参与实践活动。

3. 活动总结与交流

活动总结与交流是综合实践活动的价值升华阶段。本阶段的基本任务是引导学生对活动全过程中的得与失进行全面的总结和交流,要突出对活动的结果、活动的体会、活动的方法等方面的总结与交流。

在总结与交流的过程中,要注意实事求是;活动结果的表达方式应多样化;要引导学生通过活动总结与交流,获取知识,深化体验,发展实践能力、良好的思想意识和个性。

活动准备、活动实施和活动总结与交流三个阶段不是绝对的,而是相对的。要引导学生根据活动过程的实际需要,灵活地开展实践过程,实现综合实践活动的生成性目标。

三、小学综合实践活动课程的组织形式

小学综合实践活动实施的组织形式可以是多种多样的,但必须保证综合实践活动安全、有效地开展。一般可采取以下两种组织形式:

1. 小组活动

小组活动是综合实践活动最基本的组织形式。鼓励学生以小组合作的形式,开展综合实践活动。小组的构成由学生自己协商后确定,教师不过多介入他们的选择。小组成员的组成不限于班级内,为使实践与探究走向深入,允许并鼓励各班之间、不同年级之间甚至不同学校、不同地域之间学生的组合。

2. 个人活动

个人活动的组织形式能够有利于发展学生独立思考能力和独立解决问题的能力。小学生已经具备了一定的社会活动能力,在综合实践活动的实施过程中,允许学生独立进行活动,并完成活动任务。在学生个人完成活动后,应组织学生积极与他人进行交流与分享。

在综合实践活动的实施过程中,也可以根据实际需要,采取全班活动的组织形式,允许并鼓励不同班级、不同年级,甚至不同学校、不同地域之间学生的组合。

四、综合实践活动课程的时间安排

综合实践活动要求的课时安排应体现弹性课时制,即将每周 3 课时的综合实践活动时间根据需要灵活安排,集中使用与分散使用相结合。根据学生活动主题或课题的实施需要,可以将每周的时间集中在一个单位时间使用,也可将几周的时间集中在一天使用,亦可根据需要将综合实践活动时间分散安排。

在保证基本课时总时的前提下,给予学生弹性的时空环境,允许不同的学习小组或个体有不同的学习活动进度,保证学生活动的连续性、长期性。同时,鼓励学校和学生利用周末、节假日等课外时间,保证综合实践活动充分的展开。综合实践活动要超越纯粹的课堂教学时空的局限,处理好校内活动与校外活动的关系、室内活动与室外活动的关系,合理利用并拓展学生的活动空间。

五、教师的有效指导

在综合实践活动课程的实施过程中,指导教师的基本职责就是指导、引导、组织、管理与评价学生活动。处理好教师与学生的关系,一方面要突出学生主体地位和需要,另一方面,要加强教师指导的有效性。教师的有效指导是防止综合实践活动流于形式的基本保障。教师的有效指导策略的建立应关注

以下两个方面:

1. 设计与制订教师指导方案,增强教师指导的计划性

教师指导方案包括学期指导方案、学生活动主题的具体指导方案。指导教师在要求学生制订活动主题实施方案的同时,应针对学生活动主题的展开过程及其需要,设计教师指导方案。教师指导方案应包括学生活动主题的具体目标、学生活动过程与具体方法的指导、学生活动主题必要的资料与工具准备、学生活动评价策略等。制订教师指导方案,有利于教师明确指导任务,落实具体的指导行为。

2. 建立综合实践活动教师指导的基本行为规范或指导常规

要初步建立教师指导行为的基本规范。活动准备阶段的教师指导应包括提出问题、形成活动主题的指导,制订活动方案的指导,必要的活动资料与活动工具准备的指导等。活动实施阶段的教师指导主要包括进入活动情境的指导、方法论的指导、收集与处理资料的指导等;活动总结与交流阶段的教师指导主要包括活动结果总结的指导、活动过程总结的指导、活动体验总结的指导、表达与交流的指导等。建立教师指导行为的基本规范和指导行为常规,有助于增强教师指导的有效性。

第二节　小学综合实践活动课程资源开发与利用的方法

小学综合实践活动课程是伴随着课程资源的开发而深入的,甚至可以说,没有课程资源的开发便没有综合实践活动可言。然而,目前小学综合实践活动课程资源开发过程中问题还是存在的。譬如,教师课程资源开发意识薄弱,专业技能欠缺;课程资源开发不仅局限于校内,而且校内、校外课程资源的互相转换机制也不健全,没有形成全社区、全社会都来关心支持综合实践活动课程资源的开发氛围;缺乏有形的、无形的与课程资源有关的物质保障,综合实践活动课程资源开发还受到物质条件的制约。

一、开发课程资源,确立课题

开展小学综合实践活动,首先是选题问题。恰当选题对综合实践活动的实施与效果起着关键作用,这就要求课题贴近学生实际,使研究有一定的活力和潜力。小学综合实践活动的内容,可涉及经济管理、交通、体育、环境等方方面面。活动课题的确立,应在教师指导下由学生自己来完成,只有这样,活动才具有生命和活力,学生才能带着浓厚的兴趣去研究。

(一) 以社会资源为切入点,开发课程内容

学生通过对自然、社会等方面的调查,掌握和发现解决矛盾与问题的方法,形成怀疑和探索思维的初步能力,培养探索的兴趣和能力,同时使学生初步学会科学的调查研究方法,增强学生对自然、社会的关注。其主要方式有以下几种:① 从地方文化活动中挖掘主题;② 从自然环境中挖掘主题;③ 从地方农副产品及学校的突发事件等中挖掘主题。

(二) 以现实生活为主题,开发课程内容

小学综合实践活动课程的开展,对课程资源有一定的要求。综合实践活动必须从学生实际出发,充分利用一切可以利用的课程资源来开展。在综合实践活动课程资源的开发方面,一是开发学校课程资源,抓好学科间的综合,超越单一学科知识体系的局限,要求学生学会综合运用所学知识分析问题、解决问题,发展创新精神和实践能力。二是开发自然资源,研究、分析地方和社区的背景和条件,充分挖掘地方自然条件、社会经济文化状况、社区文化传统等方面的课程资源,力求体现课程资源的地方性特色,开发地方和社区的自然因素及其状况,如水土、气候以及综合环境。

因此,综合性学习应该引导学生从生活实践中发现问题,从中提取综合性学习的主题,发挥"其中的生活意义",唤醒人的生命意识,启迪人的精神世界,建构人的生活方式,以实现人的生命价值。

➤ 扫描本章二维码,阅读"零食与健康——零食对小学生的影响"实践课程。

(三) 拓展学科内容,开发课程资源

在基础教育课程体系中,小学综合实践活动课程与各学科领域形成一个有机的整体。妥善处理综合实践活动与各学科的关系,是值得广大教师深入探究的课题。在综合实践活动主题设计时,教师要引导学生综合、延伸、重组学科知识,将综合实践活动与某些学科结合起来进行,从而拓宽综合实践活动的内容领域。实践证明,综合实践活动可与某些学科结合起来进行。例如,围绕某一主题,对课本进行探究阅读。阅读一至六年级有关课文,摘抄和分析有关描写家乡的文字,分析其描写内容、方法、作用,并将其进行比较,求同存异,

归纳综合,找出一些规律性的东西。再根据这样的思路研究家乡的特产,可以在探究中培养学生的观察能力和写作能力等。

二、合理实施课程,有效利用资源

新课程下的综合实践活动课程呈现的教学形态,有一种是学生直接参与的主题活动。课程目标主要是通过教师指导下学生主动参与各种教学活动来实现的,教师的主要作用是指导和组织儿童的活动。综合实践活动怎样开展才能有效呢?根据教学实际,应精心设计教学活动,对活动的目标、内容、结构、形式等都要做细致的考虑,具体说,应注意以下几点:

(一)教师有效指导是前提

1. 处理好教师与学生的角色

综合实践活动是一种主体性、实践性的课程,是学生通过实践来学习知识、获得发展的重要形式,学生是课程实施的重要主体。学生的实践是任何教育者都难以替代的。因此,在活动过程中,教师尽可能地让学生自主活动,在活动过程中起指导或引导作用,防止包办或代替。

2. 教师教学设计具有生成性

由于综合实践活动课程实施的过程具有综合性强、开放性强、不确定因素多和课程资源极其宽泛等特殊的复杂性,因此精心预设指导方案,努力为课程的实施准备较充分的工具和资料,是综合实践活动能否顺利实施的基本条件,也是教师有效指导的必要前提。

3. 活动目标要具体化

教学目标对教学活动具有导向、激励、调控和评价作用,只有明确、具体、贴近学生生活、解决学生实际问题的教学目标,才能使教学活动有效。但是,如果活动目标不切实际,没有明确的目的性,仅仅是在追求活动的形式,那么,即使活动看起来丰富多彩、热热闹闹,一节课下来,学生究竟体验到什么、感悟到什么,往往不知其所以然。因此,实践活动一定要有明确的目标。要使目标具体、明确,教师必须读懂教材,把活动要求与学生的实际结合起来。

(二)学生自主探究是关键

1. 增强趣味性,引发自主探究

综合实践活动是在教师引导下的学生自主进行的一种批判性、反思性、研究性的实践,它强调要尊重学生的主体。尊重主体,就要保护学生的学习兴趣和天生的求知欲。兴趣是最好的老师,它能激发学生的求知欲望,促进思维的活跃,保持学习的持久。因此,开展综合实践活动的活动项目首先要是学生真正感兴趣的,是学生真正想了解的,能真正"吊"起学生"胃口"的,使学生一上综合实践活动课就来劲,就跃跃欲试地探究趣味性,在"乐"中学习。

2. 重视过程评价,引发自主探究

重视隐性目标、长远目标必定要重视过程的评价赏识。评价赏识中,既要考虑到个体,又要考虑到群体,既要顾及情感态度,又要顾及能力成果,更要努力建设及时、公正、激励、合理的评价机制,积极关切地加以赏识。让每一位学生感受到教师对自己的关注,感受到对自己的认可,感受到对自己的鼓励,由此引发学生的自主探究。

➢ 扫描本章二维码,阅读"如何合理开发利用综合实践活动课程资源"。

思考·探究·实践

1. 在小学综合实践活动课程的开发上,教者一般倾向于开发学校资源或地方特色资源,而家庭资源和社区资源等的开发较少,这其中,存在着客观条件的制约,那么,课程资源的开发如何齐头并进,又如何相互协调呢?

2. 活动安全始终是小学综合实践活动课程的拦路虎。小学综合实践活动课程由于其实践性,活动的风险比其他活动大得多,不论是校内,还是校外,存在着一定的安全隐患,这在一定程度上影响了课程资源的开发与实施,怎样处理活动过程中的安全问题,尽可能地让活动资源更加丰富一些呢?

信息链接

1. 郭元祥.综合实践活动课程设计与实施[M].北京:首都师范大学出版社,2001.

2. 广东省教学教材研究室.小学综合实践活动课程教师参考书[M].广州:广东教育出版社,2004.

3. 郭元祥,伍香平.综合实践活动课程的理念[M].北京:高等教育出版社,2003.

第八章 小学综合实践活动课程实施中的指导教师

学习目标

➢ 认识专业化背景下小学综合实践活动课程实施中指导教师应具备的素养。

➢ 正确理解和把握小学综合实践活动课程实施过程中教师与学生的关系。

➢ 掌握小学综合实践活动课程实施过程中教师的指导策略。

➢ 初步具备指导小学生实施综合实践活动课程的能力。

综合实践活动课程是国家规定的基础教育阶段的必修课程,具有开放性、实践性和生成性等特点。所有这些特点,使综合实践活动课程的实施显得异常复杂,也使教师在课程实施中的作用更加突出,无论是活动方案的设计,还是活动过程的指导、活动结果的评价,都需要教师创造性的工作。由此,教师的专业素养就成为综合实践活动课程实施中最为关键的因素。那么,小学综合实践活动课程的教师应具备什么样的专业素养呢?这个问题,在目前专任教师缺乏、学校里每一学科教师都有可能"半路出家"成为综合实践活动课程指导教师的情况下,尤其需要明晰。在大力倡导教师专业化的今天,关于小学综合实践活动课程教师的专业素养或许应放到专业化大背景中进行考察更为合适。

微信扫一扫

✓ 观看本章微课视频
✓ 阅读本章配套案例

第一节　专业化背景下小学综合实践活动指导教师的素养

教师专业化,从动态的角度来说,主要是指教师在严格的专业训练和自身不断主动学习的基础上,逐渐成长为一名专业人员的发展过程;从静态的角度来讲,则是指教师职业真正成为一种专业,教师成为专业人员得到社会承认这一发展结果。简言之,教师专业化包括两个方面:一是教师的专业发展,二是教师职业专业地位的获得。无论是教师的专业发展,还是教师职业专业地位的获得,都对教师的专业素质提出了新要求。

一、专业化背景下的教师素质

教师专业化对教师的素质提出了什么样的要求,这可从"教师专业标准"中窥知。2012年2月,教育部研究、制定并颁布了《幼儿园教师专业标准(试行)》《小学教师专业标准(试行)》和《中学教师专业标准(试行)》,在所有这些"教师专业标准"中,明确规定了教师必须具备的素质。

(一) 高尚的师德修养

在教师的素质结构中,德是灵魂,因此,无论是《幼儿园教师专业标准(试行)》《小学教师专业标准(试行)》,还是《中学教师专业标准(试行)》,都把师德放在首位,明确提出"师德为先",并对"师德"提出了具体要求。如《小学教师专业标准(试行)》中的"师德"要求是:"热爱小学教育事业,具有职业理想,践行社会主义核心价值体系,履行教师职业道德规范。关爱小学生,尊重小学生人格,富有爱心、责任心、耐心和细心;为人师表,教书育人,自尊自律,以人格魅力和学识魅力教育感染小学生,做小学生健康成长的指导者和引路人。"

(二) 先进的教育理念

教育理念是影响教师教育行为的内在因素,不同的教育理念,将有不同的教育结果产生。那么,教师应该具有什么样的教育理念呢?《幼儿园教师专业标准(试行)》《小学教师专业标准(试行)》和《中学教师专业标准(试行)》中都鲜明地提出了"学生(幼儿)为本"的教育理念,要求教师关爱学生(幼儿),重视学生(幼儿)的全面发展。如《小学教师专业标准(试行)》中要求教师要"尊重小学生权益,以小学生为主体,充分调动和发挥小学生的主动性;遵循小学生身心发展特点和教育教学规律,提供适合的教育,促进小学生生动活泼学习、健康快乐成长,全面而有个性地发展"。显然,教育作为一种培养人的活动,"学生为本"的教育理念应该是真正合乎教育本质、体现时代精神的先进的教育理念。

(三) 合理的知识结构

教师素以"传道、授业、解惑"为基本职责,故传统的教师知识要求为"学科知识+教育知识"。然而,在教师专业化背景之下,如此的知识构成显然不合要求。在《小学教师专业标准(试行)》《中学教师专业标准(试行)》中,清晰地呈现了当代教师的知识结构:教育知识+学科知识+学科教学知识+通识性知识。这就是说,在专业化背景之下,中小学教师不仅要具有学科知识、教育知识,而且应具备学科教学知识——掌握所教学科课程标准和课程资源开发的主要方法与策略、针对具体学科内容进行教学和研究性学习的方法与策略,同时,还应具备通识性知识——相应的自然科学和人文社会科学知识、国情知识、艺术欣赏与表现知识以及适应教育内容、教学手段和方法现代化的信息技术知识。除此,还要求教师具有终身学习理念,不断优化知识结构,提高文化素养。

(四) 全面的能力素养

教师是履行教育教学工作职责的专业人员,不仅需要丰富的知识,而且需要较强的能力。因此,在《幼儿园教师专业标准(试行)》《小学教师专业标准(试行)》和《中学教师专业标准(试行)》中都强调"能力为重",并较为详细地列出了教师必须具备的能力。如《小学教师专业标准(试行)》中,要求教师具有教学设计、教学实施、班级管理与教育活动、教育教学评价、沟通与合作、反思与发展等多方面的能力。而在这些能力要求中,"沟通与合作""反思与发展"显得尤为瞩目。在"沟通与合作"上,要求教师不仅要"了解小学生,平等地与小学生进行沟通交流",而且要"与同事合作交流,分享经验和资源,共同发展""与家长进行有效沟通合作,共同促进小学生发展"并"协助小学与社区建立合作互助的良好关系";而在"反思与发展"上,则要求教师"主动收集分析相关信息,不断进行反思,改进教育教学工作""针对教育教学工作中的现实需要与问题,进行探索和研究""制定专业发展规划,积极参加专业培训,不断提高自身专业素质"。

> **阅读材料**

"每个人心目中都有自己好老师的形象。做好老师，是每一个老师应该认真思考和探索的问题，也是每一个老师的理想和追求。我想，好老师没有统一的模式，可以各有千秋、各显身手，但有一些共同的、必不可少的特质。"2014年9月9日，习近平在北师大这样同广大师生说。习近平提出了四点好老师的共同特质：

第一，做好老师，要有理想信念。一个优秀的老师，应该是"经师"和"人师"的统一，既要精于"授业""解惑"，更要以"传道"为责任和使命。好老师心中要有国家和民族，要明确意识到肩负的国家使命和社会责任。

第二，做好老师，要有道德情操。一个老师如果在是非、曲直、善恶、义利、得失等方面老出问题，怎么能担起立德树人的责任？广大教师必须率先垂范、以身作则，引导和帮助学生把握好人生方向，特别是引导和帮助青少年学生扣好人生的第一粒扣子。

第三，做好老师，要有扎实学识。陶行知先生说："出世便是破蒙，进棺材才算毕业。"这就要求老师始终处于学习状态，站在知识发展前沿，刻苦钻研、严谨笃学，不断充实、拓展、提高自己。过去讲，要给学生一碗水，教师要有一桶水，现在看，这个要求已经不够了，应该是要有一潭水。

第四，做好老师，要有仁爱之心。爱是教育的灵魂，没有爱就没有教育。好老师要用爱培育爱、激发爱、传播爱，通过真情、真心、真诚拉近同学生的距离，滋润学生的心田。好老师应该把自己的温暖和情感倾注到每一个学生身上，用欣赏增强学生的信心，用信任树立学生的自尊，让每一个学生都健康成长，让每一个学生都享受成功的喜悦。

（来源：2015年09月09日人民网.习近平对教师们有啥期望？http://www.xinhuanet.com/politics/2015-09/09/c_1116514080.htm.）

二、小学综合实践活动课程教师的素质

教师专业化对教师素质的要求可谓面面俱到，然而现实在小学教育中对承担不同教育教学任务的教师的素质要求是有所侧重的。与在课堂内以书本知识教学为主的学科课程教师相比，综合实践活动课程指导教师的素质要求显得更高一些，具体表现在知识结构、能力素养和情感态度三个方面。

（一）知识结构

在小学课程体系中，综合实践活动课程是一门新生课程，也是一门特殊的

第八章 小学综合实践活动课程实施中的指导教师

课程,它面向学生的"生活世界",旨在发展学生的创新能力和实践能力。如此课程,要求教师须具备以下四个方面的知识:

1. 综合的学科知识

综合实践活动课程是一门综合性课程,需要体现对知识的综合运用。如此,作为小学综合实践活动课程的指导教师,仅拥有单一的学科知识显然不合要求。为保证小学综合实践活动课程有效实施,指导教师在具备某一学科知识的同时,应积极进行跨学科学习,文科老师学习一些自然科学知识,理科老师补充一些人文社会科学知识,在"文理渗透"中实现教师知识的综合化。当然,就教师个体而言,要具备综合的学科知识绝非易事。要知道,无论多么优秀的教师也不可能穷尽各学科知识,更何况综合实践活动课程本身也具有很强的生成性,因此,在综合的学科知识的获取上,更需强调的是教师要有开放、主动的心态,不断吸纳新知,扩大和拓宽既有的知识领域。

2. 系统的教育科学知识

课程是教育的基本要素,一方面受制于教育目的,另一方面又深刻影响着教育目的的实现。因此,要理解课程并把握课程的实质,需要以系统的教育理论知识作为基础。综合实践活动课程是一门有着全新理念、目标、内容、价值追求和实施方略的课程,而这些理念、目标、内容、价值追求和实施方略,无一不是出自对教育本质的反复思考。因此,小学综合实践活动课程教师要深刻理解这些理念、目标、内容、价值追求和实施方略,就必须系统地学习现代教育理论,如教育哲学、教育心理学、课程论、教学论等。唯如此,方能"既知教之所由兴,又知教之所由废",在小学综合实践活动课程的实施中"有的放矢",从而实现小学综合实践活动课程的应有价值。

3. 基本的科学研究方法论知识

小学综合实践活动课程的教师除了应具有综合的学科知识和系统的教育理论知识之外,还应掌握科学研究的基本方法,具有开展科学研究的方法论知识。因为,综合实践活动课程的内容之一是"研究性学习",而"研究性学习"是围绕"研究"而展开的学习活动,旨在让学生体验科学研究过程,培养学生发现和探究问题的兴趣和能力。如此,作为指导教师就必须熟悉科学研究的一般程序,掌握科学研究的基本要领。综合实践活动课程实施中指导教师应具备文献法、观察法、实验法、调查法、个案研究法等基本的科学研究方法,以及研究性学习实施不同阶段(如选题阶段、开题阶段、结题展示阶段等)的程序性方法,还应包括社区服务、社会实践活动的基本方法。

4. 特定的地域性知识

综合实践活动课程是一门实践性课程,它的内容不像学科课程那样由国家统一规定,而是源于学生的现实生活和社会实践,是由教师和学生自主决定的。显然,学生的现实生活和社会实践存在一定地域性差异,因而,综合实践活动课程的实施会因地方和学校实际情况的差异而各具特色。由此,作为课程开发和实施主体,综合实践活动课程的指导教师要想指导学生的问题探究、社会调查、文化体验等活动,就必须首先对地方和社区的发展状况及其特有的地域性知识(地方和社区的自然状况、社会历史与现实状况、民族文化与风俗习惯等)有较全面的了解。此外,还要对学校的历史和特有的文化传统、学生的家庭经济文化背景与生活方式和习惯等有基本的了解。只有这样,综合实践活动课程的教师才有可能与学生一起充分开发和合理利用本地本校的课程资源,确保综合实践活动课程目标的实现。

(二) 能力素养

与数学、语文等学科课程不同,综合实践活动课程极具开放性——既无现成教材也无固定实施空间,而这种开放性使综合实践活动课程的实施显得异常复杂。相应地,对综合实践活动课程指导教师的能力也提出了特殊要求,要求教师不仅具有课程资源的开发与利用能力、主题活动的选择与设计能力,而且要具备学生研究过程的指导能力和学生活动的组织管理能力。

1. 课程资源的开发与利用能力

综合实践活动课程的开放性和实践性必然需要丰富的课程资源作为载体和支撑。没有课程资源的开发和利用,综合实践活动课程的实施就无从谈起。由此,课程资源的开发与利用能力成为综合实践活动课程教师最显要的能力。作为小学综合实践活动课程的指导教师,不仅要对课程资源的类别和开发利用方法有明确的认识,而且要善于转化课程"缺资源、无条件、少支持"的劣势,充分调动人力、物力、财力等各方资源为课程所用;不仅能够深入挖掘学校内部资源、合理开发校园周边资源,而且要善于利用各种社会教育资源,为学生创设更多的实践机会,丰富他们的直接体验,提高综合实践活动课程实施的效果。

2. 活动规划与设计能力

综合实践活动课程以"活动"作为其课程内容的主要呈现方式。由此,活动规划与设计能力对于综合实践活动课程教师来说显得十分重要。综合实践活动课程为学生提供了自由的活动空间和广阔的活动背景,作为指导教师要能够在这种广域的课程环境中,善于根据学生的生活经验、已有的知识基础和特定的背景和条件,引导学生自主、灵活地选择活动主题或课题,设计活动过程。然而,要做到这一点,教师必须有足够的活动整体规划和具体活动设计的能力,唯如此,才能在学生活动主题或课题选择和活动过程设计的指导中做到"游刃有余"。

3. 学生研究过程的指导能力

综合实践活动重在学生"做",社区服务与社会实践如此,研究性学习及其他亦如此。但重学生"做",并不意味着教师可以"袖手旁观"。毕竟,综合实践活动对小学生来说还有一定难度,需要教师给予各方面的指导和帮助。尤其是研究性学习,对普通小学生来说是一种不寻常的学习方式,倘若没有教师的指导和帮助,学生很可能没展开就陷入茫然不知所措的境地。当然,指导小学生开展研究性学习,教师须具备研究过程的指导能力,以有效地指导小学生体验科学研究的过程、掌握科学研究的基本程序和方法,以此激发小学生观察生活、发现问题与探究问题的兴趣,提高发现、探究问题的能力,养成实事求是的科学精神。

4. 学生实践活动的组织与管理能力

小学综合实践活动课程的实施,常常需要突破课堂、校园的限制,走向社会,开展实地的调查、访问、观摩、考察、体验、服务等多种活动。这种长周期、大主题、跨空间的学生实践活动,对教师的组织与管理能力的要求要远远高于教师组织常规课堂教学的能力。教师需要具有良好的活动组织与管理能力,确保活动安全、有序、顺利地进行。这种能力要求表现在适时组织学生的研讨、交流与评价,协调好学生小组之间、学生与教师之间、学生与家长之间、学生与校外机构之间以及与指导教师之间的关系,帮助学生获得活动必备的资源与条件,随时监控和掌握学生的活动过程等方面。

> 阅读材料

在教师专业发展的标准化时代,能力标准在全国范围内得以确立,能力本位理念将引领教师教育改革的发展方向。教师能力是教师在实践情境中释放主体心智、灵活驾驭自我、实现实践任务的主体性力量集合;能力至上的专业价值观、能力中心的专业形成观、能力主线的专业实践观构成了这一教师专业发展观的三个纽结。基于能力本位理念的教师教育体系改革框架的核心内容是:确立基于能力的专业标准,完善面向能力的培训体系,构筑历练能力的实

践平台,建立回归能力的教师评价机制。

(参见:杨洁.能力本位:当代教师专业标准建设的基石[J].教育研究,2014(10).)

教师能力是教师胜任教师职业的"应知、应会、应具",知识、技能与品性是其基础含义,优秀的教师能力是卓越教师的显著标志。当代美国教师能力研究的四个关键维度是教师知识、文化要求、政治考虑与教学专长,每个维度都贯穿着"关注多样性"的基本精神。综合化是美国教师能力研究的现实走向,教师能力内涵层面上的观念集成是基础,教师标准研制层面的实践集成是关节点。

(来源:龙宝新.美国教师能力研究的主要维度与现实走向[J].全球教育展望,2015(05).)

(三) 情感态度

小学综合实践活动课程的教师除了应具备实施综合实践活动课程所必需的知识和能力之外,还应该对综合实践活动课程价值具有高度的认同感,对综合实践活动课程的实施及其效果拥有强烈的责任感和足够的自信心。

1. 对课程价值的高度认同感

小学课程中,综合实践活动课程是一门独特的课程,作为指导教师,首先应明了综合实践活动课程独立于学科课程单独设置的原因,认可它作为一门实践性课程开设对学生发展的巨大价值,对其中理念有高度的认识并且坚信课程的发展前景。只有对课程价值具有高度的认同感,教师才会愿意为之付出努力,才会具有责任感和自信心。

2. 对课程实施强烈的责任感

综合实践活动课程是一门实践性课程,其内容具有不确定性,实施过程又极具开放性,指导教师需要花费大量时间来查阅资料、考察学校及周边环境的资源、了解学生的兴趣爱好和特长,除此,还需要组织指导学生展开活动、进行必要的人际沟通等。而这不仅要求教师具有奉献精神,而且须有强烈的责任感。否则,综合实践活动课程有可能陷入虚空化,其实施效果就很难得到保证。

3. 对课程发展足够的自信心

综合实践活动课程在小学不属于"主科",常常得不到应有的重视,给人以

"边缘化"的感觉。由此,作为综合实践活动课程的指导教师,就必须充分认识课程的价值,并对课程发展有足够的自信心,只有这样,才能在遭遇学生课题研究失利、缺乏必要的外部支持、自己指导能力又显不足之时,有坚定不移的立场和坚持到底的勇气,使综合实践活动课程实施保持常态化,从而保证小学生身心的健康发展。

第二节 小学综合实践活动实施中的师生关系

> **阅读材料**

小男孩的故事

从前有个小男孩要去上学了。他的年纪这么小,学校看起来却是那么大。小男孩发现进了校门口,便是他的教室时,他觉得高兴。因为这样学校看起来,不再那么巨大。

一天早上,老师开始上课,她说:"今天我们来学画画。"那小男孩心想:好啊!他喜欢画画。他会画许多东西,如:狮子和老虎,小鸡或奶牛,火车以及船儿——他开始兴奋地拿出油画棒,径自画了起来。

但是,老师说:"等等,现在还不能开始。"老师停了下来,直到全班都专心看着她。老师又说:"现在,我们来学画花。"那男孩心里高兴。他喜欢画花儿,他开始用粉红色、橙色、蓝色油画棒,勾勒出他自己的花朵。但此时,老师又打断大家:"等等,我要教你们怎么画。"于是,她在黑板上画了一朵花。花是红色的,茎是绿色的。

小男孩看着老师画的花,再看看自己画的,他比较喜欢自己的花儿,但是他不能说出来,只能把老师的花画在纸的背面,那是一朵红色的花,带着绿色的茎。

……

一天,男孩全家要搬到其他城市,而小男孩只得转学到其他学校。这所学校甚至更大,教室也不在校门口边,现在,他要爬楼梯,沿着长廊走,才能到达教室。

第一天上课，老师说：今天我们来画画。男孩想：真好。他等着老师教他怎么做，但老师什么也不说，只是沿着教室走。

老师来到男孩身边，她问："你不想画吗？""我很喜欢啊，今天我们要画什么？""我不知道，让你们自由发挥。""哦，我应该怎样画呢？""随你喜欢。"老师回答。"可以用任何颜色吗？"老师对着他说："如果每个人都画相同的图案，用一样的颜色。我怎么分辨是谁画的呢？"于是，小男孩开始用粉红色、橙色、蓝色，画出自己的小花。

小男孩喜欢这个新学校，即使教室不在校门口边。

（资料来源：http://www.zhly.cn/education/content/index/id/3313）

《学记》中有"君子之教，喻也。道而弗牵，强而弗抑，开而弗达。道而弗牵则和，强而弗抑则易，开而弗达则思。和易以思，可谓善喻矣"。意思就是教师施教不能强行、强制、替代、包办，而要善于诱导、劝勉和点拨，只有这样，师生关系才能融洽，学生才能感到学习容易并进行独立思考。对于《学记》中的这一观点，"小男孩的故事"做了很好的注解。其实，"师生关系融洽""学生学习容易并主动思考"，也是当今教育竭力追求的境界，而设置综合实践活动课程，就是为了让学生更自由、更愉快地学习并更好地培养学生独立思考的习惯和主动探索的精神。如此，在小学综合实践活动课程实施中教师所发挥的作用，应当是"引导""点拨"和"帮助"，而这样的作用，决定了小学综合实践活动课程实施过程中师生的角色定位和师生关系的特点。

一、小学综合实践活动课程实施中师生的角色定位

综合实践活动课程以学生活动为中心，强调学生的整体观念、探究方法和综合能力的培养。因此，无论是教师还是学生，都体现了与传统截然不同的角色定位。

（一）教师的角色定位

综合实践活动课程不同于学科课程的目标追求，因此，教师在综合实践活动课程实施过程中的角色，也有别于学科课程。在综合实践活动课程实施过程中，教师不是把现成的知识直接传递给学生，而更多的是组织、指导、协调和帮助学生开展综合实践活动，即教师在综合实践活动课程实施中主要的角色是活动的组织者、指导者、协调者和课程资源的开发者、利用者。

1. 活动的组织者、指导者、协调者

综合实践活动课程强调学生的自主选择、主动探究，但由于小学生身心还

第八章 小学综合实践活动课程实施中的指导教师

不够成熟,因此,完全让学生自觉自主显然是不现实的,其间需要教师的组织、指导和协调。综合实践活动中教师的指导主要是创设学生发现问题的情境,引导学生从问题情境中选择适合自己的探究课题,帮助学生找到合适的学习方式和探究方法,提供学生必要的资源材料,推动学生积极开展活动并进行成果分享与交流。而综合实践活动中教师的组织和协调,包括校内和校外两个方面。就校内来讲,主要是要做好学生活动小组的组织协调和相关教师的组织协调;就校外来说,主要是相关部门、人员和家长的组织协调。在小学综合实践活动课程实施过程中,学生外出活动较多,因此,教师必须组织协调好学生活动中与外界的交往,通过与相关部门、人员的沟通,安排好活动时间、地点,办好必要的手续,必要时准备好工具和材料,为学生开展活动创造良好条件。同时,教师还须与家长沟通,争取家长的理解和支持。只有做好这些组织、指导、协调工作,综合实践活动课程才能得到有序、有效的实施。

2. 课程资源的开发者和利用者

传统课程观认为,教师是课程执行者,课程实施的好坏取决于教师对课程的理解,教师被要求准确无误地理解课程设计者的思想,并无条件地执行。但综合实践活动课程不同,它是非预设课程,学生的学习内容不是预先设计好的体系化了的知识,而是紧密联系社会实际和学生生活的课题和项目。因此,综合实践活动课程的实施要求教师结合具体课题和项目需要,根据学校和社区实际,开发和利用相应的课程资源。《综合实践活动指导纲要·总则》提出:"学校要因地制宜、因时制宜,充分开发利用各种教育资源(包括校内资源、社区资源和学生家庭中的教育资源),落实课程计划的要求。要积极创造条件开发信息化课程资源,拓展综合实践活动的实施空间。"可见,开发和利用相关课程资源,是综合实践活动课程指导教师的基本职责。

阅读材料

时代变了,教师角色将迎来十大转变,再不跟上你就 OUT 了!

许多教师都抱怨,时代变了,学生不好教了。确实,就实际情况来说,今天有很多新的变化,都是教师要认真思考、重新面对的。在今天的时代背景下,教师的素养有哪些?对教师的新要求有哪些?

从现阶段情况来看,无论是教师的角色定位,还是其核心素养和工作方式,都呈现出一系列新动向。教师的地位由传统课堂教学中的以教师为中心的主体地位,转变为课堂教学活动中的组织者、设计者、指导者与参与者。教给学生的不仅仅是鱼,最重要的是授之以渔,教给学生独立和生存的能力应成为所有教师的职业追求。

转变一:由"权威"向"非权威"转变

我们应该允许在某些知识领域有不懂的问题而不是绝对的权威。教师可以向学生学习,可以向学生承认自己不懂的问题,可以请学生帮助老师解决教学中的疑难,让学生消除学习的"神秘感"。教师不应该以"知识的权威"自居,而应该与学生建立一种平等的师生关系,让学生感受到学习是一种平等的交流,是一种享受,是一种生命的呼唤。

转变二:由"指导者"向"促进者"转变

教师要成为学生学习的促进者,而不仅仅是指导者,要变"牵着学生走"为"推着学生走",要变"给学生压力"为"给学生动力",用鞭策、激励、赏识等手段促进学生主动发展。

转变三:由"导师"向"学友"转变

我们倡导专家型教师,但不提倡教师站在专家的高度去要求学生。教师要有甘当小学生的勇气,与学生共建课堂,与学生一起学习,一起快乐,一起分享,一起成长。教师不仅要成为学生的良师,更要成为学生的学友。

转变四:由"灵魂工程师"向"精神教练"转变

长期以来,人们把教师比作"人类灵魂的工程师"。其实教师不应该做学生灵魂的设计者,而应该做学生灵魂的铸造者、净化者。教师要成为学生"心智的激励唤醒者"而不是"灵魂的预设者",要成为学生的"精神教练"。

转变五:由"信息源"向"信息平台"转变

在传统的教学中,教师成为学生取之不尽的"知识源泉",缺乏师生互动,更缺乏生生互动。在新课程中,教师不仅要输出信息,而且要交换信息,更要接受学生输出的信息。教师要促成课堂中信息的双向或多向交流,因而教师要成为课堂中信息交换的平台。

转变六:由"一桶水"向"生生不息的奔河"转变

我们曾经认可教师要教给学生一碗水,自己就必须要有一桶水的观点,然而随着时代的变化,知识经济时代已经到来,教师原来的一桶水已经过时,这就需要教师的知识随着时代的变化而不断地更新,需要教师成为"生生不息的奔河",需要教师引导学生去"挖泉",即挖掘探寻,以寻到知识的甘泉。

转变七:由"挑战者"向"应战者"转变

新的课堂中不能仅仅是教师向学生提出一系列的问题,让学生解决问题。

它要求教师引导学生自己去提出问题，因为提出问题比解决问题更重要。学生向教师提出问题，便是对教师的挑战。开放的课堂中教师随时可能接受学生的挑战，而成为应战者。

转变八：由"蜡烛"向"果树"转变

中国的传统文化把教师比作"春蚕""蜡烛"，不管是春蚕还是蜡烛总是在奉献给客体的同时而毁灭掉主体。新时代的教师不能再比作"春蚕"或"蜡烛"，而应该在向社会奉献的同时不断地补充营养，成为常青的"果树"，而不是在照亮了世界或吐尽了芳丝后就毁灭掉自己。

转变九：由"统治者"向"平等的首席"转变

教师不能把课堂视为自己的课堂，而应该把课堂还给学生。教师不能做课堂的统治者，因为统治者总免不了令人"惧怕"。教师应该从统治的"神坛"上走下来，与学生融为一体。在新课程中教师不能再是居高临下的，而是与学生站在同一个平台上互动探究，在平等的交流中做"裁判"，在激烈的争论中做"首席"。

转变十：由"园丁"向"人生的引路人"转变

"园丁"是令人尊敬的，但"园丁"又是令人遗憾的，因为园丁把花木视作"另类生命"。园丁在给花木"浇水""施肥"的同时，还要给它们"修枝""造型"，他们是按照园丁自己的审美标准把花木塑造出来供人们欣赏的。在园丁看来，不合自己情趣的"歪枝""残枝"是可以"判死刑"的，他们可以随意"修剪"，可以培育出以曲为美的"病梅"。

然而教师与学生的生命同源，教师应该允许学生的缺点存在，应该允许奇才、偏才、怪才、狂才的发展。教师应该给学生的成长引路，给学生的人生导向，而不是限制学生的发展空间，更不能给不服自己管教的学生或有某种缺陷的学生"判死刑"。教师应该多一些爱心，多一些对"问题学生"的理解与关怀，将学生的缺点当作财富而施教，因为它可能使你成为教育家——没有任何一个教育家不是因为对问题学生的教育获得成功而成为真正的教育家的。

在传统的学习方式中，课堂的主角是教师，好学生是配角中的主角，大多数学生只是观众与听众。在课堂上，学生被当成单独的学习个体，而教师往往居高临下地对待学生，有点为老师独尊的架势，而且一味地强调学生接受老师灌输的现有知识，很少甚至没有考虑过学生的真实感受。而课改中强调教师是学习活动的组织者和引导者，同时认为学生才是课堂的主体，老师应尽可能地把课堂还给学生，让尽可能多的学生参与课堂，把主宰权还给学生。

学习的目的是为了学以致用。因此，作为教师确实有必要转变一下自己的角色地位,顺应课改的需求,把放飞心灵的空间和时间留给学生,营造宽松自由的学习氛围,在这种轻松的氛围里真正地引导学生们积极、主动地学习,这样一来,学生有了与老师平等对话的机会,变得越来越大胆,在课堂上踊跃发言,积极地表现自我。

(来源:时代变了,教师角色将迎来十大转变,再不跟上你就OUT了![N].中国教师报,2017-08-06.)

(二) 学生的角色定位

综合实践活动是学生的实践活动,学生在生活中实践,在实践中学习,在学习中发现,在发现中成长。因此,学生是综合实践活动的主体,既是学习者,也是探究者,还是课程的开发者。

1. 学习者

综合实践活动课程实施过程中,学生的主要任务是学习,即通过一系列的实践活动,获得对自然、社会和自我之内在联系的整体认识与体验、发展创新实践能力、形成良好的个性品质。可以说,学习者是学生在综合实践活动课程实施中的基本角色,但这个学习者必须是主动的学习者:在活动准备阶段,主动观察与思考,提出有价值的主题并形成合理可行的活动方案;在活动进行过程中,积极参与活动,履行小组成员的义务,并根据情境变化主动调整自己的行为;在活动行将结束之时,主动整理资料,反思活动过程,并与同学一起分享活动成果。

2. 探究者

综合实践活动课程旨在实现知识的综合运用、培养学生的创新能力和实践能力,为达成这一目标,确定了"研究性学习""社区服务与社会实践""劳动与技术教育""信息技术教育"四大领域的内容范围。其中,研究性学习是指学生基于自身兴趣,在教师指导下,从自然、社会和学生自身生活中选择和确定研究专题,主动地获取知识、应用知识、解决问题的学习活动。从本质上看,研究性学习是一种探究性学习活动,它强调学生通过探索实践,增强探究和创新意识,学习科学研究的方法,发展综合运用知识的能力。由此,研究性学习过程中的学生,既是学习者,又是探索者,是在探索中学习、在学习中探索、在探索学习中的成长者。

3. 课程的开发者

综合实践活动课程把学习的主动权完整地给予了学生,要求学生在教师的指导下自己选择活动主题、自己设计活动方案、自主完成活动任务。由此,学生不仅需要考虑"怎样学",更重要的还须考虑"学什么"。这就是说,综合实践活动课程实施中,学生不仅是课程的实施对象,而且是课程开发的主体,即在综合实践活动课程中,学生将和教师一起,共同开发课程。作为课程的开发者,学生的生活经验、兴趣需要、思维特征、知识基础、能力水平及其学习风格等将极大地影响综合实践活动课程,成为制约综合实践课程实施极其重要的因素。

二、小学综合实践活动课程实施中师生关系的特点

综合实践活动课程实践性、开放性和生成性的特点以及小学生身心发展的特点,决定了小学综合实践活动课程实施中师生关系民主、平等、合作、共享的特点。

(一) 民主

综合实践活动课程从设计、开发、实施到评估和反思都是师生共同努力、共同参与的结果。师生之间的民主协商是综合实践活动课程取得成效的关键。可以设想,在一个专制、权威盛行的环境下,在学生没有问题、课程实施过程中学生噤若寒蝉的背景下,会有学生的自主探究和创造发现吗?因此,民主的师生关系不仅是社会关系在学校的反映,更是开展课程教学所必需的。教师应转变传统的教育观念,在综合实践活动课程的实施过程中,充分发挥引导者、帮助者和促进者的作用,使学生自主探究、主动发现,在获得学习乐趣的同时体验生活的情趣。

(二) 平等

民主平等的师生关系,不仅是社会进步的必然结果,也是教育现代化的必然要求,是应当也可以上升到学校教育根本目的和价值的高度诠释的。平等的师生关系是综合实践活动实施的基本条件之一,没有师生之间的平等,就不会有师生的共同参与,再好的教育理念最后都将流于文字和口号,学生在学习中还会回到对教师的从属依附甚至控制决定关系中去。只有平等,教师才会充分尊重学生自主探究的权利,才会尊重学生主动探究的兴趣和热情。

(三) 合作

师生民主平等的关系在综合实践活动课程实施过程中主要体现为合作,如共同设计课程计划、制订课程实施方案等。师生之间的合作与分工是对立的统一,合作中的分工是根据各自在课程实施中扮演角色不同来区分的,如教

师更多的是实施情境的创设、实施过程的指导和帮助等,学生在活动过程中更多的是方法的选择、过程的体验等。

(四)共享

综合实践活动课程如同新课程体系中的其他课程一样,清晰地把教师作为学习者的角色放到了重要位置上。从教师也是学习的主体、也需要经验的丰富的角度来看,师生民主平等关系更多表现在共享上。教师作为学习者,和学生之间的经验共享是十分重要的。教师只有抱着经验共享的理念去指导学生的实践,才有可能使自己成为一个彻底的学习者,才能充分尊重并肯定学生的自主探究意识、行为和结果。必须明确的是,强调师生在课程实施过程中的民主平等关系,绝不意味着否认教师的主导作用。在师生关系的建设中,作为成人的教师显然占据着主动和决定的方面。也就是说,尽管师生双方追求的是平等,而平等能否实现却更需要教师一方的努力。因此,教师应充分认识到自己在师生关系中的地位与作用,采取多样的形式促进师生民主平等关系的形成,在与学生的合作、分享中,实现师生的共同成长。

总之,综合实践活动课程的实施过程,是教师和学生不断创生新的教育经验的过程,是学生的知识、技能、情感、态度、价值观在活动中不断更新的过程。综合实践活动课程的指导教师唯有不断学习,提高自身素质,才能真正把握综合实践活动课程的实质,在课程实施过程中正确定位,处理好与学生的关系,在与学生的合作分享中实现综合实践活动课程的目标。

➢ 扫描本章二维码,阅读"师生关系的表现"。

第三节 小学综合实践活动实施中教师的指导策略

阅读材料

"老师,我做不下去了"

这段时间,学生都在留心观察生活,寻找生活、学习中的不便之处,并寻找解决方案,进行发明创造。从学生交上来的方案设计及日常谈话来看,他们兴趣高涨,思路开阔,发现了很多问题,也想出了很多不错的解决方法。小潘、小陈、小夏等同学还根据方案设计制作了小发明作品。然而,也有些学生碰到了难题。

小刘同学离学校最远,她受下雨天淋湿裤子之苦也最深,她想发明一种简单且易于携带的防雨裤套。方案都有了,但在把尼龙搭扣缝到防雨布上时,却怎么也缝不好,针脚歪歪斜斜不说,在缝制过程中,线还老被搭扣上的毛粘住,每缝一针都极为艰难,手被扎出血就更是常事了。小王同学在制作可吸尘黑板擦时,小风扇都买了两三个,还是没做成功。几次失败后,她们都气馁了,一个劲地说:"老师,我们做不下去了!"还有一些学生,好不容易设计出方案甚至做出作品,结果发现以前早有了;有的学生在生活中发现了问题,但找不到解决方案;还有的甚至连问题都找不到。

主题活动进入艰难时期。逃避不是解决问题的方法,而此时教师的适度引导,不但能解决眼前所遇到的难题,还有可能把活动引向更深更广泛的层次,最终把学生引上创新之路,从而让学生成为创造和发明者。于是,在这一阶段,我们又开展了一系列的活动。(1)组织学生收集并阅读一些发明创造的故事;(2)请上海科协副主任、上海科协少儿委主任、《动手做》杂志主编于老师来我校做讲座,介绍如何进行发明创造、发明创造常用技法及国内外中小学生的小发明作品;(3)组织学生参观本校科技陈列室,和本校发明协会的同学座谈,激发学生的自豪感和责任心。通过这一系列活动,再加上适度的个别辅导,那些先前想退缩的同学又鼓足了干劲。

(资料来源:姜平.综合实践活动教学设计与特色案例评析[M].首都师范大学出版社,2012.)

综合实践活动课程的实施,注重突出学生主体,强调学生主动参与、乐于探究、勤于动手,但这并不意味着教师可以置身事外,相反,教师的指导有着极其重要的意义。可以说,综合实践活动课程实施的效果,在很大程度上取决于教师指导的有效性。因此,要保证小学综合实践活动课程实施的效果,就必须研究小学综合实践活动课程教师的指导策略。

一、确定主题的指导策略

确定主题是综合实践活动课程开展的第一步,也是最为关键和重要的一步。一个富有创意的主题凝聚着师生的体验和智慧,凸显着活动的意义和价值。作为指导者,教师可通过日常对话、问卷调查、创设情境等方式引导学生提出问题,然后再将问题转变为一个具有探究价值的活动主题。

确定主题时应遵循的基本原则主要有以下几个:

1. 尊重学生兴趣

"兴趣是最好的老师",只有学生感兴趣的问题,学生才会有积极参与、不断探究的内在动力,才会有强烈的责任感和渴望成功的心理欲求。因此,主题的确定应充分尊重学生的兴趣,满足学生的心理需求。

2. 密切联系生活

综合实践活动课程须基于学生的直接经验,故其活动主题应该源于学生身边或周围所发生的事情,而不是远离他们生活的一些消息或事件。同时,所确立的活动主题应是那些对学生自身、家庭、学校以及所在地区具有实际意义的课题。这样的课题更具有探究价值,更容易激发学生服务社会的意识,培养学生对社会负责的态度。

3. 具有可行性

综合实践活动课程在确定活动主题时应考虑学校和学生的实际情况,只有那些学校条件允许且小学生运用已有的知识、经验、能力能够完成的,才能成为活动主题。由于小学生知识经验还不够丰富,因此很难估计问题的难度、可行性,这时就需要教师通过适当的提问、质疑使学生意识到修改问题的必要性,或者让学生在尝试中体会到课题的操作困难,然后引导他们确立合适的主题。

二、活动组织的指导策略

综合实践活动课程的实施需要一定的组织形式,考虑到小学生的年龄特征和学生团队合作精神的培养,小学综合实践活动课程实施应以小组活动为主要的组织形式。而在构建小组的过程中,教师应依据下列原则加以协调:

1. 学生自愿

小组构建应由学生自己协商后确定,以自愿结合为主,适当进行调配,教师不宜过多介入学生的选择,即便其中有必须教师介入才能解决的问题,教师也应与学生协商,不能强制命令。

2. 限制规模

一方面,由于师资等条件的限制,各个班级活动小组的数量还要适当限制,许多有价值、学生乐于参加的活动可以在当前活动结束后再开展;另一方面,还要适当控制小组成员的人数,人数过多容易造成活动中责任的相互推诿。

3. 适度开放

鼓励打破班级界限,不同班级、不同年级甚至不同学校、不同地域之间的学生可以合作开展活动,积极发挥各自的资源优势,拓展综合实践活动课程的实施空间。

三、活动方案制订的指导策略

在确定活动主题和活动组织形式后,教师还要指导小组成员共同讨论、制订详细的活动方案,为学生开展活动提供具体的、可操作的步骤及方式。教师在指导学生制订活动方案的过程中应注意以下几点:

(1) 有效性,即活动方案的设计要始终围绕主题,指向活动目标的实现。

(2) 具体化,即活动方案的设计要力求具体,时间、地点、活动内容、活动形式等都应一一细化,这样,实施起来才会有的放矢。与此同时,教师还应注意,方案的具体并不意味着学生要按部就班地完全依据方案来实施。随着具体活动情境的变动,方案可以不断修正。教师切不可生搬硬套,更不可以因为学生没有遵循方案而放弃活动。

(3) 多样化,即要依据活动主题努力设计多样化的活动,为学生提供多元自主的学习机会,满足学生发展个人兴趣及专长的需要。

(4) 可行性,即指导教师要从人力、财力、物力、时间等方面审视学生制订的活动方案的可行性,避免由于缺乏操作性而无法达成活动目的的情况出现。

需要强调的是,活动方案的制订应充分发扬民主,坚持教师指导与学生自主设计相结合。拟订方案要统筹兼顾活动资源分布与学生爱好特长之间的关系,要关注小组成员的特点,根据他们的优势、特长协调任务。

四、活动实施的指导策略

综合实践活动课程的展开,其中心环节就在实施阶段。因此,作为指导教师,应在学生自主选择和主动探究的前提下,根据活动的具体情况,适时、适度地介入,有针对性地进行指导、点拨和督促,组织阶段性研讨和交流,以促进活动持续、有效和深入地开展。

在综合实践活动实施阶段,教师的指导策略主要包括以下几个方面:

1. 采用督促手段,落实活动方案

教师要注意创设良好氛围,利用各种机会,主动与学生交流,激发他们的活动兴趣。同时,要充分发挥组长的监督作用,不定期地展示阶段成果,促使

学生持久不懈地专注于自己的课题。

2. 运用教育机制,引导深度探究

教师要善于抓住时机,引导学生细心观察、深入思考,激发学生深度探究的欲望,发现更多问题,拓展活动主题。

3. 关注兴趣变化,重视随机生成

教师要注意观察学生的活动动态,及时发现学生兴趣的变化,明确学生兴趣变化的原因,在全面、准确评估学生新兴趣点的基础上,与学生共同协商、论证,澄清新的主题,并根据情境和条件及时做出调整,或增加,或替代,以保证综合实践活动课程的实施效果。

4. 注意资料保存,鼓励学生建立个人资料库

在活动开展过程中,教师应注意引导学生收集并认真整理活动中的过程性资料,鼓励学生建立个人资料库,以帮助师生进行总结、反思,在今后的活动中提高效率,生发出新的课程资源。

五、总结交流的指导策略

活动实施阶段之后,综合实践活动课程便进入总结反思和成果展示交流阶段。在此阶段,教师应指导学生对活动过程中收集的资料进行筛选、整理和分析,形成结论,撰写活动总结报告,并以多样的方式进行展示和交流。

根据小学生的特点,在总结反思和成果展示交流阶段中,教师应注意以下几点:

1. 总结要与反思结合

反思是人自我教育、自我生长、自我完善的重要机制。在指导学生进行综合实践活动的总结时,应注意与反思结合起来,通过学生对过程与结果关系的分析来反思"活动过程",通过让学生回忆活动中自己的表现、填写反思日记等方式来反思自己的"活动行为",通过对活动方案的再评价、再优化来反思"活动方案的设计和组织"。通过"反思式"总结,发展学生精益求精的科学态度和不断实践、不断创新的综合能力。

2. 交流形式力求恰当

活动主题不同,活动过程和方法也会有所差别,同一活动中不同的探究者也会有不同的体验、发现。因此,交流的形式应该多样,做到既符合活动的主题,又能反映学生的独特体验和收获。同时,交流应注意有动有静,动静结合。

3. 展示内容多样真实

综合实践活动的评价重在学习过程，重在亲身参与探索性实践活动获得的感悟和体验，因此，活动成果的展示应由学生自己决定呈现方式，应该是学生内心对活动的感受的一种真实反映，是一种真情实感的自然流露。教师切忌把成人的想法强加给学生，不能在展示中向学生施加"某种"要求，否则，学生将只是一味地追求"教师想要的"，而不是思考"自己想要的"。同时，要注意引导学生通过多种多样的方式展示活动成果，必要时可即时展示——发现学生的闪光点或者每当学生取得小小的成功时，教师及时提供展示机会，满足学生的展示欲望。需要指出的是，成果展示并非最终目的，教师要注意避免功利化倾向，防止出现"为展示而展示"的情况。

> 阅读材料

综合实践活动课程实施过程中教师的有效指导策略问题

（1）设计学生活动主题的具体指导方案，明确教师指导的具体任务，落实教师指导行为，增强学生活动的有效性。指导教师在要求学生设计和制订活动主题的实施方案的同时，应针对学生活动主题的展开过程及其需要，设计教师指导方案。教师指导方案应包括学生活动主题具体目标的设计、学生活动的具体方法及其实施、学生活动主题必要的资料和工具准备、活动的具体实施过程指导、学生评价方案等。

（2）处理好认识与实践的关系，在综合实践活动实施全过程中渗透必要的专题讲座，为学生活动奠定必要的认识基础和方法论基础。

（3）建立综合实践活动教师指导的基本行为规范或常规。综合实践活动课程的教师指导要有基本的规范和常规，这些常规包括：活动准备阶段教师指导行为、活动实施阶段教师指导行为、总结交流阶段教师指导行为；认知基础与方法论指导；校内室内活动指导行为、校外活动指导行为等。

（4）构成方法论指导系列。在问题解决的基本方法论指导方面，要从小学3年级开始到初中三年级初步构成一个比较宽泛而不失系统的系列。方法论的指导要把专题讲座和方法实践结合起来，不能陷入知识的系统讲授的局限。

（资料来源：郭元祥．综合实践活动课程实施过程中教师的有效指导策略问题．http://jxjy.com.cn:88/Article_Show.asp? ArticleID=3453）

第四节 小学综合实践活动的实施与指导教师的专业成长

综合实践活动课程关注学生的生活经验,倡导一种合作对话的课程文化,从根本上转变了学生的学习方式,促进了学生全面、主动地发展。同时,综合实践活动课程对于转变教师课程观念、提升课程开发能力、改变教学方式等方面也起到了较大促进作用。更重要的是,综合实践活动课程促使教师自主管理、主动反思,在反思中获得成长。

阅读材料

让我们共同成长

作为本次课改的一大亮点———综合实践活动课程具有独特的教育功能和价值,最初接触它时,我被那富有实践性、挑战性的教学内容所吸引。于是我想一定要在综合实践活动教学中引领学生走出一条实践、探索之路,一定能使学生在活泼、热烈的气氛中不断发展能力,培养创新意识。但实际教学却毫不留情地给我泼了一盆冷水。至今还清楚地记得我精心准备的第一次综合实践活动。我热切地期盼着学生争先恐后、积极汇报的场面。但事与愿违,活动中小学生毫无激情,完全是例行公事、完成任务,而且大多数学生根本没有参与进来。为什么会这样呢?期待与现实形成的巨大反差,使我陷入了深思。看来我对这门课程的憧憬还有一定的盲目性,对学生的现实情况还缺乏深入的了解,对活动实施中可能面临的困难在思想上准备还不足。

通过不断的反思,我对如何开展综合实践活动又有了新的认识。首先,我认为在确定主题方面,教师不能越俎代庖,要充分听取学生的意见,考虑现实情况与能力。比如:"对嫩江水污染的调查研究"和"关于小食品的调查"两个主题比较,学生就更喜欢"关于小食品的调查",而且这一主题学生也比较容易参与进来。其次,在活动中不能生搬教材,要按实际情况对教材内容有所取舍;同时教师要对学生的实践过程给予必要的指导,包括对活动过程的设计,对调查资料的收集、整理,对调查结果的处理等方面都要有恰当指导。有时甚至要亲自带领学生走向社会,走到现实生活中去,在实践过程中给予及时的点拨,在学生形成一定能力后教师再适当放手。

在不断学习、实践中,我又逐渐地把注意力从"关注学生知识的获得"转变到"关注学生的实践、体验和感悟"上。通过调查研究我发现,有些学生缺乏最起码的与人交往的能力,他甚至都没和陌生人说过话,他怎么能走出去调查呢?有的学生家长平时都不让孩子出门,又何谈参加社会实践活动呢?还有我们这个地区学生生活、学习条件还很一般,有些学生家里甚至连一本教科书以外的书籍都没有,他又怎么去查找资料呢?学生的这些种种问题,又迫使我不得不放低要求,重新审视自己的教学,重新设计活动环节,尽量做到让每名学生都能得到基于现实程度的发展。

伴随着综合实践活动课程的实施,我一路踏着荆棘走过。这一路上既有"独上高楼,寻寻觅觅"的困惑与苦恼,也有"独辟蹊径,开拓创新"的兴奋与喜悦。到现在我要说:我快乐!因为我是一名专职的综合实践活动课程教师,我在实践中体会了与课程共同成长的喜悦。

(资料来源:李新,等.与综合实践活动课程共同成长——教师反思日记[J].黑龙江教育,2005(10).)

一、小学综合实践活动课程与教师的专业成长

小学综合实践活动课程的实施对教师提出了较高的要求,但同时也为教师提供了宽广、自由的成长空间。小学综合实践活动课程的实施对教师专业成长的作用主要表现在以下几个方面:

(一) 促进教师更新观念、转变角色

综合实践活动课程强调以学习者的经验、社会需要和生活问题为核心进行课程的整合,培养和发展学生解决问题的能力和综合实践能力;转变学生的学习方式和生活方式,强调利用信息技术等主动解决问题;强调多样化的实践性学习;强调学习活动的时间和空间的开放,突破课堂时空的局限,向社会生活领域和自然环境延伸。

综合实践活动课程的这些理念,一方面要求教师必须更新观念,实现由"科学世界"向"生活世界"的转变、由"知识本位"向"人本位"的转变;另一方面,要求教师必须转变角色,由单一的知识传授者转变为问题解决的合作者,由活动的主宰者转变为活动的组织者、指导者和促进者,由知识的权威转变为"平等中的首席",由课程的"执行者""消费者"转变为课程的"开发者""研究者"。

(二）增强教师的课程意识

课程意识是指教师对课程系统的基本认识,包括教师对课程本质、课程结构与功能、课程性质与价值、课程目标、课程内容、课程的学习活动方式、课程评价、课程设计与实施等方面的基本看法、核心理念以及在课程实施中的指导思想。课程意识是课程设计与实施的基本反映,它支配着教师的教育理念、教育行为方式和角色。这里的课程意识主要包括主体意识、生成意识、资源意识。

综合实践活动课程要求教师转变长期以来"学科本位"的课程观,形成实践的课程观,正确认识综合实践活动课程的性质。同时,综合实践活动课程要求教师确立主体意识,发挥学生的主体性,尊重学生的生活经验和发展需要,关注学生的兴趣、爱好,作为活动的组织者、引导者、参与者,在活动中与学生一起发展。此外,综合实践活动课程还要求教师具有生成意识和资源意识,一方面,要求教师要注意引导学生从生活中生成主题,在活动中发展;另一方面,要注意引导学生关注生活、关注现实,从现实生活中发现问题,提出活动主题,合理开发和有效利用广泛存在的课程资源。

（三）养成教师反思的习惯

综合实践活动课程是一门开放性课程,它需要教师在课程开发与实施过程中不断分析和反思自身的理念和行为,及时调整指导策略,以保证课程的合理开发和有效实施。

综合实践活动课程教师的反思以探究解决课程开发与实施的手段和技术为出发点,可进行主题活动实施前的反思、实施过程中的反思和实施后的反思。通过内省式的主题活动的反思日记、交流式的主题活动的过程观察反思,教师可以清醒地意识到自己行为的价值,自己是否成功完成了实践活动目标,在增强责任感的同时明晰存在的问题,这样的反思有效地提高了教师的课程实施能力。在一次次的反思中,指导教师总结活动经验,吸取活动教训,产生新的问题、课题,并逐步形成反思的习惯,成为反思型教师。

➤ 扫描本章二维码,阅读"教师反思十三法"。

（四）提高教师多方面能力

1. 提高教师的活动规划、实施能力

综合实践活动课程以"活动"为基础,它要求教师具有较强的活动规划、设计与实施能力,能够根据学生的生活经验、已有的知识基础和特定的背景条件,引导学生选择或自主提出活动项目、确定活动主题、制订活动方案并展开活动过程,以保证综合实践活动课程得以顺利有效地实施。综合实践活动课程对教师的这个要求,促使教师有意识地进行学习和锻炼,从而在活动规划、设计与实施的能力方面得以提高。

2. 增强教师的人际交往能力

综合实践活动课程实施涉及的因素很多,它要求教师具有较强的人际沟通与协调能力,以协调好多方关系,保证综合实践活动课程的顺利实施。综合实践活动课程教师需要协调的关系主要有以下几个方面:一是学生小组成员之间关系;二是学生与学校相关教师、领导之间的关系;三是学生与活动中所涉及的校外相关部门和人员的关系。在综合实践活动课程的实施过程中,指导教师多方沟通、协调,人际交往能力会自然而然得到提高。

3. 发展教师的信息收集和处理能力

在综合实践活动中,学生面对纷繁复杂的资料或信息,常常会不知所措,这时就需要教师的指导和帮助。而教师要指导帮助学生,自己首先必须具备相应的收集、处理信息的能力。作为指导教师,不仅要明确获取信息的途径和渠道,学会运用调查、考察、文献检索、测量、实验等不同的方法来收集资料,而且要掌握统计、整理、分析资料的方法。只有这样,才能有效地指导学生如何收集和处理信息。可以说,综合实践活动课程既对教师的信息素养提出了要求,同时也促进了教师收集和处理信息能力的发展。

4. 提升教师的探究精神和研究能力

综合实践活动课程的范围很广,包含各个学科各个领域,很多时候学生感兴趣的主题可能不是教师的强项,甚至可能是教师从来没有涉猎过的,这就需要教师不断地学习、研究和探索。一方面,教师要挣脱学科束缚,更多地学习和吸收学科之外的知识;另一方面,要注意学习教育学、心理学、管理学等知识,形成信息获取、分类、分析、评估、解释等方面的能力,并在教育实践活动中发现问题,思考和研究问题,提高教育科研能力。同时,教师还要不断关注周边事物,探究新问题,设计新方案,并在此基础上进行再创造。综合实践活动课程为教师提供了在课程设计、实施和总结过程中对课程进行"再创造"的"空间",如课程目标的具体化、课程内容的选择、学习方式的创造性设计、通过反思和批判重建课程等。又如,结合特定的教育情景,联系学生经验和社会实际,动态地生成课程价值。可以说,综合实践活动课程的实施过程,就是教师学习、探究、创造的过程。

二、小学综合实践活动课程指导教师专业发展的基本策略

综合实践活动课程提供了很多教师专业发展的机会,拓宽了教师发展的渠道。但要真正促进教师的专业发展,还要采用以下一些基本策略:

1. 依托基于教学情境的校本教研活动,促进教师实现专业发展

实践证明,基于教学情境的校本教研能够极大地促进教师实践性知识的生成和增长。在校本研究中,教师要抓住教学中的难点问题,如主题活动的设计与选择、对学生研究性学习的过程与成果的评价以及对学生实践活动的组织与管理等方面的难点,按照"专家引领、同伴互助、实践反思"的理念,依托教研组开展基于课例的交流与研讨活动,把理论性知识最大化地内化到教师的知识结构中,并通过教师的行动研究外显出来,切实提高教师指导学生综合实践活动的能力。

阅读材料

"校本教研"是伴随课程改革的推进而提出的一个重要概念和重要的教学制度。它适应了基础教育改革发展的时代需要,形成了与课程改革相适应的全新的教研方式,已经成为教师基本的学习方式和专业发展方式。校本教研是一个正在探索与发展的新事物,在校本教研经验中呈现出一些共同的规律性趋向,即校本教研将从非常态化活动向规范化教学制度转变;教师将从非自觉状态向自觉状态转变;校本教研的专业引领将由临时性措施向常规型机制转变;校本教研将由单一的以校为本向校本校研、学区教研、网络教研相结合的教研网络转变。

(参见:韩江萍. 校本教研制度:现状与趋势[J]. 教育研究,2007(07).)

2. 开展理论与实践相结合的各级研修培训活动,推动教师专业发展

从综合实践活动的特点与需要出发,选择教师实施课程的难点问题,采用课堂观察与评议、参与式培训、主题式培训、课例研究等多种方式,促进教师的专业发展。在教师研修培训中,值得一提的是课程行动研究。

课程行动研究是教师为了解决课程问题、提高实践质量而进行的研究,主要采取计划、实施、观察、思考这一自省式的循环方式。课程行动研究对于教师提高自身的教育科研能力和反思性实践能力尤其重要。它促使教师由传统的讲授者转变为研究者,更加注重具体的教育情境,从而弥合了教育理论与实

践的隔离,促进了教师的专业发展。

3. 通过教师自身加强学习,获得专业发展

教师自身加强学习,以丰富专业知识、完善专业能力、增强专业情感,从而获得专业发展。一方面,教师要通过专业学习丰富自己的课程原理知识、课程的方法论知识和课程的内容知识,另一方面要通过"做中学",抓住综合实践活动的活动设计、实地指导、活动总结与评价等主要环节,开展行动研究、叙事研究、案例研究,不断观察、尝试、积累、总结、交流、反思,以生成富有价值、行之有效的实践性智慧,完善专业能力。同时,教师要通过理论学习、实际参与、切身体验,不断深化对综合实践活动课程价值的认识,培植责任感,提高专业自信心,进一步增强专业情感。

当然,小学综合实践活动课程教师的专业发展,除了上述这些策略之外,还需要一定的制度保障。各级教育行政部门和各小学应制定与综合实践活动课程发展相匹配的规章制度,如增设综合实践活动教师职称系列,设置综合实践活动岗位,完善教师的培训制度、工作量的认定制度、激励与评价制度等。唯如此,才能免除综合实践活动教师的"后顾之忧",更好地激发教师投入综合实践活动的热情,增强其专业情感,促进其专业发展。

思考·探究·实践

1. 综合实践活动课程的实施对教师提出了哪些素质要求?它对教师的专业成长有什么促进作用?

2. 在综合实践活动课程实施过程中,教师和学生应该有什么样的角色定位?

3. 如何理解和把握综合实践活动课程实施中的师生关系?

4. "老师,我做不下去了"这一案例中教师是如何对学生进行指导的?你对这样的指导有什么看法?

信息链接

1. 李群. 综合实践活动课教师的智能素质研究[J]. 江西教育科研,2003(10).

2. 何茜,杜志强. 综合实践课程实施中师生的角色定位及相互关系[J]. 教育科学,2008(3).

3. 蔡慧琴.论综合实践活动课程实施中的师生关系[J].江西教育科研,2006(6).

4. 肖龙海,宋华伟.综合实践活动课程实施中的问题及反思——以"温州精神"教育的综合实践活动课程实施为例[J].教育科学研究,2009(9).

5. 朱芳江.综合实践活动中教师的有效指导[J].教育科研论坛,2008(10).

6. http://jxjy.com.cn,综合实践活动网.

7. http://www.chinazhsj.com,中国综合实践活动网.

8. http://zhsjhd.jssjys.com,江苏省中小学教学研究室·综合实践活动.

第九章　小学综合实践活动课程评价

学习目标

➢ 明晰小学综合实践活动课程评价的内容和方法。
➢ 把握小学综合实践活动课程评价的基本理念及原则。
➢ 构建具有校本特色的小学综合实践活动课程的评价体系。

　　小学综合实践活动课程对学生的发展是否起作用、起多大作用,需要用"评价"来检验。评价能否做到客观准确、全面及时是影响小学综合实践活动课程有效实施的重要因素。如何通过评价来促进学生的发展,如何用质性评价手段来客观、公正地描述学生的情感、态度和价值观状况,这是小学综合实践活动课程有效实施必须解决的问题。评价系统主要包括评价指标、评价标准、权重分配以及评价方法和要求等。其中,以评价指标和评价标准尤为重要。科学合理地评价教师和学生是课程有效实施的重要因素和保证。

　　小学综合实践活动课程的评价研究,包括对学生的评价和对教师的评价,这里侧重研究对学生的评价,重点研究放在如何建立科学合理的评价体系和指标,通过评价真正促进学生的发展。对教师的评价通过对学校的评价体制的个案研究来进行。

微信扫一扫

✓ 观看本章微课视频
✓ 阅读本章配套案例

第一节　小学综合实践活动课程评价的原则及内容

小学综合实践活动课程开发是一个持续的、动态的、循环往复的过程。评价是小学综合实践活动开发的关键环节和重要依据，它既是活动的相对终结，也是活动的持续起点，更是活动的循环过程。科学认识、有效实施和妥善利用"评价"，关系到课程开发的质量和效益，是小学综合实践活动课程开发的重要前提和保障。

小学综合实践活动课程评价是判断活动价值、改进课程实践、促进整体发展的过程。这一过程的实现，取决于一个衡量价值的尺度。"价值的真正尺度，照一般的说法，是不可能有争论的。"然而，实际上任何评价难免引起争议，争议的程度与效果不仅取决于"尺度"的合理性和公正性，更取决于运用这些"真正"的尺度要回答的有关价值判断的问题。

一、小学综合实践活动课程评价的基本理念及原则

小学综合实践活动课程是教师与学生合作开发与实施的。教师和学生既是活动方案的开发者，又是活动方案的实施者。学生在小学综合实践活动中的课程开发角色尤须强调，这是小学综合实践活动开放性的集中体现。教师在小学综合实践活动课程中的指导作用重在激发探究兴趣，采取有利于促进学生交往与合作的组织形式，引导学生改善学习方式，丰富学生的学习经验，增进学校与生活的密切联系。

小学综合实践活动课程的评价重点不在于成果的形式和水平，而在于学生在活动过程中在情感态度、探究欲望、创新能力与合作能力等方面的进步。综合实践活动情况是学生综合素质评价的重要内容。各学校和教师要以促进学生综合素质持续发展为目的设计与实施综合实践活动评价。要坚持评价的方向性、指导性、客观性、公正性等原则。评价特点是过程化、多样化，重视评价的导向、诊断、反馈、发展功能，而不是用于选拔和排序。具体而言，应遵循以下几点评价理念及原则：

1. 突出发展导向

坚持学生成长导向，通过对学生成长过程的观察、记录、分析，促进学校及

教师把握学生的成长规律,了解学生的个性与特长,不断激发学生的潜能,为更好地促进学生成长提供依据。评价的首要功能是让学生及时获得关于学习过程的反馈,改进后续活动。要避免评价过程中只重结果、不重过程的现象。要对学生作品进行深入分析和研究,挖掘其背后蕴藏的学生的思想、创意和体验,杜绝对学生的作品随意打分和简单排名等功利主义做法。

2. 注重过程评价

注重过程还是注重结果,是新课程倡导的评价观与传统评价观的重要区别。在小学综合实践活动中对学生进行评价,过程性要表现得更加突出。设置小学综合实践活动课程,从一定意义上说,就是要让学生获得活动的机会,学生有没有积极地参与活动、在活动中有哪些具体表现,这是课程评价最需要关注的问题。因此,评价时,不应该过于看重学生所获得的知识的多少及作品的优劣,而应特别关注学生参与的态度、解决问题的能力和创造性,关注学习的过程和方法,关注交流与合作,关注动手实践以及所获得的经验与教训。因此,要采用形成性评价的方式,一般不采用等级评分的方法,重视对过程的评价和在过程中的评价,使评价成为学生学会实践和反思、发现自我、欣赏别人的过程。同时要强调评价的激励性,鼓励学生发挥自己的个性特长,施展自己的才能,努力形成激励广大学生积极进取、勇于创新的氛围。

3. 力求全面评价

小学综合实践活动课程的评价,要反映学生在活动过程中各方面的个性表现,不但要关心学生学会了哪些知识,掌握了哪些技能,更要关心学生情感、态度、价值观的发展和变化,关心学生合作与交往能力的提高,关心学生社会化的发展。评价的内容应该包括学生在活动中的行为、情绪情感反应、参与程度、努力程度、合作程度等。

4. 开展科学评价

原则上每学期末,教师要依据课程目标和档案袋,结合平时对学生活动情况的观察,对学生综合素质发展水平进行科学分析,写出有关综合实践活动情况的评语,引导学生扬长避短,明确努力方向。

5. 尊重多元评价

小学综合实践活动课程具有开放性的特点,评价也应该具有开放性,在学生自我评价的基础上,应尽可能采用集体讨论和交流的形式,将个人和小组的经验及成果展示出来,并鼓励相互之间充分发表意见和评论。这样的评价不仅可以使学生吸收他人的有益经验,而且可以促使学生加深对问题的认识,有助于培养学生敢于和善于发现问题并发表个人见解的优良品质。评价可采用多种方式,如对书面材料的评价与对学生的口头报告、活动、展示的评价相结合,教师评价与学生的自评、互评相结合,以及小组的评价与组内个人的评价相结合等。其中以学生的自我评价为主。由于是让学生自我评价,其压力较小,学生可以充分地畅谈自己参与活动的体验、经验和教训,自由地交换意见。同时,这种集体和个人的自我评价也可以使学生享受到健康的民主风气的熏陶和教育。

教师、教师集体、学生、学生群体、家长和社区成员等,都是学生活动的评价主体,都应该参与到对学生的评价中来。评价主体的多元化,意味着学生与他人结成了一种更加平等的关系,评价过程不再是教师发表专制的结论。只有当活动的参与者有更多的评价机会时,评价本身才能更好地促进学生活动的进行。

6. 做好写实记录

教师要指导学生客观记录参与活动的具体情况,包括活动主题、持续时间、所承担的角色、任务分工及完成情况等,及时填写活动记录单,并收集相关事实材料,如活动现场照片、作品、研究报告、实践单位证明等。在活动过程中,教师要指导学生分类整理、遴选具有代表性的重要活动记录、典型事实材料以及其他有关资料,编排、汇总、归档,形成每一个学生的综合实践活动档案袋,并纳入学生综合素质档案。

7. 引导反思提高

小学综合实践活动的评价鼓励并尊重学生富有个性的自我表达方式,在处理外界评价和自我评价的关系时,要更加注重学生的自我评价和自我反思。为此,在活动过程中,教师要强化学生自我评价和自我反思的意识,增强学生对自己所进行的活动的信心,学会在与人相处中,发现自己和他人的长处,提高自我意识、自我调控的水平。

二、小学综合实践活动课程评价的内容

评价什么?似乎不需要更多的讨论。然而,在小学综合实践活动课程开发过程中,人们似乎很容易将活动的结果作为评价的唯一,更有甚者,将小学综合实践活动课程开设过程中某一特定活动范围的结果作为评价的全部。如,在部分学校看来,除"研究性学习"活动结果值得评价之外,便没有其他。实质上,从不同角度,都可以看出小学综合实践活动课程评价范围的广泛性。

就小学综合实践活动课程开发过程而言,可以分为活动设计评价、活动过

程评价、活动结果评价;从实践活动效果而论,可以分为学生发展评价、教师发展评价、学校整体发展评价和课程发展评价;从方法论意义上讲,可以分为评价手段和工具的质量评价、评价者的评价。

概括地讲,小学综合实践活动课程评价直接地表现为两方面:① 课程自身的评价,包括课程目标、活动设计、活动组织评价;② 发展绩效评价,包括对学生、教师、学校、课程发展的评价,学生活动参与度、活动结果评价包含于此。

(一) 关于"课程自身"评价

一种"好"的"结果",需要有一个"好"的开始。而一个好的开始却未必一定有一个好的结果。毕竟,影响结果的因素复杂多样。因此,仅仅关注"好"的"结果",可能容易忽视"好"的"开始"。小学综合实践活动课程"好",还是"不好",自然可以通过"结果"去检验,但在评价过程中,必须关照"课程自身"。

课程目标设计、活动领域规划、主题安排、活动内容设计、活动时间安排、活动督导设计、管理设计是小学综合实践活动课程自身评价的重要内容。下列问题的回答对评价十分重要。

(1) 目标设计是否与国家课程指导纲要精神保持一致;

(2) 目标设计是否与地方课程开发思路相一致;

(3) 目标设计是否从学校课程开发现实情境出发;

(4) 目标设计是否充分基于学生的经验基础;

(5) 目标设计是否考虑了学生的兴趣、爱好;

(6) 目标设计人员构成是否合理;

(7) 活动领域规划是否与地方课程开发保持内在联系;

(8) 活动领域规划是否与校本课程开发思路融为一体;

(9) 活动领域是否反映学生现实生活需要;

(10) 活动领域是否反映了地方与学校特点;

(11) 活动领域开发人员构成是否合理;

(12) 活动主题设计是否与学生兴趣、爱好保持一致;

(13) 活动主题是否与社会现实生活密切相连;

(14) 活动主题系列是否体现学生心理发展阶段特征;

(15) 活动主题时间设计是否合理;

(16) 活动主题设计人员构成是否合理;

(17) 活动内容是否与学生生活密切相连;

(18) 活动督导计划是否健全;

(19) 学生活动情况登录措施是否配套；
(20) 活动指导制度是否配套等。

(二) 关于"发展绩效"评价

发展绩效既表现于主题活动展开过程，又显现于活动结果，内容包括学生发展、教师发展、学校发展和课程发展四方面。

1. 学生发展

(1) 能够主动参与活动；
(2) 围绕活动要求主动地同他人交往；
(3) 置身于问题情境能否自觉发现问题；
(4) 能够顺利找到解决问题的渠道；
(5) 围绕问题解决能否顺利找到相关资料；
(6) 能够自发与同学合作解决问题；
(7) 常常主动关心他人的活动状况；
(8) 乐于将自己的感受公开"发表"；
(9) 能够通过多种途径发表自己的看法；
(10) 按照规定概括自己的活动经验；
(11) 能够将活动心得有效地公开报告；
(12) 对学习更有兴趣了；
(13) 对书本以外的知识比以前更喜欢了；
(14) 通过活动得到了许多书本上没有的知识；
(15) 敢于标新立异；
(16) 总想找到"另外的更好的"办法去解决问题；
(17) 很愿意与同学一起解决问题；
(18) 通过主题活动，大家更喜欢所在班级和学校；
(19) 一有机会就想参加社会公益活动；
(20) 对一些社会问题，总是想一些办法去解决；
(21) 常常反思自己在活动中做了什么、做得怎样、有无更理想的做法；
(22) 善于倾听同学意见等。

2. 教师发展

(1) 对课程规划是否不再束手无策；
(2) 对活动主题设计是否更有把握；
(3) 是否能够自觉利用课程资源设计学生活动；

(4) 与社区人士、家长的沟通与交流是否更加得心应手；
(5) 能否顺利协调学生活动各部门的关系；
(6) 经常喜欢就某些现象问"为什么"；
(7) 能否顺利获取开展活动的信息资料；
(8) 常常从活动组织过程中发现自己的优势与缺陷；
(9) 是否主动向相关杂志投寄论文、报告、叙事文章；
(10) 很容易调动学生活动的积极性；
(11) 与学生一起解决问题十分快乐；
(12) 在遇到困难时，很顺利争取到同事的帮助；
(13) 能够将一些活动经验做富有逻辑性的概括；
(14) 能够果断处理应急事情；
(15) 能够联合相关学科教师协同开展一些有意义的活动；
(16) 通过主题活动，眼界更加开阔等。

3. 学校发展

(1) 社会对学校的总体印象更好了；
(2) 家长主动参与学校的活动；
(3) 家长对学校的投诉减少；
(4) 对孩子学习上的退步，家长开始寻找自己的问题；
(5) 学生为自己的学校感到自豪；
(6) 社区以学校为荣耀；
(7) 社区人士能够主动配合学校开展活动；
(8) 学校老师为自己的学校感到骄傲；
(9) 学校教师能够站在学校立场思考学校发展；
(10) 老师、学生、校长之间的对话和交流增多了；
(11) 学校优质课比例有了明显提升；
(12) 老师们善于运用自己的语言讲述自己的活动故事，常常在报纸杂志上发表等。

4. 课程发展

(1) 老师们谈论"课程"多于谈论"课"；
(2) 能够从"课程"视野设计"教学"；
(3) 在教学设计过程中，学科之间的协同增多了；
(4) 结合本土与学校实际改造课程内容的老师增多了；

（5）在教学设计过程中，老师们注重联系学生生活实际；

（6）老师们能够将社会中出现的新知识、新信息有机地融入学科单元学习过程之中；

（7）结合学生的兴趣和需要，开设选修课程的老师开始增加；

（8）老师们能够将一些学科中共性的活动结合起来，设计成学生感兴趣的主题活动；

（9）有老师将学科学习与小学综合实践活动课程开发结合起来，开展综合探究活动；

（10）学校"课题研究"与课程开发结合得更加紧密等。

上述评价范围，可以通过不同方式认定和判断。诸如：通过观察和活动记录描述发展绩效；利用外在显性材料评价成果（论文发表刊物级别、发明专利价值、专家对模型制作的评价、获奖证书等级、校本课程开发成果鉴定……）；制定评价指标体系量化评定；等等。其中，量化评定已经成为衡量评价科学性的重要措施之一，它使课程评价标准具体化，各评价标准之间的内在联系得到具体体现，避免评价标准的笼统和零乱，利于评价者准确地理解、把握和实施。

➤ 扫描本章二维码，阅读"小学综合实践活动评价方案"。

第二节 小学综合实践活动课程评价的方法

"如何评价"是保证评价活动达到预期目的的重要环节。其内容涉及评价组织的建立、评价程序的遵守、有效评价方法的选择以及评价结果的表述和使用。这里需要指出的是，并不是对所有评价对象的评估都采用详细规定评价指标并予以量化的方法，否则小学综合实践活动课程开发的大量工作都集中在了评价环节，而把重要的课程设计和活动过程放到了次要的位置。那么，小学综合实践活动课程开发的根本目的究竟为何，如何使评价更为有效，如何使评价本身也成为一种学生、教师、社会人士共同参与的活动呢，这需要研究"如何评价"。

一、小学综合实践活动课程评价的组织

组建评价组织需要在确定的原则下进行。首先，有利于在学生活动情境

第九章 小学综合实践活动课程评价

中评价;其次,有利于根据学生实际情况进行个性化评价;第三,有利于帮助学生进行自我评价;第四,有利于评价信息和资料的收集。所以,小学综合实践活动课程评估组织类似"课程审议"小组,主要从"实践"意义上选择评估人员,由从事小学综合实践活动课程研究与开发的教师、校长、学生代表、家长代表、社区代表和相关专家学者组成。

由这些人员组成的评估小组扮演着重要角色,他们既是评价者,也是促进者。时时处处难免会遇到"两难冲突",一方面需要保护课程开发和实践者的"原创",另一方面又要提出批评,引导活动进一步有效展开。这样,在什么时候对活动予以评估,意味着在什么时候对活动进行引导。做出怎样的评价意见才能使课程目标有效实现,才不会干扰课程开发者和活动实施者的计划、观察和反思?尽管这些问题是评估组织建立之后才可能遇到,但却直接与评估组织成员的素质密切相关。

二、小学综合实践活动课程评价的程序

小学综合实践活动课程评价程序遵循一般评价的步骤,但是需要更加注重"过程中激励"原则。

1. 界定课程评价对象和制定评价标准

评价是因为对象存在而存在。准确界定评价对象和评价标准直接关系到评价报告的内容,也关系到受"激励"的范围。如前所述,小学综合实践活动课程评价对象来自"课程本身""发展绩效"等。针对每一方面,均需要立足学校实际,认真回答相关问题,制定明确的评价标准。界定评价对象,制定相应的评价标准,要体现"过程中激励"原则的内在意义。通过对评价对象的特别描述,可以将"过程中激励"放到显著的位置。学生活动过程中的表现,诸如,学生在活动中的主动参与、活动气氛、合作互助、兴趣拓展、新知识的增加等,可以特别描述;教师在指导学生活动过程中的发展,如协调能力、组织能力、情感态度变化等,可以特别描述;学校发展与课程发展方面,如学校师生凝聚力、课程意识、协作能力等,需要特别描述。部分标准"权重"系数的特殊规定,更能够直接赋予"过程中激励"以重要地位。如有的学校在"课题研究"评价过程中,对"实施过程"赋予50%的权重,突出了对实施过程的重视。

2. 设计评价工具

量表、反思单、综合评定表都可以成为小学综合实践活动课程评价的重要工具。不论是何种评价工具,在编制过程中都要处理好以下三大关系:

(1) 形成性评价与终结性评价的关系。小学综合实践活动课程关注"过程",只通过量表难以对学生活动过程予以科学有效评价。因此,不能仅仅重视学生活动结果,诸如"成果展示""研究报告"等终结性评价,而且要关注学生在活动过程中的体验和收获。

(2) 小组评价与个体评价的关系。学生的实践活动大量地通过小组或集体展开,个人的独立活动相对较少。即使是以课题为单位进行的实践活动,也常常以小组为多,毕竟学生的课题研究与专家的课题研究有着实质性的区别。因此,量表编制需要以小组为基础,考查学生个体的成绩。

(3) "发展"与"评价"的关系。评价并非走形式,而是为了管理和督导,最终为了活动参与者的发展。因此,量表的编制要有利于诊断、考核、激励、导向功能的发挥,与管理、督导学生实践活动结合起来。

同时,设计评价工具需要遵循有关编制法则,需要参考相关统计与测量研究著作和实践经验等。

3. 收集评价信息和资料

上述评价工具可以收集评价信息。此外,通过下述途径可以收集到大量有效的相关资料。

(1) 教师、学生、家长座谈会。通过座谈,在宽松民主的讨论氛围中,教师、学生和家长可以自由讲述自己的"话语",发表对小学综合实践活动课程开发中出现的一系列问题、困惑以及如何完善课程开发的看法和意见,这些来自"一线"的真实话语是小学综合实践活动课程评价的第一手材料。

(2) 学生活动日志。学生在活动中各种体验与收获均可以通过"日志"方式得到反映。经历的挫折与失败,团队合作的喜悦,走出"书本世界"、步入社会的收获,问题解决的艰辛,获取资料的困难等,可以从学生的日志中解读出来。

(3) 问卷调查。学生对主题活动内容是否感兴趣,主题活动对学生发展有哪些影响? 在活动过程中遇到了哪些挫折,得到了何种感受? 问卷调查在一定程度上能够反映。

(4) 观察记录单。教师可以设计观察记录单,及时记载相关活动情况,成为评价的依据。

(5) 学生活动卡。事先设计学生活动卡,将活动过程、活动反思及时记载下来,是评价资料收集的便捷途径。

在收集学生活动状况的资料时,需要审视下述问题:

与学生活动过程相关的所有方面数据和信息是否均已收集? 所收集的数据和信息是否被恰当地分组,是否便于进一步的分析? 数据和信息是否全面、

准确地反映了学生的全部活动情况？学校是否能够依据所收集的数据和信息清楚地描述学生学习的优势和不足？

除学生活动情况资料收集之外,教师、课程、学校整体发展方面的资料也需要全部获取,因为评价对象不仅仅是学生。收集资料的途径和方法同样可以借助座谈会、教师日志、问卷调查等。

4. 做出个性化分析和判断

在全面掌握评价相关数据和信息之后,评价小组需要汇集数据和信息,发现其中的变化规律。必要时,可以将学生、教师、学校、课程发展变化过程利用图表、表格显示出来。不过,评价小组需要做的重要工作是进行学生发展的个性化分析和判断,具体指以学生个体发展历史过程为参照系,比较学生某一阶段发展在整个历史发展中的位置,也即让学生自己与自己比较,比较今天和昨天,发现进步与退步。评价者的重要任务是描述学生个体发展的轨迹,展望其进一步发展的方向,提示发展的途径和方法。分析学生某一方面发展水平在学生群体中的位置自然也是小学综合实践活动课程评价的内容,但这不属于个性化分析与判断的重点。因为个性化的分析和判断,不是侧重共性的分析,更不是单纯地排名次、累计获奖次数或公布获奖名次。此外,教师、课程、学校整体发展评价也需要以"个性化分析和判断"为重要内容。

三、小学综合实践活动课程评价的方法

由于小学综合实践活动课程是典型的三级共管的课程形态,地方、学校课程开发情境迥然不同,小学综合实践活动课程评价没有一种放之四海而皆准的方法,其评价方法具有"多元"特征,不可能用唯一的方式方法评价学生的活动。从评价形式上看,有个人报告、学生活动小组评定、评价小组综合评定。从评价方式上看,有成果汇报、作品展示、研究报告答辩、竞赛、专家审议等。

1. 个人报告

学生或教师写出书面总结,介绍自己的活动过程、活动经验与教训、问题与发展思路。在报告过程中,可以借助投影等电教手段,以节约时间。报告时,可以介绍模型制作的优势、特点、用途等,也可以报告设计思路,还可以展示获奖物品及证书。在个体报告过程中,评价小组成员依据评价工具,写下各自的看法和意见。

2. 专家审议会

有的"设计""模型制作""建议"涉及专业的知识，需要专家的支持，才能保证评价意见的公正合理。因此，有必要邀请活动相关专家，对活动相关资料做"专业"的分析和判断，形成"专业"的建议。

3. 成长记录袋评价

成长记录袋就是有目的地汇集有关学生活动情况，表现学生在较长时期取得的进步、学业成就及感受心得。成长记录袋注重反映学生反省过程和学生个别差异的学习成果。在具体操作中，每一活动小组制作一个档案袋，把每一次活动记录表、调查表、访谈表、实验记录、各种原始数据、学习体会等与活动相关的各种信息资料积累起来，由此看出学生发展的心路历程。让学生的活动记录体现评价的意义，于自我反思中求发展。

4. 量表评价

运用所编制的量表定量分析，描述趋势。

5. 综合性分析

将运用评价手段所得到的结论综合起来，从总体上分析，得出总的判断、总的结论和总的改进建议。

四、评价结果的表述与使用

评价的根本目的是激励。评估小组需要将分析结果运用学生能够、愿意接受的语言或方式表述出来，有利于活动指导教师合理正确使用，让学生明确改进要点，帮助学生提出活动改进建议、制订改进计划。同样，需要谨慎对待评价结果，如果对有关评价结果描述使用不当，不仅不能提高学生或教师进一步活动的积极性，反而会挫伤学生和教师的积极性。这样，就会丢失评价的终极价值。因此，需要引起特别注意，具体如下：

（1）评价结果的表述，要实事求是，无论优劣，都不能夸大其词。
（2）描述的语言通俗易懂，可接受性强。
（3）尽量从学生或教师个体历史发展角度，肯定成绩，查找原因。
（4）与学生或教师群体比较，需要依据对象的心理特点，谨慎表达。
（5）评价结果，最好征求学生或教师个体的意见，决定是否公开。
（6）自始至终，将激励教师或学生主动参与活动作为评价的理想追求。

对事物的价值判断在很大程度上受检测价值的手段和方法左右。小学综合实践活动课程本身评价和活动结果评价从根本上取决于评价手段和方法的恰当性和科学性,因此,需要对"评价"予以评价。评价范围的确立,评价方式、评价方法、评价工具的选择,评价资料来源的客观性、代表性和概括性,评价者的专业素养与伦理,评价的可行性和有效性等都是小学综合实践活动课程评价需要考虑的内容,或者是评价过程中必须认真对待的问题。

在评价"评价"过程中,下面的问题需要认真回答:
(1) 小学综合实践活动课程评价范围是否界定清楚?
(2) 在所界定的范围内收集评价资料所花费的代价是否合乎情理?
(3) 对评价方法是否有助于非预期结果的描述?
(4) 对小学综合实践活动课程评价方式是否有清晰的描述?
(5) 评价方式是否适合小学综合实践活动活动课程的特点?
(6) 评价工具是否可靠?
(7) 评价资料收集的工具是否适合于评价的目的?
(8) 小学综合实践活动课程评价资料的信度是否有保证?
(9) 评价信息来源是否有效?或对评价信息的来源有无明确规定?
(10) 影响小学综合实践活动课程评价的各种因素是否说明?
(11) 是否具备完成评价所需要的资源,包括时间、经费、人力等?
(12) 描述资料收集方法是否清楚,能否最大限度地减少错误?
(13) 对评价者是否存在偏见有无认真考察?
(14) 评价的程序是否遵守专业的伦理标准?
(15) 评价资料收集的方法是否切合相应的文化背景?

➤ 扫描本章二维码,阅读"蓉园小学综合实践活动课程学生评价方案"和"旧镇镇桑行联小:小学综合实践活动课程的实施评价"。

案 例

淮阴师范学院附属小学综合实践活动评价方案

一、指导思想

以《国家义务教育课程综合实践活动指导纲要》为指导,坚持"立足过程,尊重多元,注意反思,促进发展"的评价原则,注重学生在综合实践活动过程中的实际体验和发展程度,通过评价,促进学生发展。

二、评价目的

1. 关注学生在参与过程中的情绪情感、参与程度、努力程度,了解学生的

发展状况及发展中的需求，建立促进学生全面发展的评价体系。

2. 发现和发展学生多方面的潜能，帮助学生认识自我、建立自信，促进学生在原有的水平上发展与整体素质的提高。

3. 建立促进教师不断提高的评价体系，建立以教师自评为主，校长、教师、学生、家长共同参与的评价体系。

4. 转变教师角色，重视发展教师的个性和个人价值、伦理价值及专业发展，提高教师素养。

三、评价要求

（一）综合实践活动的学生评价

1. 注重过程。评价时要将关注的视角指向小学生获得结果和体验的过程，而不过分强调结果的科学性与合理性，注重小学生在活动过程中的表现。在具体操作中，教师可以通过观察，采用即时评语的方式记录小学生在综合实践活动过程中的行为、情绪情感、参与程度、努力程度等表现，并将其作为评价小学生的标准。

2. 尊重多元。鼓励并尊重小学生极富个性的自我表达方式（演讲、绘画、写作、表演、制作等）。在教师对活动做出评价的同时，通过讨论、协商、交流等方式引导小学生进行自我评价、相互评价。

3. 注意反思。发挥评价的指导功能，引导小学生反思自己的实践活动。通过调动小学生的认识和情感因素，激励小学生自觉记录活动过程（特别是重要的细节）、投入对问题的讨论、对成果的分享及思考中，主动审视自己的利弊得失，逐步完善自己的行动，拓宽自己的视野，达到自我反思、自我改进的目的。

（二）综合实践活动的教师评价

小学综合实践活动中的教师评价以下列几项为标准：

1. 深刻领会综合实践活动的实质并以负责的态度参与这门课程的实践。

2. 能够通过形成性评价和总结性评价持续有效地掌握学生发展的情况，并且采用有效的革新措施巩固评价成果；建立积极平等的师生交往关系，赢得学生的尊敬，能激励他们超越自己。

3. 教师要帮助学生制订合理的活动方案。善于引导学生将知识与生活实际有趣而有效地结合。

4. 教师要营造良好的活动氛围，为学生提供必要的时间、空间、资源。教师要成为学生活动过程中的引导者、促进者及研究者。

5. 教师要具备基本的百科常识和生活常识，能灵活地在各知识点之间建立联系。活动中注重培养学生反思习惯和良好学习方式的形成,让学生能主动从生活实践中不断总结、学习新知。

四、评价方式

(一)学生评价

1. 学生自评。每一个主题活动结束后,学生填写"综合实践活动学生个人评价细表"或用描述性语言的方法对以上内容进行一次自评。

2. 小组评价。每一个主题活动结束后,小组成员集体讨论,由组长执笔,用描述性评价方法针对小组成员合作情况、解决问题能力及改进方面等内容进行评价。

(二)教师评价

每学期结束后,由教师以总结的形式写出本学期综合实践活动实施情况。根据学生在综合实践活动过程中的行为、情绪情感、参与程度、努力程度等表现进行评价,并提出努力方向。

(三)家长评价

根据孩子在活动中,以及在家庭生活中的情绪体验及能力发展及努力方向等方面进行评价。

(四)学校评价

由学校校长牵头,教务处具体落实,每学期对每个主题的综合实践活动进行一次评价。评价方式有:① 审阅师生自评材料。② 展示主题活动成果。③ 现场考查学生的技艺、技能等。④ 发放学生调查问卷或召开学生座谈会,了解活动实施情况。⑤ 召开家长座谈会或书面征求家长意见。⑥ 走访与活动有关的社区人士。

总之,学生、教师、学校是评价方案的主体,而评价方案的实施实际上就是一次活动效果的考评与检测。

思考·探究·实践

1. 综合实践活动评价应遵循哪些原则?

2. 综合一所小学综合实践活动课程开设情况,运用"发展绩效"评价的有关原理对其进行分析。

3. 小学综合实践活动课程评价的方法有哪些?在评价结果的表述与使用方面应注意哪些方面?

1. 周莉,祝禧. 小学综合性实践活动指导与示例[M]. 南京:江苏少年儿童出版社,2003.

2. 黄少基,杨献荣. 小学语文综合性学习指导[M]. 北京:中国林业出版社,2002.

3. 余乐孝,傅小芳,汪晓铅. 综合实践活动——劳动与技术[M]. 南京:江苏科学技术出版社,2010.

4. 张华. 综合实践活动课程研究[M]. 上海:上海科技教育出版社,2007.

5. 郭元祥,沈旎. 小学综合实践活动[M]. 上海:华东师范大学出版社,2008.

附录：教育部关于印发《中小学综合实践活动课程指导纲要》的通知

各省、自治区、直辖市教育厅（教委），新疆生产建设兵团教育局：

现将《中小学综合实践活动课程指导纲要》印发给你们，请认真贯彻执行。

各地要充分认识综合实践活动课程的重要意义，确保综合实践活动课程全面开设到位。要组织教师认真学习纲要，切实加强对综合实践活动课程的精心组织、整体设计和综合实施，不断提升课程实施水平。

教育部

2017年9月25日

《中小学综合实践活动课程指导纲要》

为全面贯彻党的教育方针，坚持教育与生产劳动、社会实践相结合，引导学生深入理解和践行社会主义核心价值观，充分发挥中小学综合实践活动课程在立德树人中的重要作用，特制定本纲要。

一、课程性质与基本理念

（一）课程性质

综合实践活动是从学生的真实生活和发展需要出发，从生活情境中发现问题，转化为活动主题，通过探究、服务、制作、体验等方式，培养学生综合素质的跨学科实践性课程。

综合实践活动是国家义务教育和普通高中课程方案规定的必修课程，与学科课程并列设置，是基础教育课程体系的重要组成部分。该课程由地方统筹管理和指导，具体内容以学校开发为主，自小学一年级至高中三年级全面实施。

(二) 基本理念

1. 课程目标以培养学生综合素质为导向

本课程强调学生综合运用各学科知识,认识、分析和解决现实问题,提升综合素质,着力发展核心素养,特别是社会责任感、创新精神和实践能力,以适应快速变化的社会生活、职业世界和个人自主发展的需要,迎接信息时代和知识社会的挑战。

2. 课程开发面向学生的个体生活和社会生活

本课程面向学生完整的生活世界,引导学生从日常学习生活、社会生活或与大自然的接触中提出具有教育意义的活动主题,使学生获得关于自我、社会、自然的真实体验,建立学习与生活的有机联系。要避免仅从学科知识体系出发进行活动设计。

3. 课程实施注重学生主动实践和开放生成

本课程鼓励学生从自身成长需要出发,选择活动主题,主动参与并亲身经历实践过程,体验并践行价值信念。在实施过程中,随着活动的不断展开,在教师指导下,学生可根据实际需要,对活动的目标与内容、组织与方法、过程与步骤等做出动态调整,使活动不断深化。

4. 课程评价主张多元评价和综合考察

本课程要求突出评价对学生的发展价值,充分肯定学生活动方式和问题解决策略的多样性,鼓励学生自我评价与同伴间的合作交流和经验分享。提倡多采用质性评价方式,避免将评价简化为分数或等级。要将学生在综合实践活动中的各种表现和活动成果作为分析考察课程实施状况与学生发展状况的重要依据,对学生的活动过程和结果进行综合评价。

二、课程目标

(一) 总目标

学生能从个体生活、社会生活及与大自然的接触中获得丰富的实践经验,形成并逐步提升对自然、社会和自我之内在联系的整体认识,具有价值体认、责任担当、问题解决、创意物化等方面的意识和能力。

(二) 学段目标

1. 小学阶段具体目标

(1) 价值体认:通过亲历、参与少先队活动、场馆活动和主题教育活动,参观爱国主义教育基地等,获得有积极意义的价值体验。理解并遵守公共空间的基本行为规范,初步形成集体思想、组织观念,培养对中国共产党的朴素感情,为自己是中国人感到自豪。

(2) 责任担当:围绕日常生活开展服务活动,能处理生活中的基本事务,初步养成自理能力、自立精神、热爱生活的态度,具有积极参与学校和社区生活的意愿。

(3) 问题解决:能在教师的引导下,结合学校、家庭生活中的现象,发现并提出自己感兴趣的问题。能将问题转化为研究小课题,体验课题研究的过程与方法,提出自己的想法,形成对问题的初步解释。

(4) 创意物化:通过动手操作实践,初步掌握手工设计与制作的基本技能;学会运用信息技术,设计并制作有一定创意的数字作品。运用常见、简单的信息技术解决实际问题,服务于学习和生活。

2. 初中阶段具体目标

(1) 价值体认:积极参加班团队活动、场馆体验、红色之旅等,亲历社会实践,加深有积极意义的价值体验。能主动分享体验和感受,与老师、同伴交流思想认识,形成国家认同,热爱中国共产党。通过职业体验活动,发展兴趣专长,形成积极的劳动观念和态度,具有初步的生涯规划意识和能力。

(2) 责任担当:观察周围的生活环境,围绕家庭、学校、社区的需要开展服务活动,增强服务意识,养成独立的生活习惯;愿意参与学校服务活动,增强服务学校的行动能力;初步形成探究社区问题的意识,愿意参与社区服务,初步形成对自我、学校、社区负责任的态度和社会公德意识,初步具备法治观念。

(3) 问题解决:能关注自然、社会、生活中的现象,深入思考并提出有价值的问题,将问题转化为有价值的研究课题,学会运用科学方法开展研究。能主动运用所学知识理解与解决问题,并做出基于证据的解释,形成基本符合规范的研究报告或其他形式的研究成果。

(4) 创意物化:运用一定的操作技能解决生活中的问题,将一定的想法或创意付诸实践,通过设计、制作或装配等,制作和不断改进较为复杂的制品或用品,发展实践创新意识和审美意识,提高创意实现能力。通过信息技术的学习实践,提高利用信息技术进行分析和解决问题的能力以及数字化产品的设计与制作能力。

3. 高中阶段具体目标

(1) 价值体认:通过自觉参加班团活动、走访模范人物、研学旅行、职业体验活动,组织社团活动,深化社会规则体验、国家认同、文化自信,初步体悟个人成长与职业世界、社会进步、国家发展和人类命运共同体的关系,增强根据自身兴趣专长进行生涯规划和职业选择的能力,强化对中国共产党的认识和感情,具有中国特色社会主义共同理想和国际视野。

(2) 责任担当:关心他人、社区和社会发展,能持续地参与社区服务与社会实践活动,关注社区及社会存在的主要问题,热心参与志愿者活动和公益活动,增强社会责任意识和法治观念,形成主动服务他人、服务社会的情怀,理解并践行社会公德,提高社会服务能力。

(3) 问题解决:能对个人感兴趣的领域开展广泛的实践探索,提出具有一定新意和深度的问题,综合运用知识分析问题,用科学方法开展研究,增强解决实际问题的能力。能及时对研究过程及研究结果进行审视、反思并优化调整,建构基于证据的、具有说服力的解释,形成比较规范的研究报告或其他形式的研究成果。

(4) 创意物化:积极参与动手操作实践,熟练掌握多种操作技能,综合运用技能解决生活中的复杂问题。增强创意设计、动手操作、技术应用和物化能力。形成在实践操作中学习的意识,提高综合解决问题的能力。

三、课程内容与活动方式

学校和教师要根据综合实践活动课程的目标,并基于学生发展的实际需求,设计活动主题和具体内容,并选择相应的活动方式。

(一) 内容选择与组织原则

综合实践活动课程的内容选择与组织应遵循如下原则:

1. 自主性

在主题开发与活动内容选择时,要重视学生自身发展需求,尊重学生的自主选择。教师要善于引导学生围绕活动主题,从特定的角度切入,选择具体的活动内容,并自定活动目标任务,提升自主规划和管理能力。同时,要善于捕捉和利用课程实施过程中生成的有价值的问题,指导学生深化活动主题,不断完善活动内容。

2. 实践性

综合实践活动课程强调学生亲身经历各项活动,在"动手做""实验""探究""设计""创作""反思"的过程中进行"体验""体悟""体认",在全身心参与的活动中,发现、分析和解决问题,体验和感受生活,发展实践创新能力。

3. 开放性

综合实践活动课程面向学生的整个生活世界，具体活动内容具有开放性。教师要基于学生已有经验和兴趣专长，打破学科界限，选择综合性活动内容，鼓励学生跨领域、跨学科学习，为学生自主活动留出余地。要引导学生把自己成长的环境作为学习场所，在与家庭、学校、社区的持续互动中，不断拓展活动时空和活动内容，使自己的个性特长、实践能力、服务精神和社会责任感不断获得发展。

4. 整合性

综合实践活动课程的内容组织，要结合学生发展的年龄特点和个性特征，以促进学生的综合素质发展为核心，均衡考虑学生与自然的关系、学生与他人和社会的关系、学生与自我的关系这三个方面的内容。对活动主题的探究和体验，要体现个人、社会、自然的内在联系，强化科技、艺术、道德等方面的内在整合。

5. 连续性

综合实践活动课程的内容设计应基于学生可持续发展的要求，设计长短期相结合的主题活动，使活动内容具有递进性。要促使活动内容由简单走向复杂，使活动主题向纵深发展，不断丰富活动内容、拓展活动范围，促进学生综合素质的持续发展。要处理好学期之间、学年之间、学段之间活动内容的有机衔接与联系，构建科学合理的活动主题序列。

（二）活动方式

综合实践活动的主要方式及其关键要素为：

1. 考察探究

考察探究是学生基于自身兴趣，在教师的指导下，从自然、社会和学生自身生活中选择和确定研究主题，开展研究性学习，在观察、记录和思考中，主动获取知识，分析并解决问题的过程，如野外考察、社会调查、研学旅行等，它注重运用实地观察、访谈、实验等方法，获取材料，形成理性思维、批判质疑和勇于探究的精神。考察探究的关键要素包括：发现并提出问题；提出假设，选择方法，研制工具；获取证据；提出解释或观念；交流、评价探究成果；反思和改进。

2. 社会服务

社会服务指学生在教师的指导下，走出教室，参与社会活动，以自己的劳动满足社会组织或他人的需要,如公益活动、志愿服务、勤工俭学等,它强调学生在满足被服务者需要的过程中,获得自身发展,促进相关知识技能的学习,提升实践能力,成为履职尽责、敢于担当的人。社会服务的关键要素包括:明确服务对象与需要;制订服务活动计划;开展服务行动;反思服务经历,分享活动经验。

3. 设计制作

设计制作指学生运用各种工具、工艺(包括信息技术)进行设计,并动手操作,将自己的创意、方案付诸现实,转化为物品或作品的过程,如动漫制作、编程、陶艺创作等,它注重提高学生的技术意识、工程思维、动手操作能力等。在活动过程中,鼓励学生手脑并用,灵活掌握、融会贯通各类知识和技巧,提高学生的技术操作水平、知识迁移水平,体验工匠精神等。设计制作的关键要素包括:创意设计;选择活动材料或工具;动手制作;交流展示物品或作品,反思与改进。

4. 职业体验

职业体验指学生在实际工作岗位上或模拟情境中见习、实习,体认职业角色的过程,如军训、学工、学农等,它注重让学生获得对职业生活的真切理解,发现自己的专长,培养职业兴趣,形成正确的劳动观念和人生志向,提升生涯规划能力。职业体验的关键要素包括:选择或设计职业情境;实际岗位演练;总结、反思和交流经历过程;概括提炼经验,行动应用。

综合实践活动除了以上活动方式外,还有党团队教育活动、博物馆参观等。综合实践活动方式的划分是相对的。在活动设计时可以有所侧重,以某种方式为主,兼顾其他方式;也可以整合方式实施,使不同活动要素彼此渗透、融合贯通。要充分发挥信息技术对于各类活动的支持作用,有效促进问题解决、交流协作、成果展示与分享等。

四、学校对综合实践活动课程的规划与实施

(一) 课程规划

中小学校是综合实践活动课程规划的主体,应在地方指导下,对综合实践活动课程进行整体设计,将办学理念、办学特色、培养目标、教育内容等融入其中。要依据学生发展状况、学校特色、可利用的社区资源(如各级各类青少年校外活动场所、综合实践基地和研学旅行基地等)对综合实践活动课程进行统筹考虑,形成综合实践活动课程总体实施方案;还要基于学生的年段特征、阶

段性发展要求,制定具体的"学校学年(或学期)活动计划与实施方案",对学年、学期活动做出规划。要使总体实施方案和学年(或学期)活动计划相互配套、衔接,形成促进学生持续发展的课程实施方案。

学校在课程规划时要注意处理好以下关系:

1. 综合实践活动课程的预设与生成

学校要统筹安排各年级、各班级学生的综合实践活动课时、主题、指导教师、场地设施等,加强与校外活动场所的沟通协调,为每一个学生参与活动创造必要条件,提供发展机遇,但不得以单一、僵化、固定的模式去约束所有班级、社团的具体活动过程,剥夺学生自主选择的空间。要允许和鼓励师生从生活中选择有价值的活动主题,选择适当的活动方式创造性地开展活动。要关注学生活动的生成性目标与生成性主题并引导其发展,为学生创造性的发展开辟广阔空间。

2. 综合实践活动课程与学科课程

在设计与实施综合实践活动课程中,要引导学生主动运用各门学科知识分析解决实际问题,使学科知识在综合实践活动中得到延伸、综合、重组与提升。学生在综合实践活动中所发现的问题要在相关学科教学中分析解决,所获得的知识要在相关学科教学中拓展加深。防止用学科实践活动取代综合实践活动。

3. 综合实践活动课程与专题教育

可将有关专题教育,如优秀传统文化教育、革命传统教育、国家安全教育、心理健康教育、环境教育、法治教育、知识产权教育等,转化为学生感兴趣的综合实践活动主题,让学生通过亲历感悟、实践体验、行动反思等方式实现专题教育的目标,防止将专题教育简单等同于综合实践活动课程。要在国家宪法日、国家安全教育日、全民国防教育日等重要时间节点,组织学生开展相关主题教育活动。

(二)课程实施

作为综合实践活动课程实施的主体,学校要明确实施机构及人员、组织方式等,加强过程指导和管理,确保课程实施到位。

1. 课时安排

小学1～2年级,平均每周不少于1课时;小学3～6年级和初中,平均每周不少于2课时;高中执行课程方案相关要求,完成规定学分。各学校要切实保证综合实践活动时间,在开足规定课时总数的前提下,根据具体活动需要,把课时的集中使用与分散使用有机结合起来。要根据学生活动主题的特点和需要,灵活安排、有效使用综合实践活动时间。学校要给予学生广阔的探究时空环境,保证学生活动的连续性和长期性。要处理好课内与课外的关系,合理安排时间并拓展学生的活动空间与学习场域。

2. 实施机构与人员

学校要成立综合实践活动课程领导小组,结合实际情况设置专门的综合实践活动课程中心或教研组,或由教科室、教务处、学生处等职能部门,承担起学校课程实施规划、组织、协调与管理等方面的责任,负责制定并落实学校综合实践活动课程实施方案,整合校内外教育资源,统筹协调校内外相关部门的关系,联合各方面的力量,特别是加强与校外活动场所的沟通协调,保证综合实践活动课程的有效实施。要充分发挥少先队、共青团以及学生社团组织的作用。

要建立专兼职相结合、相对稳定的指导教师队伍。学校教职工要全员参与,分工合作。原则上每所学校至少配备1名专任教师,主要负责指导学生开展综合实践活动,组织其他学科教师开展校本教研活动。各学科教师要发挥专业优势,主动承担指导任务。积极争取家长、校外活动场所指导教师、社区人才资源等有关社会力量成为综合实践活动课程的兼职指导教师,协同指导学生综合实践活动的开展。

3. 组织方式

综合实践活动以小组合作方式为主,也可以个人单独进行。小组合作范围可以从班级内部,逐步走向跨班级、跨年级、跨学校和跨区域等。要根据实际情况灵活运用各种组织方式。要引导学生根据兴趣、能力、特长、活动需要,明确分工,做到人尽其责,合理高效。既要让学生有独立思考的时间和空间,又要充分发挥合作学习的优势,重视培养学生的自主参与意识与合作沟通能力。鼓励学生利用信息技术手段突破时空界限,进行广泛的交流与密切合作。

4. 教师指导

在综合实践活动实施过程中,要处理好学生自主实践与教师有效指导的关系。教师既不能"教"综合实践活动,也不能推卸指导的责任,而应当成为学生活动的组织者、参与者和促进者。教师的指导应贯穿于综合实践活动实施的全过程。

在活动准备阶段,教师要充分结合学生经验,为学生提供活动主题选择以及提出问题的机会,引导学生构思选题,鼓励学生提出感兴趣的问题,并及时捕捉活动中学生动态生成的问题,组织学生就问题展开讨论,确立活动目标内容。要让学生积极参与活动方案的制定过程,通过合理的时间安排、责任分工、实施方法和路径选择,对活动可利用的资源及活动的可行性进行评估等,增强活动的计划性,提高学生的活动规划能力。同时,引导学生对活动方案进行组内及组间讨论,吸纳合理化建议,不断优化完善方案。

在活动实施阶段,教师要创设真实的情境,为学生提供亲身经历与现场体验的机会,让学生经历多样化的活动方式,促进学生积极参与活动过程,在现场考察、设计制作、实验探究、社会服务等活动中发现和解决问题,体验和感受学习与生活之间的联系。要加强对学生活动方式与方法的指导,帮助学生找到适合自己的学习方式和实践方式。教师指导重在激励、启迪、点拨、引导,不能对学生的活动过程包办代替。还要指导学生做好活动过程的记录和活动资料的整理。

在活动总结阶段,教师要指导学生选择合适的结果呈现方式,鼓励多种形式的结果呈现与交流,如绘画、摄影、戏剧与表演等,对活动过程和活动结果进行系统梳理和总结,促进学生自我反思与表达、同伴交流与对话。要指导学生学会通过撰写活动报告、反思日志、心得笔记等方式,反思成败得失,提升个体经验,促进知识建构,并根据同伴及教师提出的反馈意见和建议查漏补缺,明确进一步的探究方向,深化主题探究和体验。

5. 活动评价

综合实践活动情况是学生综合素质评价的重要内容。各学校和教师要以促进学生综合素质持续发展为目的设计与实施综合实践活动评价。要坚持评价的方向性、指导性、客观性、公正性等原则。

突出发展导向。坚持学生成长导向,通过对学生成长过程的观察、记录、分析,促进学校及教师把握学生的成长规律,了解学生的个性与特长,不断激发学生的潜能,为更好地促进学生成长提供依据。评价的首要功能是让学生及时获得关于学习过程的反馈,改进后续活动。要避免评价过程中只重结果、不重过程的现象。要对学生作品进行深入分析和研究,挖掘其背后蕴藏的学生的思想、创意和体验,杜绝对学生的作品随意打分和简单排名等功利主义做法。

做好写实记录。教师要指导学生客观记录参与活动的具体情况,包括活动主题、持续时间、所承担的角色、任务分工及完成情况等,及时填写活动记录单,并收集相关事实材料,如活动现场照片、作品、研究报告、实践单位证明等。

活动记录、事实材料要真实、有据可查,为综合实践活动评价提供必要基础。

建立档案袋。在活动过程中,教师要指导学生分类整理、遴选具有代表性的重要活动记录、典型事实材料以及其他有关资料,编排、汇总、归档,形成每一个学生的综合实践活动档案袋,并纳入学生综合素质档案。档案袋是学生自我评价、同伴互评、教师评价学生的重要依据,也是招生录取中综合评价的重要参考。

开展科学评价。原则上每学期末,教师要依据课程目标和档案袋,结合平时对学生活动情况的观察,对学生综合素质发展水平进行科学分析,写出有关综合实践活动情况的评语,引导学生扬长避短,明确努力方向。高中学校要结合实际情况,研究制定学生综合实践活动评价标准和学分认定办法,对学生综合实践活动课程学分进行认定。

五、课程管理与保障

(一)教师培训与教研指导

地方教育行政部门和学校要加强调研,了解综合实践活动指导教师专业发展的需求,搭建多样化的交流平台,强化培训和教研,推动教师的持续发展。

1. 建立指导教师培训制度

要开展对综合实践活动课程专兼职教师的全员培训,明确培训目标,努力提升教师的跨学科知识整合能力,观察、研究学生的能力,指导学生规划、设计与实施活动的能力,课程资源的开发和利用能力等。要根据教师的实际需求,开发相应的培训课程,组织教师按照课程要求进行系统学习。要不断探索和改进培训方式方法,倡导参与式培训、案例培训和项目研究等,不断激发教师内在的学习动力。

2. 建立健全日常教研制度

各学校要通过专业引领、同伴互助、合作研究,积极开展以校为本的教研活动,及时分析、解决课程实施中遇到的问题,提高课程实施的有效性。各级教研机构要配备综合实践活动专职教研员,加强对校本教研的指导,并组织开展专题教研、区域教研、网络教研等,通过协同创新、校际联动、区域推进,提高中小学综合实践活动整体实施水平。

(二)支持体系建设与保障

1. 网络资源开发

地方教育行政部门、教研机构和学校要开发优质网络资源,遴选相关影视

作品等充实资源内容,为课程实施提供资源保障。要充分发挥师生在课程资源开发中的主体性与创造性,及时总结、梳理来自教学一线的典型案例和鲜活经验,动态生成分年级、分专题的综合实践活动课程资源包。各地要探索和建立优质资源的共享与利用机制,打造省、市、县、校多级联动的共建共享平台,为课程实施提供高质量、常态化的资源支撑。

2. 硬件配套与利用

学校要为综合实践活动的实施提供配套硬件资源与耗材,并积极争取校外活动场所支持,建立课程资源的协调与共享机制,充分发挥实验室、专用教室及各类教学设施在综合实践活动课程实施过程中的作用,提高使用效益,避免资源闲置与浪费。有条件的学校可以建设专用活动室或实践基地,如创客空间等。

地方教育行政部门要加强实践基地建设,强化资源统筹管理,建立健全校内外综合实践活动课程资源的利用与相互转换机制,强化公共资源间的相互联系和硬件资源的共享,为学校利用校外图书馆、博物馆、展览馆、科技馆、实践基地等各种社会资源及丰富的自然资源提供政策支持。

3. 经费保障

地方和学校要确保开展综合实践活动所需经费,支持综合实践活动课程资源和实践基地建设、专题研究等。

4. 安全保障

地方教育行政部门要与有关部门统筹协调,建立安全管控机制,分级落实安全责任。学校要设立安全风险预警机制,建立规范化的安全管理制度及管理措施。教师要增强安全意识,加强对学生的安全教育,提升学生安全防范能力,制定安全守则,落实安全措施。

(三) 考核与激励机制

1. 建立健全指导教师考核激励机制

各地和学校明确综合实践活动课程教师考核要求和办法,科学合理地计算教师工作量,将指导学生综合实践活动的工作业绩作为教师职称晋升和岗位聘任的重要依据,对取得显著成效的指导教师给予表彰奖励。

2. 加强对课程实施情况的督查

将综合实践活动课程实施情况,包括课程开设情况及实施效果,纳入中小学课程实施监测,建立关于中小学综合实践活动课程的反馈改进机制。地方教育行政部门和教育督导部门要将综合实践活动实施情况作为检查督导的重要内容。

3. 开展优秀成果交流评选

依托有关专业组织、教科研机构、基础教育课程中心等,开展中小学生综合实践活动课程展示交流活动,激发广大中小学生实践创新的潜能和动力。将中小学综合实践活动课程探索成果纳入基础教育教学成果评选范围,对优秀成果予以奖励,发挥优秀成果的示范引领作用,激励广大中小学教师和专职研究人员持续性从事中小学综合实践活动课程研究和实践探索。

参考文献

著作类

[1] 布卢姆,等.罗黎辉,等,译.教育目标分类学:第一分册·认知领域[M].上海:上海教育出版社,1986.
[2] 顾建军.小学综合实践活动设计(第2版)[M].北京:高等教育出版社,2011.
[3] 顾建军.小学综合实践活动设计(第1版)[M].北京:高等教育出版社,2005.
[4] 顾建军,张建平,等.综合实践活动课程指导法[M].北京:开明出版社,2003.
[5] 郭元祥,伍香平.综合实践活动课程的理念[M].北京:高等教育出版社,2003.
[6] 郭元祥,沈旎.小学综合实践活动[M].上海:华东师范大学出版社,2008.
[7] 郭元祥.综合实践活动课程:设计与实施[M].北京:首都师范大学出版社,2001.
[8] 郭元祥.综合实践活动课程的实施[M].北京:高等教育出版社,2009.
[9] 广东省教育厅教学教材研究室.小学综合实践活动课程教师参考书[M].广州:广东教育出版社,2004.
[10] 黄少基,杨献荣.小学语文综合性学习指导[M].北京:中国林业出版社,2002.
[11] 姜平.综合实践活动课程实施策略[M].北京:首都师范大学出版社,2010.
[12] 江苏省中小学教学研究室.小学综合实践活动指导(五年级教师用书)[M].南京:江苏少年儿童出版社,2012.
[13] 李孔文.小学综合实践活动课程论[M].合肥:中国科学技术大学出版社,2009.
[14] 李臣之.综合实践活动课程开发[M].北京:人民教育出版社,2003
[15] 廖先亮.综合实践活动课程案例[M].武汉:武汉大学出版社,2003.
[16] 万伟.综合实践活动建构创意与实施策略[M].南京:江苏教育出版社.2012.
[17] 王纬.小学综合实践活动[M].兰州:甘肃教育出版社,2005.
[18] 魏国栋.学习·创造·交流:课程评估——关于新加坡课程改革的报告

(1998)[M].北京:人民教育出版社,1998.

[19] 余乐孝,傅小芳,汪晓铅.综合实践活动——劳动与技术[M].南京:江苏科学技术出版社,2010.

[20] 张建军.小学综合实践活动设计[M].郑州:郑州大学出版社,2004.

[21] 周莉,祝禧.小学综合性实践活动指导与示例[M].南京:江苏少年儿童出版社,2003.

论文类

[1] 蔡慧琴.论综合实践活动课程实施中的师生关系[J].江西教育科研,2006(6).

[2] 陈华彪.浅谈如何有效推进小学研究性学习[J].中国校外教育(上旬刊),2014(z1).

[3] 陈斌娴.借网络舞台尽展风采——浅谈信息技术与综合实践课程的有效整合[J].考试周刊,2010(49).

[4] 郭辉雄,叶相英.社区服务与社会实践的实施策略[J].教学与管理(小学版),2004(1).

[5] 何茜,杜志强.综合实践课程实施中师生的角色定位及相互关系[J].教育科学,2008(3).

[6] 李剑.小学综合实践活动课程资源开发策略[J].唐山师范学院学报,2010(4).

[7] 李群.综合实践活动课教师的智能素质研究[J].江西教育科研,2003(10).

[8] 石鸥.从课程改革的目标看综合实践活动的独特价值[J].中国教育学刊,2005(9).

[9] 王文林.美国小学研究性学习点滴介绍[J].小学青年教师,2003(6).

[10] 汪明春.综合实践活动目标设计及具体化的理念与策略[J].教育发展研究,2003(11).

[11] 魏海丽.城区初中教学不能冷落了劳动技术课[J].中学教学参考,2012(36).

[12] 肖龙海,宋华伟.综合实践活动课程实施中的问题及反思——以"温州精神"教育的综合实践活动课程实施为例[J].教育科学研究,2009(9).

[13] 张华.让儿童自由探究生活——兼论综合实践活动课程的本质[J].全球教育展望,2007(4).

[14] 张晓瑜.综合实践活动学生发展目标设计[J].课程与教学,2005(2).

[15] 周健.小学研究性学习的实践和探索[J].开封教育学院学报,2007(9).

[16] 朱芳江.综合实践活动中教师的有效指导[J].教育科研论坛,2008(10).